HERMES

在古希腊神话中,赫耳墨斯是宙斯和迈亚的儿子,奥林波斯神们的信使,道路与边界之神,睡眠与梦想之神,亡灵的引导者,演说者、商人、小偷、旅者和牧人的保护神……

西方传统 经典与解释　HERMES
Classici et Commentarii

阿尔法拉比集

程志敏 ● 主编

政治制度与政治箴言

Political Regime and Aphorisms

阿尔法拉比 Al-Fārābī　｜著

程志敏　周 玲　郑兴凤　｜译

华夏出版社

古典教育基金·"资龙"资助项目

"阿尔法拉比集"出版说明

每一种存在物在时间和空间上都极为有限,都会与空间界限之外的东西发生摩荡、冲突、接受与融合,也会在时间上的"大限"来临之时,浮现种种悲情的表现。但风雷激越,损奉流补,春去秋来,一逝如斯,万事万物就这样代代相续——人类各种文明亦不脱此窠臼,往往会不断面临前所未有之变局,尔后历经劫难,兼综并转,筚路蓝缕,又见辉煌:万法无常耶?天行有常耶?

我们目前大约正处在这样一个保卫与突破、革命与改良、进步与回头的关口,而这个关口上"界限"必然会引起很多思考,尤其会引起很复杂的情绪,但过分沉重的历史负担和浓厚的情绪则往往让那些极为活跃的反思失于冷静和深入,也不容易找准方向和突破口。这时,抽身跳出或者也是反观问题的好方法。

伊斯兰中古哲人阿尔法拉比(870—950)恰好面临几乎与此相同的问题,他的困惑可以让我们更清楚自己的问题所在,而他的成就也能对我们有所助益。阿尔法拉比生活在伊斯兰文明大规模"改革开放"的时期,社会既有正统观念的要求,也有借鉴异教文明的紧迫性,既需要检讨本土的资源,又必须面对汹涌而至的异质思想。阿尔法拉比正是在狂热的保守与浅薄的新潮之中,清醒地知道自己的位置,并透过重重迷雾清楚地看到,从雅典和亚历山大里亚传来的大量舶来品中,什么才是真正的珍宝,因而对我们来说,阿尔法拉比同样亦不单单是被西方思想史长期遗忘或遮蔽的大师:他山之石,可以攻玉,何况"他山之玉"乎!

输入学理，本属应当，但如果引进的是残缺不全的思想，则他山之石，便如"毒药"，害人不浅，又替人顶罪。不幸的是，西方思想进入"现代"以来，各种流派的"主义"便让整个历史变得支离破碎起来，而有意无意地忽视甚至埋葬颇为重要的阶段和思想家，无非是为了满足无限膨胀的自我意识——中古伊斯兰哲学，尤其是阿尔法拉比的思想，便是"忘恩负义"的牺牲品。既然现代人"坏大以为小，削远以为近，是以道术破碎而难知也"，加之"方今去圣久远，道术缺废，无所更索"（《汉书·艺文志》），那么，紧要的任务便在于补全西方思想史图景，而其术则简单地就在于"祖述"和"宪章"。

阿尔法拉比开创了伊斯兰哲学，并像希腊世界的苏格拉底和柏拉图一样，为伊斯兰世界建立起了独特而融通的政治哲学，而他的巨大成就首先便来自"为往圣继绝学"——柏拉图最为核心的思想早已淹没在后来让人窒息的形而上学之中，而阿尔法拉比最终"使天下之人，知大圣人之所作为，出于寻常万万也，岂不盛哉！岂不快哉！"（韩愈语）倘使我们也能够由此而体会到大圣人的精义之所在，则阿尔法拉比的功绩便不仅仅是"继往"了，诚如是，则东方西方，真真岂不盛哉！岂不快哉！

古典文明研究工作坊
西方经典编译部子组
2010 年 7 月

目　录

译者前言 …………………………………………………… 1

各科举要 …………………………………………………… 1
宗教书 ……………………………………………………… 19
政治制度 …………………………………………………… 51
箴言选 ……………………………………………………… 131

附　录
中古伊斯兰的政治哲学 ………………… 罗森塔尔　214
《宗教书》概览 ………………………………… 布什米勒　228
阿尔法拉比论缔造者的审慎 ………………… 科尔莫　243

译者前言

最近一百多年波澜壮阔的思想历程引人深思,也为我们提供了一个极为宽广的平台,以此反思整个西方思想史的脉络和走向:往者可鉴,来者可追。从根本上说,人类思想的不断深入逐渐演变为越来越玄奥的概念分析和越来越精巧的技术演算,也就逐渐脱离了思想的本旨,我们把这种必然的过程称为"哲学化"的过程。但在这个主流中,一直都有相反的声音,试图延缓哲学化的速度,甚至试图扭转思想发展的方向。

一 哲学化的进程

正如亚里士多德所说,所有人天性就渴望求知,①而知识的最高点乃是远离经验的哲学,因为哲学才是"真理的知识"(epistēmē tēs alētheias),②才是为了知识而知识的知识,才是思想对思想的思想,才算得上"智慧"。③ 于是,"哲学"就成了人类思想中的"黑洞",最高妙的灵魂都被吸纳到哲学中,以至于一般人很难在现实中看到他们。即便能够看到他们,大概都只会看到他们因深刻而产生的无知所

---

① 参亚里士多德,《形而上学》980a21,苗力田译,见《亚里士多德全集》第七卷,中国人民大学出版社,1993,页27。
② 参亚里士多德,《形而上学》993b20,前揭,页59。
③ 参亚里士多德,《形而上学》982a16–17,前揭,页30。

导致的失足:习惯于智慧强光的他们已无法适应生活的阴凉。①

哲学让人沉醉,因为"思辨的快乐"才是"神圣"、"最快乐"和"至高无上"的。② 起源于惊奇的哲学(《形而上学》982b12 – 13)因其纯洁和经久而有了让人惊奇的快乐,而且拥有知识的人(tois eidosi)比那些追求知识的人一生过得更快乐。③ 换言之,哲学之为最大快乐的源泉,已不再是对"智慧的热爱或追求",而在于对"智慧的拥有"。哲学就等于智慧,于是追逐玄之又玄的众妙之门,就成了人类的最高理想。"理想国"既不是"上帝之城",也不是地上的"大西岛",而是"哲人之城"。

自从作为一种价值标准的哲学诞生之后,人类思想就一直不断地沿着"哲学化"的方向前进,直到再也看不到这条路的起点和初衷——甚至彻底遗忘了"回头"的必然性。对于绝大多数人来说,哲学已经与生活无关,智慧也与一般人的安身立命毫无瓜葛了。这是一条单行道,且不说它是不是一条不归路。亚里士多德说得好,这条路是人性所决定的:人类总会不断"哲学"下去。西方思想史、精神史和文明史,归根结底无非就是哲学的历史。

从哲学的产生之日起,它就要求超越杂多而易变的经验,向着与日常生活相反的方向"义无反顾"地前进,不断远离现实,远离广

---

① 柏拉图在《王制》著名的洞穴比喻中,谈到那些突然从阳光中下降回洞穴的人会两眼黢黑,什么也看不到(516e3 – 6),也不愿意处理属人的事物(ta ton anthropon prattein),他们的灵魂急切地想在洞穴上面耗尽(517c8 – 9),而一旦从"神圣的思辨"(theion theorion)回到属人的事物之上,当然就会由于不习惯而变得举止失当,名誉扫地,相当可笑(517d4 – 6)。不知道柏拉图这话是不是在含蓄地批评哲人苏格拉底,但可以肯定的是,这种看法可以帮助我们理解几千年后一位伟大哲学家的"失足"。

② 参亚里士多德,《形而上学》1072b23 – 24,前揭,页 278 – 279。

③ 参亚里士多德,《尼各马可伦理学》1177a25 – 27,廖申白译,商务印书馆,2003,页 306。

义的"政治"——我们所说的"政治"其实就是"生活"。在古风时期，人们思想的支柱是诗人在神明的启示下所提出的一些基本原则，而这些原则主要与日常生活相关（如梭伦等七贤的教导），其实质可叫做"实践智慧"。但人们好奇的天性，实际上也就是人的理性的本能（人不是只有动物本能），并不满足于这种与生活搅和在一起因而显得不高明不彻底的神话思维，于是人类的探索自然而然走向了与出发点相反的对立面（tounantion）。① 再加上经济发展之时人们对科学的需要，以及经济发展之后人们对自由的要求，都形成了人们反传统而陈己意、重探索而轻迷信、推原因而拒盲从的思想特质。哲学从科学中产生，然后走向了二十世纪的科学哲学。

　　站在这个哲学化浪潮最前端的，便是亚里士多德。作为苏格拉底和柏拉图的传人，他虽高调宣称政治学乃是"指向最大的善的最高学问"，②但仍然为了思辨的哲学而抛弃这种旨在"美好生活"甚至事关生存的最高科学。这样一来，亚里士多德就开始对哲学进行过分哲学化的处理，颇具讽刺意味的是，这位政治学的祖师爷领着人类越来越远离政治本身，比如说他没有看到《法义》本质之为政治哲学著作的实质，反倒说《法义》中"除了法律以外几乎没有讨论其他问题，有关政体也论述得极少"。③ 由此我们不难理解苏格拉底—柏拉图所创立的政治哲学与亚里士多德的政治学之间的巨大差别。

　　概括地说，亚里士多德颠倒了苏格拉底对自然哲人的颠倒，打破了柏拉图在政治和哲学之间建立的平衡，片面而畸形地拔高

---

　　① 参亚里士多德，《形而上学》983a11–13，前揭，页32。
　　② 参亚里士多德，《政治学》1282b15–16，颜一译，《亚里士多德全集》第九卷，中国人民大学出版社，1994，页98。
　　③ 亚里士多德，《政治学》1265a1–2，前揭，页44。

了哲学的地位。在哲学化的道路上,亚里士多德起到了海德格尔所谓的"灾难性转渡"的作用(尽管海德格尔谈的是古希腊到古罗马的转渡)。首先,他把古希腊的"智慧"观念予以了哲学化处理,换言之,他几乎抽空了智慧的生活内涵;其次,他赋予方法论以极高地位,思想的形式已有取代内容的趋势,后世不问善恶只问优劣的科学主义由此奠基;①再次,他极力抬高理性的作用,造成后世思想片面理性化的恶果,丰富的生活僵化成"概念的木乃伊";最后,他把逻辑设立为哲学的基础,看起来让哲学变成了一门科学,实则让哲学下降为与数学、物理学平行的演算工具(尽管作为哲学核心的形而上学在物理学之后或之上)。符号化、工具化和专业化之后的哲学与生活渐行渐远。

亚里士多德开始了哲学化的历程,为后世无限制的概念化和抽象化的历程奠定了基础,后来的西方思想史从根本上说就是亚里士多德主义的不同表现。大约可以说,亚里士多德正是这个看起来走向"深刻"而实际上走向"深渊",也就是不断陷入虚无主义的哲学化方式的始作俑者,②他打开了神明赐予的潘多拉魔盒("理性"代替了"希望"),或者说他诱惑高明之士不断摘食智慧树上的果子。后来从笛卡尔到康德、再从黑格尔到胡塞尔的"哲学"发展,

---

① 施特劳斯,《什么是政治哲学》(What is Political Philosophy?), In H Gildin (ed.),《政治哲学导论:施特劳斯的十篇文章》(*An Introduction to Political Philosophy: Ten Essays by Leo Strauss*, Detroit: Wayne State University Press, 1989),页8-9。中文本见施特劳斯,《什么是政治哲学》,李世祥等译,华夏出版社,2011,页5-6。

② 纯粹的科学主义主张"价值无涉",最后就会滑向虚无主义(《什么是政治哲学》,前揭,页14)。海德格尔把虚无主义看作欧洲最黑暗的深渊,也把自己看成走出"林中空地"的路标,但他高妙的论断,即"那些误以为自己摆脱了虚无主义的人们,也许最深刻地推动了虚无主义的展开"(《林中路》,孙周兴译,上海世纪出版集团,2008,页200),大可以用在他自己身上。

不过是亚里士多德所开创的思想方式的不断深化、广化、精巧化和技术化而已,二十世纪曾让人欢欣鼓舞的所谓"语言的转向"(linguistic turn),并没有给语言哲学和分析哲学带来真正的范式革命——越来越符号化的哲学推演不过是亚里士多德主义的回光返照,也是近代自笛卡尔、康德以来这一波无限制的哲学化历程油尽灯枯前的飞舞欢腾。

二 第二次起航

但在这种汹涌奔腾的哲学化狂潮中,人类思想中仍然一直不乏不同的看法。从苏格拉底到柏拉图,从阿尔法拉比到迈蒙尼德,从维科、卢梭到莱辛再到施莱格尔兄弟和赫尔德,从尼采到施特劳斯,他们大抵都不反对哲学,却对过度哲学化进行了深刻的批判,并以各自不同的方式试图缓解哲学化进程带来的思想僵化,或者说,努力化解哲学化的毒素。①

正所谓物极必反,就在哲学化达到最高峰后,西方思想被新的"繁琐哲学"或"新经验哲学"纠缠到近乎窒息的紧要关头,②那些哲学化进程的"完成"者终于认识到它的巨大危害,甚至由哲学的"完成"而提出"终结"哲学。③ 例如,后期胡塞尔、后期维特根

---

① 但二十世纪中后期某些试图"解构"哲学的主张,似乎并没有解去哲学的毒素,反而让这些本来只存在于"大脑"中的毒素,扩散到五脏六腑中去了。

② "新经院哲学"指十九世纪下半叶以来天主教内部为应对现代科学的批判而复活和发展了中世纪的经院哲学,笔者这里是在更宽泛更一般的意义上使用该词。

③ 海德格尔,《哲学的终结与思的任务》,见《面向思的事情》,陈小文、孙周兴译,商务印书馆,1996,页59–60。

斯坦和后期海德格尔在人生的成熟期从思想与历史的悲惨历程中悟出了无限制哲学化给人类带来的灾祸,所以胡塞尔才会提出"生活世界"的概念,维特根斯坦也才会天才地预感到"生活形式"的意义,而海德格尔则干脆直接宣布"终结哲学"。哲学是无法终结的,哪怕我们给它换一个比如叫作"思"的名字;但无限制哲学化的单向度思维方式和发展路向,却必须予以减缓和纠正,且不说要彻底终结之。海德格尔等人的这种"反戈一击"已经充分说明了哲学化本身的危害,同时也间接证明了哲学的政治转向的必要性和紧迫性。

与西方思想史上单纯而持续的亚里士多德主义化并行的,便是三次大规模哲学政治化的时期。第一次是苏格拉底的"第二次起航",政治哲学由此创立,柏拉图集其大成。第二次是伊斯兰古典文明勃兴初期阿尔法拉比、伊本·巴贾、阿维森纳和阿威罗伊等哲人对新柏拉图主义和亚里士多德主义的改造,从而创立了伊斯兰政治哲学。第三次便是尼采对传统哲学的价值重估,海德格尔在彻底解构传统后另辟蹊径,直到施特劳斯重提"古典政治哲学",便开启了我们亲历其间的一次宏伟的新文艺复兴——其含义当然与上次大不相同。

我们不知道刚刚拉开序幕的这次大规模思想转型会把我们引向何处,正因为这一点,我们才觉得有必要回顾前两次的进程。从根本上说,这三波浪潮都是以柏拉图式的政治哲学为基础,或者说苏格拉底—柏拉图最早的"起航"成为了后来哲学政治化的"范式"(paradigm),其含义就像《王制》592b 所说的那样。

苏格拉底早年也热衷于"哲学",但他很快就发现了当时极其热烈的哲学化浪潮无法克服的内在问题,由此便转向了人世的"人事"。柏拉图在《斐多》中让苏格拉底谈到了自己在哲学中所发现的问题以及由此而产生的转变,因而《斐多》被称作"哲学的描画"或"与哲学保持一定的距离"(philosophy at one remove)。①苏格拉底"自述",他年轻的时候异常热爱那种被称作"自然研究"(physeos historian)的智慧,因为他觉得能够认识一切事物的原因,了解其生灭变化,就高人一等(《斐多》96a7 – 10)。② 这个时期的自然研究的智慧,就是哲学。③

但苏格拉底发现自己没有能力研究哲学,而其他人也只是借着很多稀奇古怪、莫名其妙甚而可以说荒诞的东西(atopa)来表明自己有智慧。哲学自身真正荒诞的地方在于,哲学旨在找到永恒的"原因",但如果没有神明或"杀死上帝",那么,原因的(外在)寻求就会陷入"无穷倒溯"中而破产,④"那个美妙的希望",即"哲学之梦",就破灭了(《斐多》98b7 – 99c6)。于是,苏格拉底转而寻找"真正的好"——苏格拉底的哲学初衷其实与一般哲人已大不相同,便开始了"第二次起航"(deuteron ploun,《斐多》99c9 – d1)。⑤

苏格拉底为什么"起航",又转向何方?学界存在着分歧,似乎都在替苏格拉底立言。据苏格拉底"自己"说,那是因为他看到

---

① 罗(C. Rowe),《柏拉图〈斐多〉中的哲学观》(The Concept of Philosophy in Plato's *Phaedo*),见 A. Havlicek and F. Karfik 编,《柏拉图的斐多》(*Plato's Phaedo*. Prague,Oikoymenh,2001),页 43。

② "高人一等",汪子嵩译作"很高尚的事业"(见《西方哲学原著选读》,商务印书馆,1981,页 61),王太庆译作"愉快的事情"(《柏拉图对话集》,商务印书馆,2004,页 260),都不准确,因为 hyperephanos 一般用作贬义。

③ 汪子嵩就把"智慧"直接译成了"哲学"。王晓朝译作"自然科学的学问"。

④ 这种观念深刻地影响到了莱布尼兹,参 D. Gallop,《柏拉图:斐多》(*Plato: Phaedo*, Oxford: Clarendon Press, 1975),页 176。作者在该处还讨论了学界对"第二次起航"的不同看法。

⑤ 汪子嵩大概据英文 second best 而译为"次好的方式"。王晓朝据 H. Tredennick 的英译 makeshift 而译为"权宜之计"。

了两种相互关联的"危险":盯着太阳看会让灵魂变瞎(《斐多》99e2-3),忽视灵魂会让人无法通过身后的审判(107c4以下)。第一种"危险"是他起航的原因,而第二种"危险"则规定了他自己所要转去的方向:"必须竭尽全力终生与闻德性和明智"(114c7-8)。苏格拉底于是自愿清贫,甘当牛虻,四处劝人向善,要人们不过分在乎身体和金钱,思想上更要不假外求。

但"第二次起航"不是要与向外求索的哲学彻底决裂,也不是人们所理解的退而求其次(正如《王制》与《法义》的关系一样),而是以向下的方式向上。但要能够向下回到洞穴也就是回到生活中,先得向上走出洞穴,完成哲学的训练。即便在柏拉图早期对话也就是所谓的"苏格拉底对话"中,苏格拉底也并没有完全抛弃哲学,只不过他的"哲学"已经具有了不同于自然哲学的意义。就在自述"第二次起航"的《斐多》中,苏格拉底正是用深奥的哲学推论证明了灵魂不死,从而让人们转向内心,转向秩序、审慎、正义、勇敢、自由和真实(99d-115a),而这些要求就是"政治哲学"的内涵:苏格拉底"第二次起航"创造了这个至关重要的思想路向。

让哲学转向政治或生活,并不是要抛弃哲学,更不是"看不起"哲学这门学问或知识(《申辩》19c5-6),[1]他是看不起那些不懂装懂自以为有智慧的沽名钓誉之徒(23d8-9),也就是"伪哲人"。苏格拉底反对的正是当时非常流行的"哲学",也就是探究天上和地上的事物,把弱的说法变强(18b7-c1;19b5),即反对自然哲学、形而上学以及智术师的伪启蒙哲学。在苏格拉底这里,哲学就是广义的政治哲学,就是洗涤灵魂的工具,也就是"自我的净罪"(katheramenoi,《斐多》114c2-3),有如毕达哥拉斯学派所主张的那样。哲学应该让人清心寡欲、虔诚正直、明智审慎,所以,苏格拉底

---

[1] 柏拉图,《苏格拉底的申辩》,吴飞译疏,华夏出版社2007年,页72。

在法庭上才有如此的豪言壮语:我只听从神明的旨意,但凡一息尚存,便不会停止从事哲学(《申辩》29d3-5):苏格拉底奉旨哲思。

西塞罗把苏格拉底的转向精妙地概括为"最先把哲学从天上召唤下来,置于城邦之中,甚至引入家庭里,使之探究生活与习俗,以及善恶之事"。① 我们目前似乎还没有充分认识到西塞罗这种评价的真正内涵,更没有在整个思想史的背景上理解苏格拉底转向所具有的永恒的典范意义及其开创新路向之功(所谓"天不生仲尼,万古长如夜"),尽管这种"开创"更多地具有"回归"的色彩。自亚里士多德之后,苏格拉底的起航并没有改变哲学化的方向和进程,但作为这次转向最大受益者的柏拉图在哲学和政治(或曰诗与哲学)之间建立起的平衡和张力,为后世延缓和纠正过度哲学化的艰苦事业提供了有效的"范式"。

三 哲学的政治化

如果说苏格拉底—柏拉图是从哲学转向到政治之上,从而让哲学回归生活,即所谓"下降"回洞穴,那么,阿尔法拉比对新柏拉图主义哲学的改造和利用,则更是真正地让哲学政治化,或者更准确地说,化用哲学,哪怕化用的是陈腐的新柏拉图主义哲学,来为生活为广义的政治服务,这样就把哲学放到了它应然的地位上。新兴的伊斯兰文明没有传统哲学的包袱(就像柏拉图的"学历"或"行迹"那样),不需要苏格拉底式的"第二次起航"。但作为新建的政权,伊斯兰世界需要恰当的哲学、主要是政治哲学来为现实奠基甚或指引未来发展的方向。历史选择了柏拉图,这说

---

① 西塞罗,《图斯库鲁姆清谈录》(*Tusculan Disputations*, Trans. by J. E. King, Cambridge: Harvard University Press, 1945),页434。

明他在政治与哲学之间所找到的平衡与张力,恰好就是伊斯兰文明所需要的。

  以苏格拉底、柏拉图和亚里士多德为代表的古典思想在基督教上升为国教后逐渐衰落,到伊斯兰文明兴起的时代,柏拉图的学说经"老学园"而变为迎合宗教需要的新柏拉图主义,而且即便这种委曲求全的异教学说,在基督教世界都已湮没不存。伊斯兰文明最初接受的便是经由亚历山大里亚和大马士革传来的新柏拉图主义。① 第一位伊斯兰哲学家阿尔肯迪(Al-Kindi)就是一位不关心政治思想的新柏拉图主义者,此后伊斯兰"哲学"的基础和普遍表现就是这种虽"正出"而实"异化"了的新柏拉图主义之余绪:难怪学界普遍把阿尔法拉比也视为新柏拉图主义者。

  的确,阿尔法拉比大量地使用了新柏拉图主义的思想术语,看起来与当时流行的新柏拉图主义别无二致,加上他对亚里士多德大量著作(尤其逻辑学著作)进行过诠解,由此还获得了"第二导师"的称号,也就被当成了伊斯兰世界的亚里士多德。但阿尔法拉比与这两个盘根错节并互相融合的流派之间实际却保持着相当大的距离。②

  阿尔法拉比也从"原因"、"太一"、"始基"和"能动理智"出发,然后利用新柏拉图主义的"流溢说"构建起一个庞大的形而上学体

---

① 阿尔法拉比对这段学术史有着明确的自觉,见阿尔法拉比,《哲学的兴起》(The Rise of Philosophy),收于 Majid Fakhry,《阿尔法拉比:伊斯兰新柏拉图主义的创始人》(*Alfarabi: Founder of Islamic Neoplatonism*, Oxford, 2002),页 156-160(中文见《亚里士多德的哲学》,程志敏、王建鲁译,华东师范大学出版社,2016)。

② 笔者在《阿尔法拉比与柏拉图》(华东师范大学出版社,2008)第一章中对此有更为详尽的分析,这里结合《高尚城邦公民意见诸法则》和《政治制度》,稍加申论。

系——阿尔法拉比明确地说,他(以及新柏拉图主义者)使用"流溢"一词,是迫不得已:受表达法之限,言不尽意。① 阿尔法拉比的"流溢"说是在政治哲学的框架内,相对于政治哲学来说,流溢说乃至形而上学,"也许微不足道"。② 更何况,在他那里,第一因是最高的原因,然后层层往下"流溢",从而产生出宇宙万物。在这个系统中,理智或理性得以产生,它一方面探讨自然万物的原因,一方面寻求人类生存的目标,这样就进入了"政治世界"。而政治世界的原则也必须以形而上学的存在论为基础,由此,哲学就有了政治的担当——阿尔法拉比就把(新柏拉图主义和亚里士多德主义的)哲学政治化了。阿尔法拉比在其他地方把哲学分为理论部分和实践部分,便是在片面强调哲学理论功用的主流思想中为"实践哲学"或"政治哲学"赢得了一席之地。

阿尔法拉比的《政治制度》正好就由"形而上学"和"政治哲学"两部分构成,而这部至关重要的著作另外的一个名字"诸存在物的诸法则",③即表明阿尔法拉比把"政治世界"看作本真的存在,从某种程度上说,这种以"形而上学"为基础的存在,才是他更看重的领域。他的另一部著作《宗教书》"更多的是对政治学的关注,而不是对宗教的关注",因为"阿尔法拉比的《宗教书》最基本的教

---

① 阿尔法拉比,《柏拉图的哲学》,程志敏译,华东师范大学出版社,2006,页121。

② 德鲁瓦(Therese-Anne Druart),《阿尔法拉比、流溢与形而上学》(Alfarabi, Emanation, and metaphysics),收于 Parviz Morewedge,《新柏拉图主义与伊斯兰思想》(*Neoplatonism and Islamic Thought*, Albany: State University of New York Press, 1992),页143。另参拙著《阿尔法拉比与柏拉图》,前揭,页121。

③ 纳贾尔(Fauzi M. Najjar),《〈政治制度〉导言》(Preface to *The Political Regime*),见 Ralph Lerner and Muhsin Mahdi 编,《中世纪政治哲学文选》(*Medieval Political Philosophy: A Sourcebook*, Free Press, 1963)。

诲是,高尚的宗教治理一个政治共同体,同时,这种高尚的宗教既从属于实践哲学,也从属于理论哲学"。① 阿尔法拉比在其《各科举要》第五章中,把政治学置于极高地位:它研究人的生活方式、人生目的(即存在意义)、幸福与善德之间的关系等等,②这无疑与柏拉图极为接近,而与不大关注人世生活的新柏拉图主义相去甚远。

阿尔法拉比的另一部重要著作《高尚城邦公民意见诸法则》通常被视为伊斯兰世界的"理想国",其中大量充斥着形而上学和宇宙论之类的新柏拉图主义理论,结果让古典伊斯兰文明研究最权威的学者沃尔泽(Richard Walzer)感到疑惑不解。他在翻译并详尽注疏了这本书之后,发现该书奇怪、不合时宜,甚至让人震惊。他一方面看到阿尔法拉比与新柏拉图主义有很多不同之处,比如阿尔法拉比对新柏拉图主义把神秘与神圣联系起来等理论持否定态度,就把他与新柏拉图主义的主流代表分别开来,③但有时又认为阿尔法拉比主张新柏拉图主义观点也"屡见不鲜"(not uncommon),④甚至认为他就是一个不折不扣的"新柏拉图主义形而上学家"。⑤ 莱纳(Ralph Lerner)甚至挖苦道:"沃尔泽动用其百科全书式的记忆力来支撑这样的信念:阿尔法拉比就

---

① 巴特沃斯(Charles E. Butterworth),《〈宗教书〉导言》(Preface to Book of Religion),见《阿尔法拉比政治著作集》(Alfarabi, The Political Writings: Selected Aphorisms and Other Texts, Cornell University Press, 2001),页88。

② 同上,页76。

③ 沃尔泽(Richard Walzer),《阿尔法拉比论完美城邦》(Alfarabi on the Perfect State. Oxford: Clarendon Press, 1985),导论,页11。"完美城邦"即"高尚城邦"。

④ 同上,页16。

⑤ 沃尔泽,《阿尔法拉比论完美城邦》,前揭,页500。

是他自己那种人。"①

包括沃尔泽、法赫里(Majid Fakhry)在内的很多饱学之士大概都没有认识到,阿尔法拉比是在把哲学政治化,也就是把思想柏拉图化(Platonizing),因此"只有从法拉比的柏拉图化的政治学(Platonizing politics)出发,……才有望达到对中世纪的穆斯林哲学和犹太哲学的真正理解"。② 就在新柏拉图主义理论和亚里士多德逻辑学占据伊斯兰哲学统治地位之时,阿尔法拉比"突然"向我们展示了一个既不主张神秘学说又不是形而上学家的柏拉图,在阿尔法拉比笔下,柏拉图的兴趣主要在于政治,其大规模的著作也是关于政治的。③ 比如,特别为新柏拉图主义钟爱的《蒂迈欧》,在阿尔法拉比这里也不过是《王制》和《法义》的桥梁,也就是政治谋划中的科学认知工具。④ 阿尔法拉比对形而上学有着深湛的研究,但他在形而上学弥漫思想天空以至于让人看不清"实事"时,他让形而上学从属于柏拉图化的政治学,似乎让人看到了一丝光亮:"阿尔法拉比则在一个并不比智术师和苏格拉底时代更少'启蒙'意味的世纪里,在柏拉图的政治学中重新发现了同样远离自然主义的中庸之道。"⑤这个中庸之道,就是我们生活得以维系的政治的核心。

---

① 莱纳(Ralph Lerner),《新柏拉图主义探源》(Beating the Neoplatonic Bushes, *The Journal of Religion*, Vol. 67, No. 4, Oct., 1987),页515。
② 施特劳斯,《简评迈蒙尼德和阿尔法拉比的政治学》,见阿尔法拉比,《柏拉图的哲学》,前揭,页203。
③ 马迪(Muhsin Mahdi),《阿尔法拉比与伊斯兰政治哲学的奠基》(*Alfarabi and the Foundation of Islamic Political Philosophy*, University of Chicago Press, 2001),页56。
④ 参阿尔法拉比,《柏拉图的哲学》,前揭,页50。
⑤ 施特劳斯,《简评迈蒙尼德和阿尔法拉比的政治学》,见阿尔法拉比,《柏拉图的哲学》,前揭,页203。

阿尔法拉比对哲学的政治化处理,不是要反对哲学。其实,阿尔法拉比身处一神教世界,他清楚人们为什么会反对哲学,尤其清楚哲学与神学之间的冲突:"在每一种反对哲学的宗教中很明显的是,那种宗教的神学技艺会反对哲学,而且那些追求神学的人会反对那些追求哲学的人,结果,宗教就会反对哲学。"① 阿尔法拉比维护了哲学的名声,但改造了哲学的内容。他接受了古典思想关于幸福是最高目标的说法,但他修正了亚里士多德把思辨视为至高幸福的观念,认为只有"政治的幸福"而非"思辨的幸福"才是唯一的幸福。② 他的思想更接近柏拉图:把形而上学重新设置为政治哲学的基础,而不再仅仅是出于好奇的自由探索。由是,阿尔法拉比在伊斯兰世界创立了政治哲学,在哲学政治化的非主流进程中,延续着柏拉图式政治哲学的命脉:在此后的古典伊斯兰哲学里,政治哲学成了每一个思想家的重要组成部分,而柏拉图在他们的政治哲学中又有着决定性的作用。③ 阿尔法拉比所开创的这个局面,通过阿威罗伊、迈蒙尼德等人对西方产生过微弱的影响,但其哲学政治

---

① 阿尔法拉比,《问学录》(Book of Letters),见 M. A. Khalidi 编,《中世纪伊斯兰哲学著作选》(*Medieval Islamic Philosophical Writings*, Cambridge University Press, 2005),页23(中文见阿尔法拉比,《亚里士多德的哲学》,前揭)。

② 阿尔法拉比曾经注疏过亚里士多德的《尼各马可伦理学》,但已佚失,从其他思想家所载的"残篇"来看,阿尔法拉比的幸福论实际上是在批判亚里士多德,见高尔斯顿《政治学与卓越:阿尔法拉比的政治哲学》(M. Galston, *Politics and Excellence: The Political Philosophy of Alfarabi*, Princeton University Press, 1990),页59。

③ 罗森塔尔(Erwin I. J. Rosenthal),《中世纪伊斯兰政治思想论纲》(*Political Thought in Medieval Islam: An Introductory Outline*, Cambridge University Press, 1958),页114。

化经验无疑为我们贮藏着丰富的可能性和伟大的契机。

四　结　语

哲学的政治转向不是要终结哲学,而是要摆正哲学的位置——尽管"哲学的终结"也许"植根于西方—欧洲思维的世界文明之开端",①因为据说,"唯当我们体会到,千百年来被人们颂扬不绝的理性乃是思想最冥顽的敌人,这时候,思想才能启程"。②但我们所说的"哲学的政治化"无意于"终结"哲学,也不是要把哲学变成政治,毋宁说,它是一种冷静的运思和克制的求索。它不是要和平演变哲学,而是要让哲学这艘伟大的航船保持在正确的航道上,有如苏格拉底之于雅典的态度(《申辩》30e)。与"政治的哲学化"相比,"哲学的政治化"显得势单力薄,而且,本身意在让哲学有所克制的这种反潮流的趋势,本身也会有所克制,或者说,哲学的政治化是一种谦恭的行为:它不自量力的"螳臂挡车"是为了防止狂热的"爱"(即智慧之爱)越界和泛滥,从而更好地让哲学成为哲学。

哲学的政治化正是为了防止哲学固化成一门狭隘的学问,让它保持敞开与活泼,这样才能让哲学葆有鲜活的生命力,让它存在并融入我们的生活之中。否则,哲学就真的"无用"了,而所谓"无用之大用",亦不过是空疏而异质思想的自我美化而已。一方面,我们要警惕现代哲学的一个根本趋势,即不要让哲学成为对智慧的信仰乃至迷信,而要重新让哲学成为一种本来就应该是的那种"生活方式"。但另一方面我们也不能借"政治"或"生活方

---

① 海德格尔,《面向思的事情》,前揭,页61。
② 海德格尔,《林中路》,前揭,页241。

式"之名把哲学变成一种政治方案(人类已为此付出过惨痛的代价),而是保持着对美好生活的高贵品质持续的追问和维护,所以,"哲学在律法的政治共同体中仍然有其不可取代的位置"。①在《王制》中,柏拉图的"哲人-王"学说可能是一种"高贵的谎言",但要求统治者学一点柏拉图式的哲学,即以审慎和德性为目标的政治哲学,会有助于统治以实现美好生活。柏拉图在洞穴比喻中,甚至要求统治者强迫潜在的政治家去学习"哲学"(540a),即"辩证法",尽管他同时也要求提防哲学的危害(537d-e)。

简单地说,正如柏拉图和亚里士多德所揭示的那样,人不可能离开社会而孤立地存在,人只能生活在政治之中,哲人如此,哲学亦然。所以,

> 所谓哲学的政治转向首先意味着这样的哲人意识:既然哲学必须依据自然刨根问底何为值得过的生活,哲学的思考本身就是政治性的,因为与哲思相关的崇高、高贵、美和适宜的观念必然与城邦的道德习俗、宗教意见相冲突。……哲学在坚持研究自然的同时必须成为政治哲学——因此柏拉图的哲学一开始就是政治哲学。②

本书的"各科举要"、"政治制度"的第二部分(即第64-126节)以及"宗教书"和"箴言选"的部分段落和附录"中古伊斯兰的政治哲学"由我翻译,"政治制度"第一部分由郑兴凤翻译,"宗教书"和"箴言选"以及另外两篇附录由贵阳学院的周玲博士翻译。

---

① 刘小枫,《施特劳斯的路标》,北京:华夏出版社,2011,页182。
② 刘小枫,《施特劳斯的路标》,前揭,页135-136。

在此需要特别指出的是,本书附录特意选了科尔莫(Christopher A. Colmo)的文章。科尔莫虽是施特劳斯的再传弟子,但他不迷信权威,敢于批判宗师,尤其无情地批判了阿尔法拉比,丝毫没有门户之见,也绝不自恋研究对象,这无疑是一种极其科学而勇敢的学术态度。至于科尔莫是否就批评得对,那是另外一回事情(详见拙文《阿尔法拉比与亚里士多德》,《北方民族大学学报》2010年第2期)。全书完稿后,又邀请到吴觉亮、王志强两位朋友通读并校阅了郑、周二人的译文,由我统稿,并作了校订。最后要特别感谢叶然先生的仔细审订和马涛红女士的耐心编校。

程志敏
2017年5月于海甸岛

各科举要[*]

* [译按]*The Enumeration of the Sciences*,译自纳贾尔(Fauzi M. Najjar)英译,见 Ralph Lerner 和 Muhsin Mahdi 编,《中世纪政治哲学文选》(*Medieval Political Philosophy: A Sourcebook*, Free Press, 1963)。并按巴特沃斯(Charles E. Butterworth)的英译文校订,分段亦依据该本,见《阿尔法拉比政治著作集:箴言选及其他》(*Alfarabi: The Political Writings: Selected Aphorisms and Other Texts*, Ithaca: Cornell University Press, 2001)。

英译者纳贾尔的前言

阿尔法拉比(Abū Naṣr Muḥammad Ibn Muḥammad Ibn Ṭarkhān Ibn Awzalagh al‑Fārābī,公元870—950年)生于Transoxania,就学于Khorasan和巴格达。942年他离开巴格达,成为在阿勒颇(Aleppo)的叙利亚亲王道莱(Sayf al Dawlah)的侍臣。在叙利亚期间,他游历过埃及,并定居于大马士革,该城在阿尔法拉比离开巴格达三年后,就被庇护他的亲王攻占了。阿尔法拉比享年八十岁,葬于大马士革,极尽哀荣。阿尔法拉比在众师承中,曾求学于海兰(Yūḥannā Ibn Haylān)门下,后者是一名操叙利亚语的基督徒,在哈兰(Harrān, Carrhae)和巴格达(公元十世纪的前三十年殁于此地)授徒,他把这种以海兰命名的哲学传统带到了亚历山大里亚学派。在亚历山大里亚,尽管官方基督教设置了种种限制,哲学仍存在着。穆斯林征服此地后,亚历山大里亚文化地位的衰落,似乎迫使该学派在八世纪初最先移到安条克(Antioch),然后又转移到哈兰(九世纪中叶)。在伊斯兰教统治下的哈兰,希腊学术和异教信仰在操叙利亚语的基督徒中间仍然很繁荣。(据某些记载,阿尔法拉比本人曾在那里求学。)

阿尔法拉比是第一位穆斯林哲学家,主持过一个"学派",并作为"导师"而声名远播。他被后来的穆斯林哲学家视为伊斯兰哲学的真正创立者,穆斯林哲学史家称他为"至尊的穆斯林哲学家"(the Muslim philosopher)和"第二导师"(second master)。他对亚里士多德著作的疏解,建立了亚里士多德在阿拉伯逻辑学、物理学和形而上学领域的权威地位。同时,他还重新发现了柏拉图的重要性,并把柏拉图作为政治哲学与人法和神法研究的最高权威介绍过来。

阿尔法拉比在《各科举要》的前言里说到,他的意图是要给那些有名的学科写举要,让人们熟悉每一学科的基本主题、分科,以及每一分科的基本主题。这将以五章来完成:(1)语言学,(2)逻辑,(3)数学,(4)物理学和形而上学,以及(5)政治学、法学和辩证神学。他在前言的总结中,撮举了本书要旨的用处:它能让那些希望学到一门具体学科的学生知道从哪里下手,在学习中能得到什么,如此等等,还能让他们随时意识到自己在干什么,而不是稀里糊涂就陷进去了。它能让人在各种学科间作比较,并晓得它们中哪科最优秀,哪科更有用,哪科更精确,如此等等。它还能让人揭穿那些装作懂得某一门具体学科的人其实很无知。通过追问该学科的分支和基本主题,就能够戳破他的假话。它还能让那些懂得某一具体学科的人,搞清楚自己是全部懂得,还是只懂其中的某些部分,以及懂到何种程度。最后,它对那种受过教育的、试图只了解每一学科的基本主题的人,和那种想方设法像一个有学问的人并自视为其中一员的人来说,也是很有用的。该书的第五章尽管简明扼要,也包含了伊斯兰哲学中对政治学的基本主题和分支最早的和最重要且最广泛的阐述。

《各科举要》的阿拉伯文原稿成为学科研究不可或缺的导论,并为许多百科全书的编者和学科史家大量抄摹和释义。犹太-阿拉伯著作家使用阿拉伯文原稿,它的精粹摘抄由 Shemtob ben Falaquera(十三世纪生活于西班牙和普罗旺斯)和 Arles 的 Kalonymos ben Kalonymos(1314)译成了希伯来文。Dominicus Gundisalvi(也许与"西班牙的约翰"〔Ibn Dāwūd〕合作)在其杂抄的著作《论学科》(*De Scientiis*,成稿于十二世纪中叶,1638 年在巴黎出版)中摘录了约一半。Cremona 的 Gerard 于 1175 年在托莱多(Toledo)从阿拉伯文译出了拉丁全本。下面的译文据 Osman Amine 编的阿拉伯原文第二版 *Ihsā' al-'ulūm*(开罗,1948)页 102-113 译出。译文中的注释具体指明文中所采用的校读是否为该版的注释。

英译者巴特沃斯的前言

在《各科举要》的序言中,阿尔法拉比解释道,他试图列举每一"广为人知的学科",并将这些学科分为五章:语言学及其组成部分;逻辑学及其组成部分;数学,这里他所指的是算术、几何、光学、天文学、音乐、测量学,以及工程学;物理学及其组成部分,当然也包括神学及其组成部分;最后一章是政治学及其组成部分,再加上法学与辩证神学。此外,他还指出所列举的学科发挥作用的五种途径。它们分散在三个不同的标题下。首先,此书将对学习某一学科的学生非常有益,让他们了解从什么地方开始,探究些什么,什么是值得探究的,以及可以从这一学科中学到什么,以便他们能循序渐进。类似地,它还将使学生对各种学科进行比较,从而了解到哪些学科更为出色、更有用、更具有确定性、更有力量。其次,此书将能有效地让人辨别,一个声称对这些学科中的某一学科有研究的人是否果真如此;同时,它也将允许已经精通某一学科的人,辨别他自己是掌握了其全部知识呢,还是只掌握了其中的一部分,也能决定他的知识的范围。最后,此书对以下两种人大有益裨,一是受过教育的人,他致力于对每一学科作概述性的了解;一是意欲治学的人,他以为这样就能被视为治学之人。

相应地,这里所列举的每一学科都很简明扼要,甚至只是一些纲要。但是,正如阿尔法拉比一贯的作风,其最普遍性、最一般的陈述却意义深远。阿尔法拉比对政治学所做的阐释十分可信,他一方面将政治学与法学,另一方面将政治学与辩证神学进行比较时,所使用的方法也非常正确。

阿尔法拉比对政治学的阐述以及对辩证神学的阐述所占的篇幅一样。但令人疑惑的是,对法学却只是只言片语。另外,对如何称谓这些研究对象,他明显地表现出双重标准:虽然,他总是谈到政治学——有时将其与政治哲学进行比较,有时却把它视为政治哲学——他看上去好像并不能确定,法学与辩证神学究竟是科学呢,或者还只是技艺。诚然,在这一著作的绪言以及各章的标题中,这二者都被确认为科学,而且阿尔法拉比也曾经将法学视为科学,但是他也曾经将它与辩证神学视为技艺。同时,阿尔法拉比对法学所作的解释那般简明,就如同他对辩证神学的解释那般消极,尤其是他把诡辩描述成辩证神学的某些学派为了保护宗教而求助的对象。但是,只有当涉及这两种科学或技艺时,"意见"这一术语才会出现。正如在这里所提供的,在没有人能对他们的思考发表看法的范围内,众所周知的政治学或是政治哲学深刻地影响了人类的行为。

阿尔法拉比对政治学的简短论述的另一个显著特征是它的重复性。事实上,在第五章的第1节以及第3节,阿尔法拉比对政治学作了几乎相同的说明。但是,几乎相同并不意味着一样,有人一定会好奇这两处论述的差异。或者,如果说第1节与第2节对政治学和政治哲学的论述表明了一种立场,出现在第3节的则代表了另一种立场的话,那么问题就集中在第1、2节与第3节的解释之间的不同之处。下面的事实暗示了第1节中的政治学可能是非哲学的:"政治哲学"这一术语只在第2节出现,而且如果提到了柏拉图与亚里士多德,也只出现在第3节中。① 如果,这个第1节中的政治学不是哲学的或者不是基于哲学的反思的话,那么它所依据的又是

---

① 见《各科举要》,第五章,第3节。

什么呢?

一个同样重要的问题集中在阿尔法拉比对政治学所做的全面论述(见第一至三部分)与对法学、辩证神学所做的全面论述之间的关系。对后两种的说明,尤其是对辩证神学的论述以它们事实上被用于实践的方式为依据;而对政治学和政治哲学的说明像是更多地依据了它们各自努力的方向或是目标。也就是说,除非在引用消极的例子时,否则,政治学与政治哲学似乎都不表现为人的思维方式,都不是一种事实上的能力。正如所提到的那样,当阿尔法拉比开始讨论法学与辩证神学时,他注意到了,它们都与意见和行为有关;而谈到政治学或政治哲学时,他并没有进行区分。看上去,好像法学与辩证神学在能够对人们提供一种充分的整体观方面独一无二,其中有些东西是旧政治学或旧政治哲学所不能达到的。阿尔法拉比在这里并不试图捍卫旧政治学或旧政治哲学。他也并不试图展示,这两者中的一个能够提供一种等同于法学与辩证神学所提出的世界观的东西。相反,他所做的只是要表明,法学和辩证神学的形成与宗教(milla),与他在对政治学与政治哲学的解释中彻底保持沉默的东西有关。

阿尔法拉比的确还指出了辩证神学何等有限。虽极为闪烁其词,但可以肯定的是,他的确指出了。一个用法学(fiqh)与辩证神学(kalām)进行统治的政制,并不值得期望。相反,如果独立探究的话,它是有限的,甚至是有危险的。因此,我们必定会好奇,阿尔法拉比怎样提供了一种政治学足以对抗法学、辩证神学的吸引力,且保持探询的可能性。如果说这一著作有什么局限的话,我们不能期待在此找到解决之方法;解决之方法,见于《宗教书》中。事实上,在此书的最后(第27节),阿尔法拉比解释了书中关于政治学与宗教的阐释怎样实现上述目标,然后,又如何由坚持宗教对健全的政治生活的重要性来得出结论。阿尔法拉比认识到这两部作品以这种方式相互关联,其迹象就是这两部作品中存在大量重叠的、相同的篇幅:《各科举要》[第五章]的第 1 节和第 11-13、14 节,与《宗教书》的第 14a-d 节;《各科举要》[第五章]的第 2 节与《宗教书》的第 15 节;《各科举要》[第五章]的第 3 节和 15 节的一部分,与《宗教书》第 16-18 节。换句话说,在《各科举要》中,首先是在第五章中,阿尔法拉比所关注的要比对各个学科只提供一种常见的概述,或是只是简单地想要为后代子孙保存一种他那个时代所取得的知识的记录,更为深远。相反,在这里,他希望凸现这样一个问题,即政治学与政治哲学现在不得不面对启示宗教已经出现的事实。政治学与政治哲学将如何应对这一挑战,这方面的暗示仅仅出现在《宗教书》中。

第五章　论政治学、法学与辩证神学

政治学

1. 政治学研究各种各样的自主行为和生活方式,研究引发这些行为和生活方式的确然倾向(dispositions)①、道德习惯、爱好以及品质状况,研究这些方面所要达到的目的,研究人类为何必须要具备这些方面,研究在必须具备的范围内如何安排它们,以及研究人类保持它们的方式。

政治学区别了行动得以开展的那些目的,以及生活方式得以实施的那些目的。

政治学解释了它们中有些真的是幸福,而有些虽然不是,却被假定是幸福,那种真正的幸福不可能属于今生,而属于今生之后的一生,也就是来世,然而,那种假定的幸福,比如财富、荣誉和快乐,只被设定为今生追求的目标。

政治学区分了行为和生活方式。

政治学解释了借以达到真正幸福的东西,是善、高贵的行为和德性,而其余的则是恶、低贱的物事以及瑕疵;还解释了人们必须具有这些东西,其方式就是,高尚的行为和生活方式要根据某种次序散播于城邦和民族中,还要得到普遍的践履。

它还解释了这一点只能通过统治术(ri'āsah,rulership)来实现,

---

① ［译按］在阿奎那和苏阿雷斯(Fransisco Suarez)那里,叫做"自然倾向"(natural inclination),参《神学大全》Q.78,a.3等。

〔统治者〕①通过它,在城邦和民族中确立起这些行为、生活方式、品质状况、确然倾向和道德习惯,并尽力保持之,使之不至消亡。如果不是靠一种技艺和确然倾向,统治术也不会产生,那种技艺和确然倾向能够产生行为,并在公民中予以确立,还能够保持在公民中已然确立起来的行为。这就是王道术(kingly craft)或君王术(kingship),或者人们乐意赋予的随便什么名称。政体(regime)就是这种技艺的产物。②

〔政治学解释了〕统治术有两类。(1)确立自主的行为、生活方式以及确然倾向的统治术,人们通过这些方面达到真正的幸福。这是高尚的统治术。臣服于这种统治术的城邦和民族是高尚的城邦和高尚的民族。(2)第二种统治术在城邦和民族中确立起来的行为和品质状况所获得的东西,被假定为是幸福,尽管并不如此。这是一种愚昧的统治术。它有很多部类,每一种都带有它所追求和力争的目的。这种统治术所追求的目标和目的有多少种,它的部类就有多少种。如果它追求财富,就叫做低贱的③统治术;如果追求荣誉,就叫做荣誉至上的(timocracy)④统治术;如果追求其他东西,则按

---

① 〔译按〕"〔〕"中的文字为英译者所加。极少量的"[ ]"中的文字为中译者据文意酌加,下同。

② 或者还可译作"政治学就是这种技艺的活动"(wa al‑siyāsa hiya fi'lhādhihī al‑mihna;〔译按〕纳贾尔就作此译)。这个从句的确切意思理解起来有些困难,就在于siyāsa一词既可以指"政治学",也可以指"政体"。——巴特沃斯注

③ 对这种统治术和其他政治体制的详细说明,参见阿尔法拉比,《政治制度》(〔译按〕即本书第三篇选文)。

④ 〔译按〕timocracy在柏拉图那里意为"荣誉至上政治",在亚里士多德那里意为"财权政治",即以财产的多少确定官职或权力的大小。根据文意,此处应指柏拉图意义上的政治形式。关于阿尔法拉比与这两位古希腊异教哲学家的关系,参阅阿尔法拉比,《柏拉图与亚里士多德的哲学》(*Philosophy of Plato and Aristotle*, translated with an introduction by Muhsin Mahdi, with a foreword by Charles E. Butterworth and Thomas L. Pangle, Cornell University Press, 2001)。

其特殊目的称之。

〔政治学〕进一步解释了,高尚的王道术由两种能力构成。一种是普遍统治的能力。另一种是人们在政治行动中长期实践得来的能力,在和当时城邦中的道德和个人打交道中,通过经验和长期的观察,就变得精明能干,好比医疗中的情形。因为医师也出于两种能力而变成完美的从医者。一种是医师从医书中得来的有关普遍原理和规律的能力。另一种能力是他在病人身上长期实践而得来的,通过在个体身上的长久经验与观察,而变得能妙手回春。出于后一种能力,医师就能够在特定的情况下对不同的人决定用不同的药物和疗法。相似地,王道术能够通过这样的能力和经验,根据特定的事件、状况和时间,决定要做什么。

2. 政治哲学仅限于普遍原则,尽管它也研究自主行为、生活方式、确然倾向以及诸如此类。政治哲学提供范式,以决定每一种情况和每一个时刻的上述方面:要如何决定,靠哪些东西决定,以及决定其范围。超出这一点,它们就还在未定之数,因为实际的决断属于另一种能力,而不是这门学问,实际的决断是对这门学问的补充。而且,这种决断所及的那些状况和事件是无限的,没有边界。

3. 这门学问分为两个部分。

(1)一个部分在于让人懂得何为幸福,①区别真正的和假定的幸福,列举那些要在城邦和民族中散播的普遍自主行为、生活范式、道德习惯和品质状况,以及把高尚者与不高尚者区别开来。

(2)另一个部分包含着在城邦和民族中安排高尚的品质状况和生活方式的办法,包含着让人懂得王道行为(royal actions),通

---

① 参《箴言选》注释5。在此处以及下文中,很多词汇都来自,arafa,其意是让公民意识到或熟悉一些东西,而不是向他们提供那些东西的知识或学问。——巴特沃斯注

过它,高尚的生活方式和行为就能建立起来,并在城邦的公民中予以安排,以保持已经在他们中安排和建立起来的东西。

这个部分随后列举了各种各样不高尚的王道术:它们有多少种,每一种各是什么。这个部分还列举了每一种[不高尚的]权术所具有的行为,列举每一种[不高尚的]统治术在城邦和民族中试图要建立起来的生活方式和确然倾向,以达到自己统治那些城邦和民族的目的。(这些东西可以在亚里士多德讨论政治制度的书《政治学》中找到。也可以在柏拉图的《王制》和他的其他著作中找到,也能在其他人的书中找到。)①这个部分解释了,所有这些行为、生活方式和确然倾向,对高尚的城邦来说,就好像疾病一样。〔在不高尚的城邦中〕那些归属于王道术和皇家生活方式的行为,就好像是高尚的王道术的宿疾。而且那些归属于这些城邦的生活方式和确然倾向,对高尚的城邦来说,也好像是宿疾。

这个部分随后又列举了究竟有多少原因和倾向,因为这些原因和倾向,高尚城邦的高尚统治术和生活方式,有转变成愚昧的(ignorant)生活方式和愚昧的确然倾向的危险。此外,这个部分还列举了各种各样的行为,通过这些行为,高尚的城邦和统治术就有了章法,不会堕落而转变成不高尚的那一类。这个部分也列

---

① 在本书的 Angel González Palencia 编本(基于马德里的 Escurial 抄本)中,可以看到如下的异文:"可以在《政治学》,也就是亚里士多德论述政治学的著作中找到;也可以在柏拉图的《王制》以及柏拉图和其他人写的著作中找到。"([译按]此处的内容,纳贾尔本作为异文插入到正文中。但巴特沃斯的译本是把它放在此处的注释中。)"柏拉图的《王制》"这个从句也可以翻译成"柏拉图论述政治学的《王制》",几乎等同于"亚里士多德论述政治学的著作"一语。马迪(Muhsin Mahdi)和 Amīn 都把异文括起来了。虽然 Amīn 只能接触到 Palencia 编本的第一版,即 *Catálogo de las ciencias*,由 Angel González Palencia 编校并附上了西班牙语译文(Madrid: Maestre, 1932),但马迪却还看到了1953的第二版,这个句子就在其中。——巴特沃斯注

举了各种尺度、策略和方法,一旦它们〔城邦和统治术〕转变成了愚昧的那一类,就应该用这些尺度、策略和方法来把它们恢复到以前的状态。

这个部分还解释了高尚的王道术由多少东西所组成,其中包括理论的和实践的学问,还要加上在城邦和民族中的长期实践所获得的能力,也就是能卓越地推导出规约(stipulations)的才能,每个共同体和每个城邦靠那些规约来决定采取什么样的行为、生活方式和确然倾向。该部分说明了,只有当高尚城邦的君主在时间上前后相继,而且都有着完全相同的资格,①后继者才会拥有同前任者一样的品质和资格,他们的前后相继才不会断裂或中止。只有这样,高尚城邦才能依然保持为高尚的,才能免于转向[堕落]。该部分让人懂得,为了避免君主前后相继中的断裂,什么是必须做的。这个部分还说明了,在君主的子嗣以及其他人身上必须找到哪种天然的资格和品质,这些资格和品质才会在现任君主之后,赋予其拥有者当权的资格。这部分说明了,必须怎样把那个天生就具有这些资格的人培养成人,以及应该如何教育他,好让他拥有王道术,并成为一个有造诣的君主。

此外,这部分还解释了,根本不应该把其统治术十分愚昧的人称作"君主",这些人在他们的本来状况、活动或安排方式中,也不需要理论的或者实践的哲学。相反,他们每个人在其统治下都能在城邦或民族中实现他的目的,也就是基于从经验而来的能力,他在行动中通过不断的实践获得这种能力,靠这种行动他就达到了目的,并获得他意欲的任何好处,假设他恰好拥有一种良好的欺骗能力和天才,以便推导出为了得到所想要的好处——快乐、荣誉以及其他别的什么,还要加上他善于模仿先王,而那些先王的追求跟他完全相同。

---

① 在此处以及本节余下部分中,用的是 sharā'it 一词,因此应该从字面理解为 stipulations。——巴特沃斯注

4. 法学(fiqh)①是这样一种技艺,它能让人在立法者清楚而详细说明和规定的那些事情的基础上,推断出立法者没有在每件事上清楚而详细说明的任何结论。人们还能以立法者的意图为基础来确认那个结论,立法者的意图就存在于他为之立法的那个民族所立定的宗教中。②

每一种宗教都有意见和行为。这些意见就像是关于真主(赞颂真主)③和他的品质,以及为世界而制订的那些法规。这些行为的例子就是赞美(伟大而崇高的)真主,以及依靠这些行为就能在城邦中达成和解。因此,法学这门学问有两个部分,一个处理看法,另一个处理行为。

5. 辩证神学(kalām)④的技艺是一种确然倾向,能够让人在辩论中捍卫宗教创始人清晰阐述过的特定看法和行为,反对一切与这些看法和行为相左的东西。这种技艺也分为两个部分,一部

---

① [译按]英译为 the art of jurisprudence,与今天的概念不同,中世纪宗教社会中的"法学",主要研究有关(宗教)律法或神法方面的问题,在一定意义上就是神法学。

② [译按]此处与纳贾尔的译文差异较大,据纳贾尔本,当译作"把立法者带着宗教的目的考虑进去,而让人力争正确地作出推断,立法者为民族而给宗教立法,也把民族带向那种宗教"。

③ [译按]凡提到"真主"之处,纳贾尔本都有"赞颂真主"一语,巴特沃斯本直接译作 God,下同(在《宗教书》中则直接译作"神")。

④ [译按]kalām,音译为"凯拉姆",中世纪文化尤其是伊斯兰文化(包括其宗教、神法和政治哲学)中一个极为重要的关键概念。《牛津哲学词典》解释为:"是伊斯兰哲学中用哲学为证据来证明宗教要素的方法。它在伊斯兰教中起着经院哲学在基督教发展历程中的作用。从事'凯拉姆'研究的人称为'穆台凯里木'(Mutakallimun,上海外语教育出版社,2000 年,页 205)。kalām 这个词在英语中通常被译为 dialectical theology[辩证神学],这种译法暗示了从事'凯拉姆'研究的人用以表达其神学思想的辩证方法和风格。但阿尔法拉比笔下的"凯拉姆"与传统所谓的"辩证神学"很少有共同之处,尽管他也认识到需要构建一种神学来为律法作辩护。参见 Joshua Parens,《作为修辞学的形而上学》(*Metaphysics as Rhetoric: Alfarabi's Summary of Plato's*

分处理看法,另一部分处理行为。

它与法学不同,因为法学家接受宗教创始人清晰阐述过的看法和行为,把它们当作公理,推断出由它们而来的作为必然结果的那些事情。然而,辩证神学家为法学家当作公理来用的那些东西作辩护,而不从中推断出别的东西。如果某人恰好有能力兼顾两者,则他既是法学家,又是辩证神学家。他的才能让他像辩证神学家那样为公理作辩护,又让他像法学家那样从公理作推断。①

在必须用以捍卫宗教的范围内,那些方法和看法牵涉到〔辩证神学家所持的种种观点,可概述如下〕:

(一)某一群辩证神学家有这样的看法,认为他们应该为宗教辩护,坚决主张宗教的看法以及它们的所有基本原理,不会为人的看法、慎思或理智的检验所动,因为前者在品级上比后者要高——这便在于前者是从神的真实而来的,还因为前者包含了神

"Laws", Albany: State University of New York Press, 1995),页 154 注释 6;另参见 Richard M. Frank,《凯拉姆之学》(The Science of kalām),见《阿拉伯的科学与哲学》(Arabic Sciences and Philosophy),1992 年,第 2 期,页 7 - 37。根据 Joshua Parens 的研究,kalām 的基本含意为"讨论"(discussion),阿尔法拉比在对柏拉图《法义》第九章的疏解开头就说柏拉图在前八卷中表达了一种对法律根基的 kalām(discussion)。Joshua Parens 还谈到了阿尔法拉比和柏拉图在 kalām 的技艺(art of kalām)上的不同(同上书,页 5)。伊斯兰教在创立之初,众信徒对圣训(Al - sunna)理解各异,产生了大量的争执,由此出现了一些持不同主张的教派。到了阿拔斯王朝初期,穆斯林接触到希腊哲学后,便利用希腊哲学(尤其是亚里士多德哲学)来为自己的主张进行辩证,从而产生了伊斯兰教的"教义学",它更多的是一种宗教哲学(参见纳忠,《阿拉伯通史》,商务印书馆,1999,下卷,页 248)。kalām 究竟像英译那样理解成"辩证神学",还是应理解成"教义学"或"宗教哲学",需要进一步的研究。显然,"辩证神学"一语具有浓厚的基督教意味,这也是英译所处的文化背景。一般情况下,直接音译成"凯拉姆",似较可取。

① 这里是马迪编本的结尾。下文的内容据 Uthmān Amīn 的编本而译。

圣的奥秘,人类的理智太过贫弱而无法理解,也达不到。再者,人是这样一种存在物,宗教通过启示赐予他凭其理智而不习惯于察觉的东西,也是人的理智太软弱无力[去把握的]。否则,即便启示只把人已知的东西赋予他,而且如果他考虑过并因此而能够察觉,也没有意义,或者毫无益处。果真如此,人就会相信自己的理智,也就绝不会需要预言或启示了。但这不符合造他出来的道理(way)。所以,就这门学问而言,宗教应该提供我们的理智所不能察觉到的东西,不仅如此,还要提供我们的理智会反对的东西。因为我们越强烈拒绝的东西,就越可能有着更大的益处。这是因为宗教所带来的为理智所反对也被想象视为矛盾的东西,实际上不仅不可反对,而且对神的理智来说,也是有效的。

如果人要在人性上达到完美的目标,他与那些具有神智的人的关系,就好比是儿童、青少年和毛头小子与完人之间的关系。很多儿童和毛头小子据其理智而反对的东西,实际上并非可以反对的或不可能的,尽管它们在他们眼中碰巧是不可能的。那就像一个在人的理智上达到完满目标的人与神智的关系。人在得到教育和训练之前,会反对很多东西,觉得那些东西乃是矛盾的,就把它们想象为不可能的。他一旦在学问中得到教育,并且在经验中得到训练,那种假定就会消失:他以前认为不可能的东西就转换并变成必然的,现在还会惊讶于以前常常引起他惊讶的那个对立面。与此相似,即便在人性上非常完美的人也会反对一些东西,并因为那些东西实际上不像是可能的就把它们想象为不可能的,这种情况亦并非不可能。

由于这些原因,这些人〔辩证神学家〕才认为必须把宗教视为有效的。的确,从真主(赞美真主之名)那里给我们带来启示的人是诚实的,不允许人们说他居然在撒谎。他之为这样一种人,有两种方法之一或两者兼具便可以证明:一是他演示的奇迹或通过他的手才得以显现的奇迹,二是那些诚实者的证言,那些诚实者在他之前,他们对他关于真主(一切赞颂全归于他)诚实性和立场的说法可以接受。一旦我们用这些方式确认了他的诚实,并且〔承认〕他也许撒了谎这个说法是不能接受的,那么就其所说的那些东西,我们就不该为智思(intellecting)、反思、慎思或沉思留有任何地盘。由于这样的和相似的理由,这些人〔辩证神学家〕认为他们应该为宗教辩护。

(二)另一群辩证神学家认为他们应该为宗教辩护,首先把宗教创始人清晰阐述过的东西表达出来,就用他表达这些东西的原话。然后他们就四处寻找各种可感的、一般所接受的以及可理解的东西。当他们知道其中一件或者其结果,——无论有多遥远,他们就用那种东西来为宗教辩护。当他们发现宗教中任何矛盾的东西,而且自己也能够用宗教创始人所采用的与那个矛盾相一致的方式来解释的说法来解释之,哪怕是一种非常遥远的解释,那么,他们也那样解释。如果他们办不到,却有可能把那个矛盾视为伪造的,或把它理解为与宗教中的东西相一致,那么,他们也会那样做。如果普遍接受的看法所提出的证据,与感觉对象所给出的证据之间相互冲突的时候,比如说,当感觉对象或其结果需要一种东西,而普遍接受的看法或其结果却需要相反的东西,他们就会找其中能够更有力支持宗教中的东西之证据,接受它,同时拒斥另外一个,视之为伪造的。如果不可能把宗教中的这种说法理解为与其中一个相一致,也不能把其中一个与宗教理解为相一致,并且也不可能拒斥任何普遍接受的感觉对象或与其中任何一个东西相反的理智性事物,或视之为伪造的,那么,他们就会认为,这个东西可以靠把它说成是真的来予以辩护,因为它是由那种绝不可能撒谎或犯错的人所说的。而且这些人〔辩证神学家〕在谈论宗教中的这个部分时,说的是最初的人就此所说的话。所以,这些人〔辩证神学家〕认为自己就是以这样的方式来为宗教辩护。

他们①中的某一群人认为应该这样为宗教辩护,即把那些东西视为可厌的,并追求宗教的余下部分,并在其中找到那些令人生厌的东西。如果那些宗教的追随者想要谴责这些人〔辩证神学家〕的宗教中的某个东西,就要让他自己去面对自己宗教中那些可厌的东西,以此防止他进入他们的宗教中。

他们中的另一群人则认为,他们宣布像这样用来辩护的论点不足以彻底证明之,以至于他们的对手哑口无言仅仅是因为他认为那些东西有效而已,而不是因为他没有能力用论证来反击他们。所以,他们被迫采用某些要么因为羞耻和被策略击败,要么因为害怕某种可恶的东西会降临到自己头上,而迫使他避免碰到的东西。

还有其他一些人,毫不怀疑地坚信他们自己宗教的有效性,认为应该在他人面前为之辩护,把它变得有吸引力,消除对它的怀疑,用任何碰到的东西把对手挡在它之外。他们甚至不惮于使用谎言、欺骗、谣言或鄙视,因为他们认为这两种人中总有一种会反对他们的宗教。这种人要么是敌人,那就可以使用谎言和欺骗来挡住并征服他,就像护教战争(jihād)和斗争中一样;要么这种人虽不是敌人,但却是那种由于理智贫弱和判断力低下而不知道自己能从这种宗教得到好运,那就可以靠谎言和欺骗,就好像对女人和孩子一样。

---

① 从阿尔法拉比引入对(一)和(二)的描述并为之作结的方式来看,这个和下一个两分的部类似乎属于第二群人〔即文中的(二)〕。

宗 教 书[*]

* ［译按］*Book of Religion*，译自巴特沃斯，《阿尔法拉比政治著作集：箴言选及其他》（*Alfarabi: The Political Writings: Selected Aphorisms and Other Texts*, Ithaca: Cornell University Press, 2001）。

翻　译

　　这个译本以马迪(Mhusin Mahdi)所编辑的阿拉伯语文本为基础。该译本标有数字分节,与阿拉伯文版本相对照,方括号中的数字是对应的阿拉伯文版本中的页码。然而,我对标有数字的各节进行了重新分段,在我看来,其目的就是为了要慎重揭示阿尔法拉比论证中的重要步骤。但令人遗憾的是,直到最近,我才经过努力得到伯曼(Lawrence V. Berman)对《论宗教、律法学与政治学》(*On Religion, Jurisprudence, and Political Science*)的翻译未刊稿,所以没有能够从中获益。

本书的论题

　　中世纪的政治哲学第一次向我们展示它自身,因为其关注点与我们自己的是如此相似。中世纪政治哲学根植于一个受到启示影响的世界,以及这一启示声称它拥有对全部人类事务的知识的影响——启示所声称的这种知识超越了一个人通过追求哲学可能获得的理解。在中世纪的政治哲学家中,伊斯兰传统中的著作尤其注重对那一声称的价值评价,即专注于探讨启示是怎样影响孤立无援的人类思考的。在此探讨中,他们的方式是,赋予每一方应有权利,或者说在宗教的进路与哲学的进路之间保持深度的张力。阿尔法拉比对此问题的探讨最为著名,他被公认为中世纪伊斯兰政治哲学的奠基者。在其所有的著作中,《宗教书》对上述问题的阐述最为直接,最为清晰。一方面,《宗教书》探讨了哲学与宗教之间的关系,另一方面,就这种关系在政治生活方面给予我们的指导而言,阿尔法拉比竭力想提供一种对这种指导的正确理解。

阿尔法拉比《宗教书》最基本的教诲是:高尚的宗教统治共同体,并且它既从属于实践哲学,也从属于理论哲学。虽然,他也谈到了不高尚的宗教,但他这样做也仅仅是为了将不高尚宗教中的各个种类与高尚宗教进行区分。另外,阿尔法拉比对高尚宗教统治下的政治共同体的大小并不是特别关注。这一政治共同体可能是"一个部落,一个城邦或是一个辖区,一个大的民族或是许多的民族"(第1节)。高尚宗教在其从属于哲学的范围内绝不会受到限制或减损。相反,这样一个从属地位确保了宗教的创立者为信徒(信众)所定意见与行为的真理性。

为了说服我们理解如此新奇的宗教观点的价值,阿尔法拉比必须带领我们对启示、统治、统治术的含义,同时也对政治学的含义进行新的思考。事实上,《宗教书》更多的是对政治学而不是对宗教的关注。虽然,《宗教书》是以"宗教"(al-milla)这个词开始,以如下断言结束,即需要一个共同的宗教,它能产生迄今为止所提出的所有理论,可是到目前为止,该文的大量篇幅都在讨论政治学。① 阿尔法拉比众多著作中,只有另一篇阐释政治学的文章有这样长的篇幅,即《各科举要》的"第五章"。除这两部分之外,阐释政治学这一主题只是偶然的,或是为了阐释一个更大的议题才出现在其他的著作中。

正如在《各科举要》第五章序言中所呈现的那样,在那里出现

---

① 此论文由31节组成:第1-27节加上第14a-14d节。第1-10节对宗教作了大致的关注,而对高尚宗教作了详细的论述;同时,第11-27节致力于政治学的探讨,即真正的政治学(第11节到第15节的第一段)以及对与启示相契合的世界给予说明的政治学(第15节的第二段到第27节)。

的政治学看上去十分简短，不足以解释暗含在该论文中的所有内容，尤其是与法学、与神学相关的内容。尽管政治学的解释之后紧接着就是对上述两种技艺的阐释，但是对政治学第一种解释和第二种解释都没有表达对它们来说极为重要的宗教主题。《各科举要》以对法学与神学的讨论而结尾，并指出了有待进一步说明的东西。《宗教书》以对政治共同体中居核心地位的宗教的讨论为开篇，然后，转移至政治学领域，这一点看起来似乎表明了阿尔法拉比对那一需要的回应。

阿尔法拉比对《宗教书》的阐述得以呈现的方式是引进了下列观点：宗教既依赖于理论哲学，也依赖于实践哲学（见第 5 节）；同时，法学既是政治学的一部分，同时它也依赖于实践哲学（见第 10 节）。如此一来，实践哲学的重要性驱使阿尔法拉比对政治学不得不提供另一种解释。事实上，阿尔法拉比做得更多：正如在《各科举要》第五章以及在《宗教书》中，他为读者提供了两种有关政治学的解释。尽管两篇作品中的这两种解释有共同的特征，但并非完全一致。虽然，《宗教书》中有关政治学的第一个解释和《各科举要》中的第一个解释一样有许多的局限，但《宗教书》中第二个解释却超越了《各科举要》中的相应部分，《宗教书》提供了所需要的东西①

为了正确评价这些政治学的不同解释以及它们蕴含的意义，就要对《宗教书》的形式特征，特别是对阿尔法拉比介绍高尚宗教的方法，有一个更为深刻的探究，那一方法是他从一开始就提出

---

① 这两个著作中相呼应的段落极其相似，关于这一点我已经在《各科举要》第五章序言中做了简要的说明。确实，出现在《宗教书》的说明，有时几乎是逐字逐句地与《各科举要》所阐明的那些内容相吻合。虽然如此，但正如阿尔法拉比一贯的写作情形一样，此处必须警惕相似之事中细微的差异。

来的,而且与介绍政治学的方法极为相似。例如,用来区别高尚宗教与不高尚宗教的标准——这种高尚宗教努力使共同体中的居民最终获得真正的幸福——正好就是用来区别高尚与不高尚的政治统治的标准(见第 1 节与第 14 节 a)。这两个标准也不尽相同,以至于读者被迫进行一种未明确说明的联系:因此,对高尚宗教统治者制定律法方式的讨论与对高尚政治统治者的制定方式的讨论相类似。前者为达成目标而设定许多必须具有神圣资格的法律,而后者为了达到自己的目的而设定类似于神法的东西,但是这些东西根本就没有被认为是神法(见第 1 节结尾,以及第 4、5 和 27 节)。只有通过对每一被制定的法律的种类进行明确区分,才能彻底了解阿尔法拉比如此详细地、如此相似地遣词造句的关键之所在。另一相似点关注的是,要作出安排,以便高尚的宗教统治者抑或高尚的政治统治者的继承按顺序进行(见第 7 - 9 节,第 14b - 14d 节)。再次,在论文开始的那些字里行间,宗教并不是作为信条(creed/dīn)或是作为信仰(faith/imān)被谈及,而是被视为统治(rulership/ri'āsa①)。同时,从论文一开头,所谈及的宗教的创立者就被视为最高的或是第一统治者(raʾīs aw-wal)而非一个先知。事实上,"先知"这一术语几乎从来就没有出现在该文中。仅有的一次,是出现在一个段落中,还只是接近这一术语的通常含义。这一段落表明宗教应该包含关于预言是什么的意见,并指出宗教从早些时候(第 2 节,并参见第 3 节)起,就应该给平民提供关于先知的描述。

---

① 然而,后来宗教几乎被视为信条(creed)的同义词(第 4 节);虽然如此,信仰(faith)一词并没有出现在此文中,而 belief(i'tiqād)一词也只出现了两次:一次是表明是什么允许一个人拥有意见(第 9 节);另一次是以复数(i'tiqādāt)出现,与意见并置,并与意见相区别(第 27 节结尾)。提到"意见"(opinions/ārā')的地方,读者总能看到也提到 beliefs。

通过将宗教描述成好像拥有政治的特征一样，从一个比朝拜者所使用的常规方法更为广阔的视野，阿尔法拉比接近了上述主题。一般说来，朝拜者满足于知道法学与神学是如何发挥功能的，其中最基本的意见是什么，以及宗教领袖的继承是怎样安排的。这些信息对于指导宗教中的其他人来说是足够的，对于捍卫宗教来说也是足够的（第6节）。然而，在这里，阿尔法拉比走得更远，他试图揭示那些隐藏在宗教行为与意见背后的原因，同时也试图表明，宗教与其他技艺，例如，与政治学、与哲学的相似之处。这样广阔的视野迫使朝拜者提出新问题，同时刺激了那些拒绝思考宗教的人们，因为他们并没有把宗教的主张当回事。由于阿尔法拉比在宗教与政治之间所作的联系是如此明显，这迫使他的读者追问一个更为尖锐的、与启示有关的问题，并迫使读者去研究那些声称拥有神启的人是如何管理他们统治下的共同体的。

在某种意义上，必须质询那些从共同体外部看宗教的人们如何理解高尚宗教，或是那些（可能是共同体的成员，也可能不是）希望更好地领会宗教的作用方式的人们如何理解高尚宗教。阿尔法拉比的解释与哲学更为接近，甚至在承认哲学被分为理论的以及实践的（第5节）部分上也类似，他的这一解释表明了宗教如何被理解。阿尔法拉比更进一步，把宗教的理论与实践的部分看作是哲学的附属物。实践的部分是如此，因为那些特殊的行为是在实践哲学的普遍性之下进行分类的。在宗教的理论部分，号称最有力的证据将出现在理论哲学中，哪怕缺乏强有力的证据表明宗教吸收了这些普遍性。当这些普遍性被宗教接收后，它们就更加具有特殊性。确实如此，如果它们被限定在为了适用于某种特定的背景或某类人群时，它们的确都具有特殊性。不管宗教关于对这些普遍性进行限制的具体情况产生的原因是否作出了说明，事实上，这些原因都存在于哲学之中。也就是说，哲学"理解"在宗教中得到阐明的是什么。同样的情况也适用于从属于宗教的理论部分的论证：哲学提供那些论证，而不管那些论证是否为宗教所关注。

因此，在《宗教书》中，最先且明确提到的是实践与理论的哲学，(它们只)是保护意见与行为的手段，这些意见与行为是由高尚宗教的第一个统治者传递下来的。上述认可导致了更进一步的阐述，即宗教从属于哲学，实践的宗教是这样，理论的宗教亦如此。同时，这一阐述进而也促使了从对宗教的讨论转向对政治学的讨论。正如和仅仅在《宗教书》第1节的结尾处才提到政治学(即第10节)一样，仅仅只在该文第2节的最后几个字才提到宗教(即，第27节的最后)。最后，对政治学的讨论导致一种区分，即在高尚的统治术和与启示相联的统治术之间的区分——也就是说，用德性代替启示。

对政治学的第一次讨论之后，紧接着是第二次讨论——或许是被第二次讨论所取代，即认为政治学是哲学的一部分。这一政治学能够提供一种对宇宙被规定的方式的描述，这一研究导致这样的结论，只有理论哲学能够达到对真理的理解，而这些真理隐藏在由高尚宗教宣布的理论意见之后；同时，宗教也成为任何一个秩序井然的政治共同体中不可或缺的因素。要理解这一结论的意义，就有必要了解阿尔法拉比对这两种政治学的看法。

宗教书

1. 宗教是受规约决定和限制的意见与行为,由第一统治者①为共同体所制定。第一统治者希望通过践行这些规约而获得某种与之相关的或由之而来的特定目标。

这样的共同体或许是一个部落、一个城邦或街区、一个大民族或很多民族。

如果第一统治者是高尚之士,其统治也是真正高尚的,那么,在他的规定中,为了他自己,也为了每一个子民,他只寻求获得终极幸福,也就是真正的幸福;这样的宗教将是高尚的宗教。如果其统治是无知的②,那么,他的规定就只是为了凭之而获得某种无知之好处——要么是必需的好处,即健康与身体上的安乐;要么是财富,要么是快乐,要么是尊敬与荣耀,要么是征服——他只渴望赢得那样的善,只希望独享其乐而不顾及其子民,而且使他治下的子民成为他用来达到自己的目的、保全自己的财富的工具。又或者,他追求那种不顾自己而只为其子民的善,或是追求既为自己又为其子民的善;对于无知的统治者来说,这两类善是最高

---

① first ruler 可能是指时间上的第一,也可能不是,但它却始终是等级上的第一。即是,他可能是创立宗教的最高统治者,或是继承了创立者却拥有一个立法者所拥有的全部权力;见下,第 7–9、14a、18 节。

② 阿尔法拉比在《政治制度》(Political Regime)中所描述了无知之城的不同类型;见巴特沃斯编辑、翻译,《阿尔法拉比政治著作集:政治制度及其他文本》(Alfarabi, The Political Writings: Political Regime and Other Texts, Ithaca: Cornell Universty Press, 2015),第 93–119 节。

尚的。如果无知统治者的统治是错误的,那是因为不但他自己以为,而且其统治下的人们也以为,他拥有德性与智慧,可是事实上他并不拥有;那么,他所追求的被他们假设为终极幸福的东西,根本就不是真正的终极幸福。如果无知统治者的统治是欺骗性的,那是因为,其统治下的子民并没有注意到他试图争取的是那种①无知之善;恰恰相反,子民们相信并且认定他是有德之人,是智慧之人。表面上,无知统治者追求的是由他所规定的、他以及子民们都渴望获得的终极幸福,但是究其实质,无知统治者所追求的只不过是他借用子民去获得的某种无知之善。

所以,高尚的第一统治者的技艺是君主式的,与神的启示连结在一起。的确,他借启示来确定高尚宗教中的行为与意见。这种情形以两种方式或以其中一种方式出现:一是那些行为与意见全部都来自启示;二是第一统治者凭借从启示以及启示者——赞主崇高——那里获得的能力去决定那些行为与意见。所以,对于高尚的第一统治者用来规定高尚意见与高尚行为的契约,他也只有借用启示才得以知晓。或者,某些行为与意见是以第一种方式产生的,某些却是以第二种方式产生的。理论科学已经对以下问题进行了解释:对能够收到启示的人来说,神(赞主崇高)的启示是如何产生的;从启示以及启示者那里得到的能力是如何出现在人的身上的。

2. 高尚宗教中的某些意见与理论性事物有关,某些与自主的事情有关。

理论性事物包括那些对神(赞主崇高)的描述。接着,还有一些是描述精神存在者的,描述他们自己的等级以及他们在与神

---

① 在此句的结尾处渐渐清晰,它是指具有欺骗性的统治者努力"获取一个无知之善"。

(赞主崇高)的关系中的地位,以及他们所做的每件事情。这里,还有一些关乎世界如何形成,有一些描述这个世界及其组成部分、每一部分的等级;最初的那些物质实体(body)怎样形成,一些最初的物质实体是其他物质实体逐渐生成与消亡的来源;其他物质实体怎样从作为万物之源的物质实体中生成,它们的等级又是怎样的;世界中的事物如何被连结在一起,如何组织起来;凡是与这些事物有关而出现的任何东西是否正义;每一个事物与神(赞主崇高)是怎样的关系,它们与精神存在者的关系又是怎样的。那么,还有一些与人类的形成以及灵魂在他之中产生有关,同时与理智、理智在世界中的等级以及理智在与神和精神存在①的关系中的位置有关。还有一些描述什么是预言,启示是什么样子以及启示如何形成。还有一些描述死亡、来生、与来生有关的行为;关于死后的生活,还描述了最高尚者、最正直者享受到的幸福,最邪恶者、最放荡者经受到的不幸。

在第二类意见中,有些是在描述先知、最高尚的君主、最高尚的统治者,以及方法正确的领导者和真理的引路人,他们在过去时代前后相续;还有些讲述他们共同拥有的东西、每一个善的行为的特征,以及城邦或是民族的统治者的灵魂,追随者以及效仿者的灵魂在死后将要去向何方。还有一些意见描述了从前时代对无知共同体的居民行使权威的最邪恶的君主、最放荡的统治者,以及在其前任统治时期犯有错误的领导者;还描述了他们的共同点,每一个邪恶行为的特征,以及城邦或民族的统治者的灵魂与追随并效仿他们的人的灵魂在死后将要去何方。另一些意

---

① 或者,如果这里的代词用来表示人而不是理智的话,那么这句话就要这么说:"那么,还有一些与人类的形成以及灵魂与理智在他之中产生有关,与他在世界中的等级、他在与神和精神存在的关系中所处的位置有关。"

见描述了当前最高尚的君主与最正直的人,以及是真正继承者的领导者;还讲到他们与已故统治者之间的共同点,以及成为他们特征的善的行为。当然,还有一些意见描述了当前放荡的统治者、以错误的方式获得统治权的统治者、目前居在无知共同体的居民们;还有一些描述他们与已故的前任之间的共同之处、成为他们特征的恶的行为,以及他们的灵魂在来世中将去向何方。

对包含宗教意见的事物的描述应该能够带领公民去设想城邦中的每件事情——君主、管理者、仆人;他们的等级、他们互联的方式、一方服从于另一方的方式、规定给他们的每件事情——因而所描述的事情与公民将要遵循的而且与他们的等级和行为相符的事情十分相似。

那么,这些就是宗教中的意见。

3. 就行为而言,它们首先是称颂与赞美神的言行。其中还有一些是颂扬精神存在者与天使的;还包括对先知、对最高尚的君主、对正直的管理者、对以正确方式继承王位的统治者的赞扬,虽然他们都早已故去。当然,还有一些是对最邪恶的君主、放荡①的管理者、以错误的方式继承前任的领导者的责备,以及对他们行为的责难,尽管他们早就离开了人世。还包括对这个时代最高尚的君主、正直的统治者、以正确的方式继位的统治者的表扬,同时还包括对当代的反对者的责难。

接下来,就是对一些行为进行规定,借由这些行为对城邦居民的相互交往的管理得以进行——既是关于某人应该做与他自

---

① 用邓乐普的 al‐fajār 代替马迪的 al‐fujjār;参见邓乐普对《宗教书》(*Kitāb al‐Milla*)的评述,刊于《美国东方研究会学刊》(*Journal of the American Oriental Society*),1969,第 89 期,页 801。

己①有关的事情,也是关于他应该如何处理与他人的关系——同时,就这些行为的每一具体情况而言,也产生了对正义是什么的认识。②

以上就是高尚宗教所包含的全部内容。

4."宗教"(milla)与"信条"(dīn)几乎是同义,就如同"法律"(sharīʿa)③与"惯例"(sunna)一样。通常来说,在宗教的两个组成部分中,后两者表示且适用于宗教两部分中的被决定的行为。假设宗教包含两个部分:即,说明意见和决定行为,或许就可以把被决定的意见称为"法律",如此一来,"法律"、"宗教"与"信条"就会是同义词。

在宗教中得到详细说明的第一种意见有两层含义:被冠以恰当名称的意见,它习惯性地用它自己来表示;或者是那种被冠以与它相似的名称的意见。④ 这样一来,在高尚宗教中,那些被决定的意见既是真理,又是与真理相似的东西。总之,真理就是人所确定的东西,它既是由人自身⑤借用基本的知识来获得的,又是由

---

① 或是,用另外一个表示,by himself(bi-nafsih)。

② 见《箴言选》注释5,以及《各科举要》第五章,注释3。如后面的文本,这里的术语源于 arafa 的第二形式;因此,问题就是让城邦居民了解某事,或使他们熟悉某事,而不是为他们提供关于此事的知识或科学。

③ 贯穿该译本始终的是 sharīʿa 被译成 law,动词 sharaʿa 被译为 legislate,wādiʿ sharīʿa 被译为 lawgiver。术语 nāmūs 没有出现在这个译本中。对于 dīn 请见阿尔法拉比的《柏拉图哲学》(Philosophy of Plato),第7段。术语 sunna 通常用来指已经在宗教中作为传统而被接受的那些习惯,因为它们能追溯到某个先知所说或是所为的东西。

④ 阿尔法拉比在这里所指的正是在第2节中所提出来的意见的第一种类型——关于理论事物的意见。当谈及人类产生的方式时,就可能使用适当的名字来称呼出现的事情。当谈到神或是精神存在时,就会使用比喻的说法。

⑤ 或者,另一种说法是 directly(bi-nafsih)。

实证所确定的。现在,如果在任何一种宗教之中,第一种意见没有包含既是由某人自身①又是由实证而能够确定的东西的话;如果在任何一种宗教之中,以那两种方式中的任何一种来看,也没有与他能够确定的相似的任何东西的话,那么这种宗教就是错误的宗教。

5. 如此一来,高尚宗教就与哲学相似。就如同哲学是由理论部分与实践部分组成的一样,宗教也是这样:计算性的理论部分是,一个人知道却没能够做的事;相反,实践的部分是,一个人知道而且能够做的事。宗教的实践之事就是实践哲学中的普遍性。这是因为,宗教中的实践之事是指那些受规约的限制而变得确定的普遍事物,并且,受规约限制的东西比没有规约而不受限定地言说的东西更具体;例如,我们说"正在写作的那个人"就比我们说"那个人"更具体。因此,所有高尚的法律都是依附于实践哲学的一般性。在理论哲学中包含有对宗教中的理论意见进行说明的证据;而且这些理论意见是在没有论证证据的情况下被引入宗教。

因此,构成宗教的两个部分都从属于哲学。因为,说某物是某科的一部分或从属于某学科,乃是基于以下两种方式之一:要么在没有论证性证据的情况下被假定存在于其中之物的论证性证据出现在那种学问之中,要么包含普遍事物的那种学问,就是为从属于它的特殊事物提供理由的学问。因此,哲学的实践部分,也就是为规约提供理由的部分,行动由于规约而变得确定起来:正是为了行动才会规定那些东西,而且其目的也要以规约为手段才能达到。此外,如果要认识某事是为了准确地了解它的话,那么哲学的这个部分就是指,对高尚宗教中被规定了的行为

---

① 或者,另一种表述是 immediately (min dhātih)。

提供用于证明的证据。同时,因为哲学的理论部分为宗教的理论部分提供了用于证明的证据,那么正是哲学为高尚宗教所包含的东西提供了用于证明的证据。因此,对高尚宗教的内容负有责任的君主技艺从属于哲学。

6. 对于所有或绝大多数用于证明的证据所产生的确定性,辩证法产生了有力的推定;修辞术劝说的是大多数并不由实证给予证明的,或是靠辩证法来观察的人。此外,高尚宗教不仅仅是为了哲人,或仅为那些只能理解以哲学方式说出来的东西的人。相反,大多数人受教于宗教意见,并为这些意见所指导,且逐渐接受宗教行为。然而他们要么是因为天性,要么是因为心有旁骛,最终都不是那种〔哲〕人。当然,他们也并不是那种不能理解普遍为人接受的或有说服力的东西的人。鉴于那个原因,在为公民证明(verify)宗教意见,并且在灵魂中辩护、支持和建立那些意见方面,辩证法和修辞学都大有用处(major value),而且当有人似乎想方设法要通过论证的手段,欺骗宗教信徒,把他们引向错误,并同宗教作对时,也有较大的价值。

7. 或许偶尔会发生的是,第一统治者并不能够决定所有的行为,也不能够对行为作详尽的解释,但是他能够决定其中的大多数行为;在某些他所决定的行为中,他偶尔也可能无法对全部行为的约定作出详尽的说明。相反,由于出现的种种原因,许多像这样将被决定的行为可能仍然悬而未决;死亡可能会不期而至,并在第一统治者处理好所有的行为之前将他带走;必要的占有,例如,战争或是别的事情可能会让他分心;也可能是,他只为他观察到的或者被问及的每一突发事件与每一偶发情形决定行为,此时此刻,他就这类事情决定、制定、确立一个关于应该做什么的惯例。因为,不是所有可以发生的事情,都能够在他的时代或他的民族里出现,每一发生的事情都需要一个被明确决定的行为,许多的事物仍然保持着在别的时间以及别的民族发生的可能,同时他将不会对它们进行立法。否则,第一统治者会致力于他假设的或是知道可以成为基础的那些行为,由此,其他人能够推断剩下的行为:他对遇见那些事情时应该做的行为的方法、数量进行立法而留下其他的;因为他知道,采用他的意图,追随他的脚步,对于其他人来说,是可能推断那些行为的。或者,他决定从对那些有巨大功效、用途、价值与好处的行为开始立法与规定。所以,城邦将是充满凝聚力的,城邦事物将紧密相连并井然有序:他只对这些事情立法,而暂且把剩下的事情留待以后有空再说,或是因此别的什么人——同时代的人或是某一继承者——能够通过追随他而推断出它们。

8. 如果在第一统治者去世后,某个在方方面面都与他相似的人成为他的继承人,那么,这位继承者将是一个对第一统治者没有决定的事情作出规定的人。不仅如此,这一继承者还有责任去修改第一统治者所立的许多法律,以其他的方式决定这些法律,如果继承者认为,这对于他自己的时代是最好的——并不是因为第一统治者错了,而是因为第一统治者所做的决定是以对第一统治者那个时代最好的方式为出发点,而现在这个继承者必须依据什么对于现在来说是最好的来考虑;况且,如果第一统治者泉下有知的话,他也会对此进行修改。如果,当第三任继承者来临时,他也与第二任在所有方面都相似。道理亦然,第四任也是这样的:这个继承者,理应独自决定那些他发现还没有被决定的东西,去改变他的前任已经决定的东西;因为,如果他的前任还在的话,也可能会改变他已经改变的东西。

9. 但如果那些是真正君主的、正直的领导者中的某一个去世了,而且没有与他在所有方面都相似的人作为继承者的话,那么,在其前任统治下的城邦所做的每一事情上,后继者必须追随前任的脚步,遵守前任的规定;后继者不应该做任何完全不同的事情,也不应该做任何改变,而应该将其前任所做的所有决定保持原样,同时,后继者应该去研究需要做出某个决定而前任却没有宣布的所有事情,并且是根据第一统治者决定并宣布了的事情对此进行探究和推断。

如此一来,就需要法学了。它能使一个人在立法者没有明确宣布的事情上,也就是从立法者没有在自己所决定的事情中推论或推导出的事情上,做出明智的决定,并且在宗教中以立法者的意图为基础进行证明:立法者为他所为之立法的民族而立法。除非他对那一宗教的各种意见的信仰是正确的,除非他拥有的德性在那一宗教中也是德性,否则就不可能完成这种证明。任何一个与此类似的人,就是法官。

10. 由于一个决定的发生与两种东西有关——意见与行为——所以,法学的技艺必须分为两个部分:一部分关乎意见,一部分关乎行为。①

如此一来,关注行为的法官,必须拥有关于这些行为的详尽知识,这些行为经由立法者明确宣布。有时,用一个声明来宣布,有时则用立法者的某个行为来宣布,他用行为代替言说,表明某一具体事物应该以这种或是那种方法去做。另外,法官必须对第一统治者为了某一特定时刻制定、然后被他所保留的别的法律替换了的法律有所认识,结果好让自己时代的法官遵循他所保留的法律,而不是遵守为某一特定时刻制定的法律。进而,法官必须掌握第一统治者所使用的语言;必须了解习俗表达的方式,以及在这些习俗中,第一统治者所处时代的人们所使用的语言;了解

---

① 将在后面出现的对法学的解释与阿尔法拉比在《各科举要》的第五章第4-5节所作出的解释进行比较。

在习俗中被用来比喻某物的喻体,而这一喻体在现实中成为其他事物的名称;因此,当一个事物的名称被用来暗示其他事物时,他既不假设是在指第一个事物;也不假定这一事物已经成为另一事物了。另外,在确认上下文中使用的某个含义不明的名词所暗含的意义时,对此,法官必须十分小心;同时,在确认言语中的含糊不清时也要十分机敏。

  在确认下列情况时,法官也必须保持谨慎:确认一个表达法何时是在绝对意义上使用的,而言说者的意图却相当有限制;确认一个表达法何时在字面上有着严格的含义,而说话人的意图却相当宽泛;确认一个表达法何时用得严格或宽泛或绝对,而说话人的意图却在于该表达法字面的含义。法官必须认识到人们普遍接受的,以及已经成为习俗的东西。此外,他还必须有能力领会事物的异同,还要有能力把那些必然遵守的东西,与那些并不必然遵守的区别开来。这个能力是通过一个好的自然倾向,通过对法律技艺的精通而产生的。法官必须找到立法者在言辞上为一切事情立法时所用的表达法,还要找到立法者的行为,他是靠这些行为而不是靠说出这些行为来立法:靠的是对立法者的观察与倾听,如果法官是立法者同时代的人或是其同伴的话,或者还可以靠有关立法者的传闻。这些传闻既要是被广泛接受的,也要是具有说服力的,这些传闻既可以全部被记录下来,也可以不用记录。

  法官在关注宗教中被决定的意见时,应该已经对那种关注实践的法官所要认识的东西有所了解。

  因此,关于宗教实践性事务的法学就只包含下列事情:它们是政治学所囊括的共相之殊相;因此,法学是政治学的一部分,并从属于实践哲学。讨论宗教的[理论或者]科学事务的法学,要么包含由理论哲学所包括的共相之殊相,要么包含着与从属于理论哲学的东西相似的内容;因此,法学就是理论哲学的一部分,并从属于理论哲学,而理论学问是源头。

11. 政治学首先研究幸福。政治学让人认识到,幸福有两类:假设的而非真的幸福;真正的幸福。后者是一个人为了幸福自身而追求的;绝不能把幸福视为获取其他东西的手段才追求它。相反,追求别的事物是为了获得幸福,一旦获得幸福,就要放弃追求;在今生,幸福不会来临,它出现在来世,被称为终极幸福。举个例子来说明什么是假设的而非真正的幸福,如富裕、快乐、①荣誉、景仰,或是别的什么在今生要追求、要得到的东西,大众把这些称为好东西。

12. 然后,政治学研究自主的行为、生活方式、道德习惯、品质的状态,以及倾向,直到它对所有的这些作了非常详尽的阐述,并对它们进行了彻底的研究。

13. 然后,政治学解释到,这些东西不可能在一个人那里全部找到,也不可能由一个人全部完成,而是只有通过将上述研究对象分配到相互交往的人群中去,才可能实现,事实上,这些研究对象也才能够证明自身。

政治学解释到,当这些研究对象被分配到人群中去时,负责其中一类的某个人不能承担或完成,除非另一个人通过从事他已经承担了的一类去帮助前者;后者也不能从事他已经负责的事情,除非第三者通过做第三者已经掌握的工作来帮助他。另外并非不可能的是,除非得到人群的帮助,一个不能够承担他已经负责任务的人是可能存在的。人群中的每一个人都承担自己已经掌握的那一类:例如,某个从事农业生产的人不可能彻底完成他

---

① Leiden 抄本 Or. 1002 中的 aw al-ladhdhāt,而非马迪所用的 wa al-ladhdhāt。

的任务,除非一个木匠能帮助他提供犁头所需要的木材,一个铁匠为他准备一个犁头所需要的铁,以及一个牧牛者为他提供他所需要的耕牛。

如此一来,政治学解释到,不可能达到自主的行为与倾向这一目标,除非它们①被广泛地分配到一个更大的人群中去——每一种都会被分配给人群中的某一个人,或是分配到人群中的某一组——所以人群中组与组之间的合作,通过每一组的行为与倾向去完善整个人群的目标,就如同一个人通过每一器官的功能而实现各种器官的协作,从而完美实现整个身体的目的一样。

[它解释到]因此,人群共同体必须紧密靠近,生活在同一个地方。因此,政治学列举了在某个地方紧密生活在一起的人群共同体类型:市民联合、民族联合,以及其他类型的联合。

14. 接着,政治学对生活方式、道德习惯、倾向进行了区分,当它们在城邦与民族中被践行时,它们让居住之所繁荣昌盛,让居民在今生来世获得善的东西,让他们在来生获得终极的幸福;同时,政治学也将它们与不是它们的东西区别开来。只有在获得终极幸福并由之而来的那些自主的行为,生活方式,道德习惯,品质的状态以及倾向才是高尚的;只有它们才是善;它们才是真正高贵的。任何其他的被假设为好的、高尚的或高贵的行为与倾向,并非它们真正的样子——相反,它们都是真正的邪恶。

14a. 政治学解释到,在某个城邦、很多城邦、一个民族或许多民族中被分配、被共同实践的事情,只有靠一个统治才能得以产生,这个统治在城邦中、在民族中确定那些行为与倾向,并竭力要将它们保持在那些人们之中,以防止它们消失或是逐渐消亡。除非凭借某种手艺、技艺、倾向或是能力,否则统治无法实现;通过这

---

① 字面的意思是 their kinds 或 the kinds of them(anwāʿuhā)。

种统治，那些生活方式与倾向才得以在某个城邦或民族中确定，并在人们之间保存；这种手艺、技艺、倾向或能力将引起某些行为，并且通过这些行为，它们才得以确定和保存。以上就是君王技艺，就是君王术，或是别的什么人们愿意称之的名字。政制就是这种技艺的一项成果，即是它履行那些行为，由这些行为，那些生活方式与倾向得以在城邦和民族中建立，并保存在人们之中。这一技艺包含对全部行为的认识，它们由一个人最先确立，然后保存。

在某个城邦以及民族中确立并保存那些生活方式与倾向便是践行高尚的统治，这些生活方式与倾向都以追求终极幸福为目标。产生这种统治的君王术就是高尚的君王术。通过这种君王术而形成的政制就是高尚的政制。受这种政制支配的城邦或民族，也就是高尚的城邦或高尚的民族。身在该城邦与民族中的人也就是高尚的人。

不以获得真正的终极幸福为目标，而是以现世的某一个有具体特征的善为追求目标——那种被大众假设为善的东西——这样的统治、君王术以及政制都不是真正的高尚。恰恰相反，它们应该被称为无知的统治、无知的政制、无知之术：事实上，它们不能被称为"君主的"，因为按照古人的意思，王权是由高尚的君王术产生的。屈从于无知统治建立起来的那些行为与倾向的城邦与民族都被称为无知之城或无知之国。身在该城邦中的人就是无知之人①。这一统治与那些城邦、民族以几种方法作了划分；每一种都以其所追求的目标命名，这些目标关注的是被假设为善的东西，即快乐、荣誉、财富或是别的东西。

作为高尚城邦之一分子的人，并非没有生活在愚昧城邦中的可能，不管是出于自愿抑或非自愿。那个人就是愚昧城邦的异己

---

① 或者可能是 a human being in a state of ignorance（insān jāhilī）。

分子,而且会被比作碰巧有两条腿而实则属于更低种类的动物。与此相类,当一个无知之城的人居住在高尚城邦时,高尚城邦可能会把他与某种动物联系起来,这一动物碰巧拥有属于高等动物①的头脑。由于这个原因,那些最高尚的人,由于不存在高尚城邦而被迫居住在愚昧城邦,则需要移居到高尚城邦中去,如果某个时刻碰巧产生了。

14b. [政治学解释到]高尚的统治有两类:最初的统治、继承下来的统治。最初的统治即第一次在一个城邦与民族中确立高尚的生活方式与倾向的统治,在这之前,它们并不存在于这一城邦与民族的人们之中,而这一统治使得人们从无知的生活方式转向高尚的生活方式。承担这一统治任务的人就是第一统治者。

继承下来的统治,是指追随第一统治的足迹与行为的统治。承担这一统治任务的人就是传统的统治者,或是被称为传统的君王。他的统治是以某个已经存在着的传统为基础的。

第一高尚的君王之术是由对所有行为的认识组成的,这些行为推动了高尚的生活方式与倾向在城邦与民族中的建立,并有助于为人们将这些生活方式与倾向保存下来,且有利于对无知生活方式——一旦降临到高尚之城,它们全部都是有害的——的入侵保持警惕。从这种意义上说,它就像是医术一般;后者是由对所有构建健康的身体、维持健康、预防可能发生的疾病的所有行为的认识所组成。

14c. 医生显然应该认识到,对立面之间应该互相斗争;也应该认识到发热与发冷斗争;并进一步认识到,黄疸应该与大麦汤

---

① 字面意思是 another, more venerable species(naw'āshraf minh)。类似地,与之对照的短语 inferior species,按字面译为 another species subordinate to it(naw'ākhar dūnah)。

或是罗望子汤斗争。在上面的三个例子中,有的更具一般性:最具一般性的是,对立面应该与其对立面斗争;最个别的是黄疸应该与大麦汤斗争;我们所说的"发烧应该与发冷斗争"则位于更一般与更个别之间。

然而,当医生治疗时,他治疗的是人们的身体或是单个存在者的身体——例如,赛义德(Zayd)的身体,阿慕尔(Amr)的身体。在治疗赛义德的黄疸时,他不会满足于对立面应该相互斗争的认识,也不会满足于黄疸需要与大麦汤斗争的认识,除非它们都与赛义德的发烧有关;另外,他认识到,它们是比他通过[学习]自己的技艺而认识的事情更具体的事。因此,他会研究这种黄疸是否应该用大麦汤来进行治疗,因为赛义德的身体是冰冷而且汗涔涔的;或是大麦汤是否会使身体的体液恢复平衡,而不让赛义德出汗,或是诸如此类的事情。如果应该饮用大麦汤,他也不会仅仅满足于此,除非他还知道应该饮多大的剂量,以及汤药的浓度,每天饮用的时间,以及应该在发烧的哪个阶段服用。因此,医生作出的决定与数量、质量、时间有关。对于他来说,不可能在缺乏对病人的观察的情况下作出决定,因为他的决定与他对这个病人,即赛义德,病情的观察有关。

很显然,他不能在他学过的医学书本中得到这个决定,也不会从他对如下事件的认识能力中获得,即医学书中记录的普遍的、一般的事情。他是从别的能力中得出这一决定的,这种能力是他在对医疗实践的追求过程中发展而来的,与一个接着一个的身体有关,从他长期对病人病情的观察中来,从长期治疗所积累的经验中来,从每一次的救死扶伤中来。因此,完美的医术逐渐实现,是借助以下两种能力轻松地履行那些实现医术的行为:一是对一般性的绝对且详实的认知能力,这些一般性是其技艺的一部分,因此,任何事情都别想逃过他;一是通过他的长期实践、他的与每一个体有关的技艺,而发展起来的能力。

14d. 第一君王术就是与此类似的东西。首先,它包含着具有普遍性的事情。为了践履那些对于君王术来说很具体的行为,统治者不能满足于只懂得具有普遍性的事情,或是只满足于能够理解它们,除非他还拥有别的能力,即由长期的经验与观察所得的能力,这种能力能让他决定与数量、质量以及时间有关的行为,能决定那些决定行为的东西的行为,以及就此所定的契约——与每一城邦、民族或是每一人有关,也与发生的某一事件或是在某一特定的时刻发生的事情有关。因此,君王技艺的行为只关注那些具体的城邦;我的意思是,此城与彼城,此族与彼族,此人与彼人。

现在,一种能够探知契约的能力,它是古人称为"审慎"的东西;那一契约决定那些行为,它们是与每一共同体中、每一城邦中、每一民族中①、每一群或是每一个人中所观察到的有关的行为,也决定那些与发生在某个城邦、某个民族,或是某个人身上的事情有关的行为。这种能力不能通过对技艺的一般性认识获得,也不可能通过对这些一般性的详尽了解而获得;而只能通过对个别情况的长期经验获得。

15. 作为哲学的一部分,政治学在探讨自主的行为、生活方式和倾向以及在探讨其他的问题时仅限于一般的抽象概念,以及给出它们的范式。同时,政治学也探究了决定详细情况的范式,即怎样、由什么以及在什么样的范围内决定它们。政治学无法在现状中决定它们,这是因为在现状中作决定属于一种能力,而非哲学;也或许是因为决定这些细节问题发生的境况与事件是无穷无尽的。

此学问有两个部分。一部分包含对幸福是什么的认知——

---

① Leiden 抄本 Or. 1002 以及邓乐普(前揭)页 801 增加了 aw ummma umma。

也就是说，真正的幸福是什么，被假设的幸福是什么——同时，这一部分还列举了在城邦与民族中产生的具有普遍性的自主行为、生活方式、道德习惯、品质的状态以及倾向等等诸如此类的东西；而且，这一部分还对高尚与不高尚进行了区分。另一部分则包括对使高尚行为与倾向赖以产生，并使其得以在城邦的居民中确立与安排的行为的认知；同时，也包括对那些使已经在居民之中确定的高尚行为与倾向得以保存的行为的认知。

16. 然后，政治学①列举了存在着的种种不高尚的君王术，同时还给出了企图通过其统治下的城邦居民达到自己的目标的每一种不高尚的君王术所践履的行为范式。政治学进一步解释说，那些并不高尚的行为、生活方式与倾向都是高尚之城所患之疾，他们的生活方式与政制是高尚的君王术所患之疾。而出现在不高尚城邦的行为、生活方式与倾向同样也是高尚之城所患之疾。

17. 由于高尚的统治、高尚之城的生活方式经常处于转变为不高尚的生活方式与不高尚的倾向的危险之中，所以，政治学接着列举了产生这一危险的种种原因与倾向，以及它们是如何转变成为不高尚的。它认识到并且列举了一些行为[a]，这些行为可以约束高尚的城邦与政制，使其不会受到腐蚀，也不会向不高尚转化；它还认识到并且列举了一些事情[b]，一旦高尚的城邦与政制变得不高尚，凭借这些事情就有可能将其恢复。

18. 接下来，政治学又解释说，第一种高尚的君王术的行为不可能得以实现，除非认识到这一技艺的共性，也就是说，要靠那种与政治学相连结的理论哲学，还要靠添加在政治学之上的审慎（prudence）。审慎是一种通过经验而获得的能力，这种经验是长期置身

---

① 接下来所有的"列举"和"解释"的主语就是第15节的"作为哲学一部分的政治学"。

于与单个城邦和民族以及每一个共同体有关的技艺的行为中逐渐积累而成的:审慎是一种能力,能够极为出色地推导出规约,这些规约决定了与每一社区、每一城邦、每一民族有关的行为、生活方式和倾向。这些行为与生活方式、倾向,或者是短期的,或者是长期但有限的,如果可能的话,也或者是某些特定时期的①。[同时审慎也是一种确定与每一种可能出现的状况、与可能发生在某一城邦、某一民族、某一社区中的每一事件有关的行为与生活方式、倾向的能力。]这就是第一高尚君王术的内容。一个依赖于审慎的统治者,其统治权以传统为基础,天然就不需要哲学。

政治学解释到,高尚之城与高尚之国中那些最好的和最高尚的东西往往是为了其君主与统治者。这些君主与统治者按照时间先后相互继承作为第一统治者的资格②。政治学还产生了下列认知:[a]它应该如何去努力,才能使那些继承王位的君主们拥有完全相同的德性;[b]城邦君主的儿子们应该去追求哪种资格,以至于一旦在其中某一个身上发现了这些资格的话,这个儿子就有希望成为第一统治者那样的君主。除此之外,政治学还对应该如何教育他、抚养他以及以怎样的方式指导他,以使他有可能成为一个真正的君主等问题进行了说明。

另外,政治学进一步解释说,在统治中,无知的君主既不需要统治技艺的共性,也不需要哲学。相反,倘若碰巧拥有了一种完全是骗人的天赋能力,能够推导出他在确定将实施的行为所需要的东西,以及他在确定自己即将雇佣城邦居民时所需要的东西,那么,他们中的每一位就能够借助从某种行为得到的经验能力而

---

① 这个的意思也可能是:"或者与所有时代相关——如果可能",因为此短语很难理解:aw bi‑ḥasab al‑zamān in amkan。

② 字面意思是"规定"(shara)。

达到与城邦有关的目标,通过这种行为他获得他想要的东西,并且能够到达他作为目标的假设的善。作为一个君主,其技艺包括两个部分,其一是[a]从经验中获得的东西——这种经验要么是自己的,要么是那些与他目标相同的其他君主的经验。他努力去获得经验或是在经验中磨炼自己,并且将这些与他自己通过经验而得到的东西联合起来,以及[b]借助于天生的欺骗性与狡猾,他已经通过从经验中获得①的原理而推断出的那些事物。

19. 接着,政治学进一步带来对世界中事物的等级和一般存在物的等级的认识。它从世界最低等的部分开始,即从根本不存在凌驾于任何事物之上的统治和只能引起用于服务的行为,而不会引起用于管理的行为的那一部分开始。

从此出发,政治学追溯到那些不需要中介就能管理的东西,即能对它们进行直接管理的东西。它产生了对与统治有关的等级的认知:它们拥有什么样的等级;它们的统治达到什么样的程度;它们还没有完全实现的统治;它们的自然特性与能力都不足以因此而让它们拥有自己的统治权,好让自己免遭他物的统治,但是在它们之上,必须有统治权来统治它们。

由此,政治学上升到那些无需中介就能够统治它们的东西,也就是上升到直接统治他们的东西那里。政治学带来了与统治有关的事物等级的认识:它们拥有什么样的等级;其统治的范围;

---

① 它标志着与《各科举要》第五章相应的对政治学的解释的结束。接下来提出的可能应被称作一种"政治神学或是神学,它能使一个人一边关注理论的科学,一边关注人类的目标与行为"。见马迪,《阿尔法拉比〈各科举要〉中的科学、哲学与宗教》(Science, Philosophy, and Religion in Alfarabi's *Enumeration of the Sciences*),收于 J. E. Murdoch 和 E. D. Sylla 编,《中世纪学术的文化背景》(*The Cultural Context of Medieval Learning*, Dordrecht: D. Reidel, 1975),页 144-145。

它们还没有实现的统治;它们的自然特性与能力都不足以因此而让他们拥有自己的统治权,好让自己免遭他物的统治,但是在它们之上,必须有统治权来统治它们。

由此,政治学上升到那些直接统治它们的事物①。政治学带来了那些与统治有关的事物等级的认识:它们拥有的等级;其统治的范围;它们的统治也还没有完全实现,只是比那些在它们之下的统治实现得多一些。政治学带来这样的认识,即它们的自然特性、自然能力还不足以保证它们拥有针对自己的统治权,所以它们根本没有统治者,但必须有一个位于它们之上的别的统治权来管理它们。

政治学还上升到直接统治这些事物的东西那里。对于后面这些事物,政治学还带来了它为前者所带来的相同认识。

这种从较低等级的事物向较高等级事物的上升不会停止,而这些较高等级的事物往往有着比居于其下者更完整的统治。正是以这样的方式,这些事物可以日趋完美,成为一个自身越发完美的存在。它也认识到,无论何时,只要它上升到一个较高的等级,成为自身中一个更为完美的存在,拥有了更为完美的统治,那么在那一等级中的存在物的数量必然会变少,而且其中每一个存在物在其自身中必然有更大的同一性与更少的多样性。另外,政治学还解释了存在于一个事物之中的多样性与同一性。

从一个统治水平到另一个更高级的统治水平,其秩序不断走向完善,直到最终达到这样一个水平,即无论是在数量上还是在各个方面都只有一个存在物,这个不断完善的过程才会停止。当达到这个水平时,在这个存在物之上也不可能还有别的统治;相反,在那个水平上统治者管理着和统治着一切比它低级的事物,

---

① 邓乐普,801,建议本段承接前面一段,即从"它产生了……的认识"到这句话的结尾"直接地"应该被删除,认为它看上去像是写重了。

根本不可能有别的事物能够置于它之上。而且,在它之中也根本不可能存在任何缺陷;也不可能出现一个比它更完美、比它更优秀的存在。相反,任何置于它之下的事物或多或少都有些缺陷,而最接近于它的那一等级是所有置于它之下的东西中最完美的。

20. 接着,当政治学下降时,它还不断[带来这样的认识],每一个水平上的存在物都逐渐具有了更多的多样性和更少的完美性,直到它最终到达最低的存在物,即一直下降到履行奴性行为的那些存在物为止。这个时候,再不会有比这些存在物更低级的事物了,它们也根本不可能实施管理的行为。没有比它更高的第一种也是永久存在物的行为,根本就不可能是奴性的行为。而位于第一统治者之下的每一个居间者都会通过为第一统治者服务的方式对位于它之下的事物实施管理。

另外,政治学还对这些事物之间的和谐产生了一定的认识:这些事物是如何连结的,是怎样组织的,它们的行为是如何被安排的,以及它们之间是如何相互支持的,以至于尽管它们多种多样,却也可能像是同一个事物。这是由于统治它们的那个存在物的力量,它的统治渗透到与它相当的那个等级的每一个事物中,而且这种统治与存在于那个水平的存在物(a being)[①]所必须具有的总的自然价值相一致,同时也与那些让它去服务、去统治或是两者兼做的行为相协调。

21. 接着,政治学指出了人灵魂的能力中与这些相协调的东西。

22. 接着,政治学指出了人体器官中与这些相协调的东西。

23. 政治学也指出高尚之城中与这些相协调的东西,它将君主与第一统治者放置在神的位置,神是存在者的第一统治者,是

---

① 从含义上,阿拉伯文读作 mā("什么",这里理解为"存在物"),而非 63:13 处的 man("一个人"或"某人")。

世界的第一统治者,是世界中种种[存在]的第一统治者。

24. 接着,政治学在那些等级中不断下降,直到它最终到达城邦居民的各个部分的群体,对那些人来讲,他们不可能靠这些群体的行为来统治,而仅仅是服务,同时,他们也不可能靠自己的自主倾向来统治,而只能是服务。在中间等级中的群体有所作为,借助其行为,他们统治比他们低下的东西,服务比他们高级的东西;当他们越来越靠近君王的标准时,他们在特性与行为上日趋完美,因此,在统治上也就更加完美,直到君王术的标准最后达到。显而易见,这根本就不是一种借之人能够服务的技艺;不,它是仅为统治而存在的一种技艺和一种倾向。

25. 在这之后,政治学开始从[城邦之中的]最高的那些等级,即由从事服务的等级向直接处在它们之上的统治权上升。它在言辞和描述中,从一个较低水平向较高水平不断上升,直到它最终到达城邦君王的标准,该君王只统治,不服务。

26. 接着,政治学又从那个层次不断地向那种统治着作为高尚之城的第一统治者的君王的精神存在上升,即向那个被认为是最值得依赖的精神①攀升。神(赞主崇高)正是通过这种精神存在把启示授予城邦中第一统治者。这样一来,它就深入探究了它所达到的水平,以及它在精神存在中的等级。

27. 然后,政治学像这样不停上升,并产生对事物的认识,直

---

① 见《古兰经》26:193。在《政治制度》的最初几行中,阿尔法拉比解释道:"关于能动理智,应该说它是一个可信赖的精神与神圣的精神;它应该被冠以与这二者相似的名称";见《政治制度》(*Political Regime*),收入《阿尔法拉比政治著作选:政治制度及其他文本》(*in Alfararbi, The Political Writings, "Political Regime" and Other Texts*),前揭,第3节;关于阿拉伯语原文,见 Alfararbi,《政治制度》(*Kitāb al-Siyāsa al-Madaniyya*),纳贾尔编,Beirut: Imprimerie Catholique,1964,32:11-12。

到它最终达到神(赞主崇高)。

它解释到,启示是怎样从神那里逐层下降,直到它到达第一统治者,而第一统治者也正是使用从神(赞主崇高)那里得到的启示而对某个城邦、某个或许多民族进行统治,由此,第一统治者以一种井然有序的方式将其统治扩展到城邦的每一角落,直到它最终到达最后一个部分。它解释到,这是因为,神(赞主崇高)也是高尚之城的统治者,就如他是这个世界的统治者一样,同时,因为他(赞主崇高)对世界的统治以一种方式发生,而他对高尚之城的统治,则是以另一方式起作用的;然而,在这两种统治之间有着某种关系,在世界的各个部分与高尚之城或高尚之国的各个部分之间也有着某种关系。

[它解释到]在高尚之国的各部分的行为中也必须存有和谐、联结、组织与相互支持。由于世界各部分的自然特性,世界各部分存在着行为,与此行为中的和谐、联结、组织、互相帮助相类似的东西必须存在于高尚之国的各分区中,这是由于他们的自主的特性与倾向所致。世界之统治者将自然特性安放于世界的每一部分中。借助自然特性,它们变得和谐,有组织,有联系并且是相互支持的,以致不管它们的多样性及其行为的多样性,它们都变得像一个事物,为了一个目标而去完成一个行为。以相同的方式,民族的统治者也必须为城邦或民族中每一灵魂设立和规定自主的特性与倾向,而这将会使它们的行为达到和谐,实现其中一些和另一些的相互联结和相互支持,如果以这样的方式,那么不管每一部分是多么不同,等级有多大的差异,行为是如何的相左,这一民族与多个民族都会变成一个事物,通过履行一个行为去获得一个目标。对每一个思考着人体器官的人来说,与此类似的东西渐渐变得清楚。

随同他灌输在世界及其各个部分中的自然的本性与直觉一

道,世界的统治者提供一些别的事情,这些事情使世界得以存在,使世界的部分以神构造它的方式保存和持续地更长久。高尚之国的统治者应该做相同的事情:他不应该让自己只停留于他为其居民的灵魂而规定的高尚的特性与倾向,为的是他们在行为上将会谐和、会相互联系与相互支持,除非另外他提供别的东西。通过这些东西,他在一开始就灌输给他们的德行与善的事物中寻求他们的持之以恒与长久存在。

一般说来,高尚之国的统治者应该遵循神,并追随世界之统治者的足迹,关注他为[不同的]种类的存在者所提供的东西,关注他对他们的事务的统治,即关注他所设定并灌输给他们的直觉,本性与特性,以便于能够在每一个领域中按照它的水平与存在者的全体而对天生为善的事物给予充分的认识。因此,高尚之国的统治者也应该在城邦与民族中设定相适应的技艺、自主的特性与倾向,以便于能够在每一个城邦与民族中,并在与它的等级与价值许可的范围内,为了城邦与民族之间联结,因此而在今生,在来世得到幸福而对自主的善的事物给予充分的认识。为此,高尚之城的第一统治者必须已经对理论的哲学有着彻底的认识;因为,除了从那一源头外,他不能对与神(赞主崇高)统治世界有关的任何事情有所了解,更不可能因而去遵循那些事情。

另外,显而易见的是,除非在多个城邦中有一种共同的宗教,这种共同的宗教将他们的意见、信仰与行为联结在一起;使他们的每个部分和谐、相互连接并井然有序;并在这个意义上,他们将在彼此的行为上互相支持,互相帮助,以期到达所追求的那一目标,即,终极的幸福;否则上述的一切都是不可能的。

政治制度[*]

* ［译按］*The Political Regime*，第一部分译自巴特沃斯译本，见《阿尔法拉比政治著作集：政治制度及其他》(*Alfarabi: The Political Writings, The Political Regime and Other Texts*)，第二部分译自纳贾尔译本，见 Ralph Lerner 和 Muhsin Mahdi 编，《中世纪政治哲学文选》(*Medieval Political Philosophy: A Sourcebook*, Free Press, 1963)，并据巴特沃斯本校译。此处"英译者前言"取自纳贾尔译本。

英译者前言

迈蒙尼德在给他的作品的翻译者伊本·提本(Ibn Tibbon)所写的一封很有名的信中说道:"除了那个有智慧的人阿布·奈斯尔·阿尔法拉比所撰的东西之外,你不必在其他书上瞎忙活。因为一般说来,他撰写的每一件作品,特别是他的《存在物诸法则》(Principles of Beings),比精粉还精。他的观点都能让人明白和理解,因为他在智慧上非常伟大。"迈蒙尼德所指的著作有两个书名:《存在物诸法则》(或《六法集》[Six Principles]),以及《政治制度》。第一个书名似乎是从该书的第一段撷取的,它给人的印象就是,它是一篇论文,讨论自然世界诸法则,以及它们各自的品级:(1)第一因,(2)第二因,(3)"能动理智",(4)灵魂,(5)形式和(6)质料。该书的整个第一部分,包含对这六种法则的解释,以及这六种法则如何构成它的主体和次要方面。只有当我们接着读第二部分时,才会察觉到这种解释是对政治生活和政治制度的分类所作的导言、准备和解释。阿尔法拉比写过一部类似的著作《高尚城邦公民意见诸法则》(Principles of the Opinions of the Citizens of the Virtuous City),用相似的话讨论了同一个主题。然而,正如书名所示,《政治制度》更多地与制度或政体相关,而《高尚城邦》更多地与这些制度下的公民的意见相关。

《政治制度》是常常为穆斯林作家所征引的阿尔法拉比的基本著作之一,在十三世纪中叶译成希伯来文。下面的译文来自纳贾尔正在编撰的阿拉伯文评注本。译文中的页码是指海得拉巴(Hyderabad)本;al – Siyāsāt al – madaniyyah(伊历 1346 年)。这个编本不完整,所有手稿也都如此,Feyzullah 本(1279)可能例外。

第一部分 我们周围的世界

一 一般法则

一、六种法则及其六个等级

1. 阿布·奈斯尔说:构成物体及其偶性(accidents)的原则按照六大等级分为六种,而每个等级统管其中一个种类。第一因①在第一等级;第二因②在第二等级;能动的理智处于第三等级;灵魂在第四等级;形式在第五等级;质料在第六等级。第一等级中的原则不可能很多;相反,只有一个,且独一无二;其余每个等级中的原则都很多。有三个既非物体,也不在物体之中,即第一因、第二因以及能动的理智。还有三个种类尽管本身不是物体却存在于物体之中,即灵魂、形式和质料。物体共有六种③:天体、理性动物、非理性动物、植物、矿物④以及四根(four elements)。这六种物体⑤形成一个整体,即世界。

二、第一因和第二因

2. 应该认为第一[因]就是神。它是第二[因]和能动理智存在的直接原因。第二因是天体存在的原因,天体因它们而获得实体,

---

① 阿拉伯文术语是 sabab,且通常翻译成"理性"(reason),而'illa 通常译成"因"。不过,在此阿尔法拉比使用 sabab 这个术语,是取其"因"的含义。除非另作说明,此后 sabab 将被译作"因"。
② [译按]原文为复数 secondary causes,后文同此。
③ 直译为"种类"(ajnās,单数:jins)。
④ 直译为矿物体(al‑jism al‑madan)。
⑤ 参见上面的注释 2。

并且在它们当中,由每个第二因产生每一个天体。按级别,从第二因的最高级别中产生最先存在的天空,而从第二因的最低级别中则产生月球。从两种级别之间的每个中间等级则产生存在于两种等级之间的各种行星。① 第二[因]就跟天体一样数不胜数;应该说第二[因]就是精神存在(spiritual beings)、天使,以及诸如此类。

三、能动的理智

3. 能动理智的活动就是物色②理性动物,以此实现人类能够达到的终极等级的完善,即终极幸福——对一个人来说,即是达到能动理智的等级。现在这只能通过他与物体③的分离来实现,他的存续不需要低于他的任何东西——既不需要物体、质料,也不需要偶然因素,而只能都始终保持那种完美,才能实现。

能动理智本质是"一",但它的等级也包含那些已变得超越且已获得幸福的理性动物。应该说这种能动理智是值得信赖的精神,也是神圣的精神④。我们用与这两种术语相似的名称来称呼它,同时其等级也可称之为统治术(kingship)和与此相似的名号。

四、灵魂等级

4. 处于灵魂那一等级的原则有很多种,属于它们统御之中的

---

① 根据 Feyzullah 抄本第 1279 页省略了 al-falakain[两种行星]。意思似乎是说:行星处于最先的天空和月球之间。
② 这个术语是 'ināya,取更基本的含义"天意"(providence)。
③ 阿拉伯文本此处为复数。
④ 这些术语是 al-rūḥal-amīn 和 rūḥal-qudus,而且通常被看作是 Gabriel 的雅号。也可能把第一因译成"忠实的精神"(the faithful spirit)甚至有可能译成"可信赖的精神"(the trusted spirit)。它在《古兰经》(26:193)里出现过一次,而 rūh al-qudus 出现过四次。最初的三次(2:87、253 和 5:113)是关于耶稣的;据说神圣的精神使耶稣更强大。在 16:102 处,它指的是受《古兰经》启迪的代理人。

有:天体的灵魂,理性动物的灵魂,以及非理性动物的灵魂。属于理性动物的是理性能力、欲望能力、想象能力以及感知能力。

理性能力就是:通过它,人类能掌握科学和技艺;辨别高贵与低劣的行为以及道德习惯;并通过慎思而明白哪些该做哪些不该做;另外,还可以觉察有益和有害、愉快和痛苦。理性的能力当中,有些是理论性的,有些则是实践性的。实践性的理性能力当中,有些涉及技艺,有些涉及深思。凭借理论性的理性能力,人类掌握关于那些无须实施之事的知识;而凭借实用能力,人类凭其意愿来认识那些需要实现的东西。① 凭借技艺能力,人类掌握技艺和工艺;而凭借深思熟虑的能力,就产生了关于每件事情是否应该执行的思想和考虑。

凭借欲望[能力],产生了人类寻求或逃避、渴望或憎恶、喜欢或避免某种东西的欲望。由此产生了爱与恨、友谊与敌意、恐惧与信任、愤怒与安分、严酷与同情,以及灵魂其余的情感。

想象[能力]是在感觉已经不存在之后,保持感觉所留下的印象的能力,在清醒和睡梦里,它使一些感觉与另外的感觉相结合,或使一些感觉与另外的感觉相分离,这些结合或分离,某些是确实的,某些是虚假的。另外,在行为和道德习惯之中,它觉察那些有益和有害、愉快和痛苦,却不觉察那些崇高和卑鄙。

什么属于感知[能力]是非常显而易见的。它即是通过每个人都知道的五种感觉来觉察可感知物的能力。它觉察令人愉快的和令人痛苦的东西,但是却不能辨别有害的和有用的,也不能

---

① 译成"认识"的动词是 ya'rif,是'arafa 的现在时。为了区分'arafa 及其派生词与'alima 及其派生词,我把前者译成"认识"等等,而把后者译成"知道",并且把'ilm 译成"科学"或"知识"(见前面的句子)。这样区分的目的在于保持 gignōskein 和 epistasthai 之间的差异,这种术语似乎反映了这些差异。

区分崇高的和卑鄙的东西。

5. 有些非理性动物拥有除理性能力以外的其余三种能力。对它们来说,想象能力取代了理性动物的理性能力。而且发现有些非理性动物只有感知能力和欲望能力。

6. 天体的灵魂与这些灵魂属于不同的物种,而且它们的实体也与这些灵魂的实体截然不同。由于这点,天体成为实体,并且作圆周运动;与我们周围的动物物种的灵魂相比,天体属于一种更值得敬畏的、更完美和更优秀的存在。这是因为它们任何时候都不是潜在的。相反,因为天体从一开始就并没有停止拥有它们通过理智所理解的可理解物,而且它们一直在智思它们所思考(intellecting)的东西,所以它们总是实在的。

不过,我们自己的灵魂首先是潜在的,然后才成为实在。也就是说,首先,我们的灵魂有善于接受的特点,以便理解可理解物。然后,它们才通达可理解物;这时,它们才成为实在。

天体既没有感知的灵魂,也没有想象的灵魂。相反,它们只有理解的灵魂。在这方面,它们稍微可与理性灵魂相媲美。天体灵魂所理解的是[那些其]实体本身就是可理解的[事物],即脱离质料的实体。每个[天体]灵魂都智思第一[因],智思其[自身的]本质,并智思给予它实体的第二[因]。

7. 除却人类所能理解的存在于质料中的可理解物之外,其余可理解物都不为天体灵魂所理解,因为其实体所属的等级太高,以至于不能理解低于它们的可理解物。如此一来,第一[因]智思其自身的本质,即使从某方面来讲它的本质就是所有存在物的一切。实际上,当它智思其本质时,从某方面来说就是在智思所有的存在物,因为其余每个存在物都只有根据它的存在来保证自己的存在。每个第二[因]智思其自身的本质,同时也智思第一[因]。

8. 能动理智智思第一[因]和所有第二[因]，同时也智思它自身的本质。它也能将那些本质上并非理智对象之物，转化为一种理智对象。本质上的理智对象是完全脱离了原料组成物体的事物，并且这些物体在其实体中是理智对象。这些[可智思物]的实体智思（他物），同时又被智思；实际上，这些实体在它们所理解的范围内被智思，同时，它们被智思的结果在智思着他物。

其余的理智对象却不是如此。比如说，岩石和植物被理解，而它们被理解的结果却并不也在理解着。那些是物体或存在于物体里的东西并不是由于它们的实体而被理解的，而且它们中任何一个实体的等级也不是实在之中的理智。相反，是能动理智把它们规定为现实的可理解物。它让其中一些成为现实的理智，并提高其存在等级的水平，使它们处在高于其本性所赋予的存在等级。

因此，人之为人所依据的那种理性理智（rational intellect），其实体并不是一种现实的理智。理性理智不是一种与生俱来的现实理智，是能动理智使其成为一种现实的理智，并且把其余事物规定为理性能力现实的可理解物。当理性能力成为一种现实的理智时，那种现在处在现实之中的理智，也变得与不同的事物相似，而且它理解其[现在]作为现实理智的本质。进而，它所被理解的就成了在理解的。于是，理性的理智就成为将智思主体、被智思之物以及理智本身包含于一身的统一个体。由此，理性的理智就达到了能动理智的等级。而且，当一个人达到这个等级时，他的幸福也就完满了。

9. 能动理智相对于人类的地位，①就是太阳相对于视觉的地位。因为太阳给予视觉以光线，通过太阳提供的光线，视觉才会在

---

① 或者，更贴近字面译为"位置"（manzila）。

拥有了潜在的可视能力之后,在实际中看见,并且人也可以通过此光看太阳本身,太阳是拥有实际视觉的因。而且,潜在可见的颜色也变成了实际可见的颜色,而且潜在的视觉也变成了实际的视觉。因此,能动理智也提供给人类某种东西,这种东西可以追溯到人类的理性能力,与理性灵魂相关事物的地位①是与视觉相关的光的地位。依靠这种东西,理性灵魂理解能动理智,而且潜在的理智对象也会成为现实的理智对象。依靠这种东西,有潜在理智的人类就有一种现实的和完善的理智,直到他逐渐接近能动理智的等级。因此,这样一个人已不再像以前那样,本质上他成了一个理智的人,而且在此之后,本质上他又成了一个可以理解的人。在拥有了质料性②后,他又拥有了某种神性。这正是能动理智的功能,并且它因此而被称为能动理智。

五、形式和质料

10. 在一个物体中形式是一个物体的有形实体,好像一张床的床形。而质料则好似一张床的木材。所以,通过形式被赋予形体的实体成为现实的实体,而通过质料,被赋予形体的实体则成为潜在的实体。因为它是木材时,它是一张潜在的床,而当木材获得其形状时,它就成了一张实际的床。形式构成于质料中,而质料是承载形式的主体。因为形式不但构成自身,而且必须存在于一个主体中;而质料就是它们的主体。质料只是为了形式而存在。

---

① 参前注。
② 或者,直译为"物质的",这个术语是 hayūlānī[原始的质料]。在最后三个句子,阳性单数代词 hu 以及阳性单数动词"生成"和"成为"的先行词都译成"他",这是不清楚的。虽然按这种翻译,这个先行词可以指"人类",但也可指"理智"。

仿佛第一目的仅是形式要存在。既然它们只是构成于某个主体中,质料就被设定为承载形式的主体。因此,当形式不存在,质料的存在也没用。自然存在之中没什么是没用的。因此,不可能找到缺乏某种形式的质料。① 因为质料只是一个原则和诱因,只作为承载形式的主体。它不是一个动因(agent)或目的,也不能没有形式而单独地拥有存在。质料和形式两者合起来才能被称为"本质"(nature),只是这一称呼更适合形式。

视觉即是这一特点的例证。因为视觉是一个实体。眼睛的形体就是它的质料,而用来看的能力就是它的形式。它们两个合在一起,视觉才会成为实际的视觉。而其余自然的物体也是如此。

11. 只要灵魂没有完善且不能履行自己的行动,它们就只不过是些倾向于接受事物痕迹的能力和特性而已:就像在看之前以及被看之物的痕迹在视觉中被获得之前的视觉一样,又如被想象之物的痕迹在其中被获得之前的想象能力一样,又如可理解物的痕迹在其中被获得并且它们全部变成形式之前的理性能力一样。因为实际上获得痕迹时——我的意思是,感知能力获得感知痕迹、想象能力获得想象的事物,以及理性能力获得可理解物的痕迹——这些痕迹就变得与形式不同,虽然以上各种特性所获得的这些痕迹和质料中的形式相似。仅仅由于这点相似,才会称它们为形式。

与成为形式最没有关系的东西是在理性能力中获得可理解物的痕迹。它们几乎与质料是分离的,而且它们在理性能力中的存在是和质料中形式的存在非常不同的。当理智实际上达到与能动理智非常接近的程度时,理智对象的印象就既不是一种形式,也和形式不同

---

① 此术语是 al‑mādda al‑ūlā,因此被认为与物质的质料不同;参见前面的注释。

了,尽管这种印象同形式仍被置于同一个称之为"无形实体"的群组之中,但实际上二者早已同音异义。他们把这些形式看作是:[a]与质料分离,[也就是,]形式不需要质料而且摆脱了质料;[b]不与质料分离,即我们已经提到的形式。这是同音异义名词的划分之一。

12. 形式的等级需要质料。形式的等级中最低的是四根的形式。并且这四根就处于四种质料之中。这四种质料属于一个相同的种类。因为火的质料这种东西,其本身就可能被看作是气的质料和其余的根。剩余的形式是从根的搅拌和混合物中所产生的物体形式,并且有些形式高于其他形式。因为矿物①的形式高于根的形式等级;植物的形式——尽管它们相互变化——高于矿物形式的等级;而无理性动物种类的形式——尽管它们彼此不一致——高于植物的形式。然后,理性动物的形式——即在其理性的范围内拥有的自然特性——高于非理性动物的形式。

13. 形式和原始质料两者都是存在的诸原则中最有缺陷的。那是因为它们任何一方的存在和构成都需要另一方。对于形式来说,离开质料就不能形成形式。在质料的实体和本性中,质料就是为形式而生的,而且质料的存在②也是为了承载形式。当形式不存在时,质料也就不复存在,因为这个质料在本质上根本就不会真正地有形式。因此,缺乏形式的存在就是一种无效的存在;而且对于自然事物,根本不可能有这种徒劳无效的存在。同样,当质料不存在时,形式也就不存在,因为构成形式也需要一个主体。

---

① "矿物"一词直译为"矿物体"(mineral bodies)。在下一句里也如此。参见上文第 1 节,注释 3。[译按]本书页 54 注④。

② 此术语是 inniyyatuhā。按照 Dozy 的说法,它应该发声为 inniyya;参见 R. Dozy,《阿拉伯语词典附录》(贝鲁特:黎巴嫩出版社,1968),卷 1 页 39b。不管如何发这个元音,阿尔法拉比很少用这个术语。

14. 质料和形式这两者都分别拥有一个对方所没有的明显缺陷和明显的完善。因为凭借形式，一个物体拥有两种存在中更完善的那一个，即它的现实存在；而凭借质料，一个物体拥有两种存在中更多缺陷的那一个，即潜在的存在。那么，形式的存在，并不是为了质料可以因它而存在，也不是为了质料的缘故，形式被创造出来。而质料却为形式而生——我的意思是，以便形式将会利用质料来构成自身。因此，在这一点上，形式超越质料。而质料超越形式则在于，质料要存在的不需要处在一个主体中，反之，形式却需要。质料既没有对立面，也不会由于欠缺而遭到反对。而形式却有欠缺或一个对立面。那种有欠缺或一个对立面的东西不可能一直存在。

形式与偶性相似，因为形式构成于一个主体之中，而偶性也构成于一个主体之中。而形式与偶性也在如下层面上截然不同，①即偶然的主体既不是被设定下来以便偶然存在，也不是被设定来承载偶然。而形式的主体——即质料——只为了实现形式而被设定，那么，质料是相反形式的一个主体，因此它与形式和形式的对立面以及形式的欠缺相反。所以，质料会连续不断地从一种形式转换到另一种形式，而且不会适于一种[特定的]形式胜过它适于这种形式的反面。相反，它能平等地接受[任何]对立面。

二 关于无形实体的特性

一、除第一因以外的无形实体

15. 规定形式和质料的任何缺陷都不属于无形实体。因为它

---

① 直译为"分离的"。

们没有一个是由一个主体构成的；它们任何一个的存在都不是为了别的任何东西——既不会作为质料，作为别的某种东西的工具，也不服务于别的任何东西——它们也不需要增加自身的存在(increase in existence)以便通过对某种东西采取行动或别的东西对它采取行动而在将来得到保存，而且，它们任何一个都没有对立面，也没有与其对立的欠缺，更恰当的是这些是实体而非形式和质料。

16. 第二[因]和能动理智低于第一[因]。即使这些存在缺陷性的方式不适用于它们，它们也不会免于其他的缺陷。那是因为：[a]它们的实体是从别的某种东西那里获得的，[b]它们的存在也依靠别的某种东西的存在，并且[c]它们的实体不能获得那样的完善，即他们自足，无须从其他东西那里获得自己的存在。相反，它们的存在是从那些存在等级上更完美的东西流溢给他们的。除第一[因]以外，这是所有存在的一个共同缺陷。

17. 而且，没有任何一个第二[因]或能动理智足够自足，以至于通过将自我限制于仅智思自身的本质即获得一种辉煌的存在或愉悦、快乐和美。为此，除其[自身]本质以外，它还需要智思另一个更完善的和更加美好的存在的本质。因为，在某种程度上，智思一物者，其本质就变成其所智思之物，即便它仍然拥有一个自己特定的本质。这仿佛是，其本质的德性——如果不用某种多样性来帮助它——就不能变得完整。因此，使某种东西成为一个实体的多样性就变成了那种事物存在的一个缺陷。然而，智思它们之下的存在物，智思那些分有它们的存在物，或者跟随任何一个存在的存在物，通过这样的智思来达到显著的、美丽的和灿烂的存在，这并不符合第二因和能动理智的本性。因为，这些低于其等级的存在物与它们中的任何一个都不相干，或者没有哪个变成它们任何一个。① 也不是为了让其他东西因它们而存在,而其本质需要除其自身本质和实体以外的一种工具或者另外的形态。事实上,它只有靠自己,除了使别的某种东西产生存在的实体以外,它不需要任何工具或形态,其本质就足矣。

18. 天体的灵魂没有形式和质料的缺陷模式。然而,它们也在主体之中,在这方面,它们像形式。但它们的主体不是质料。② 相反,每个天体的灵魂都有一个特有的主体,除了自己以外,这个主体不可能是任何一个东西的主体;从这方面来讲,天体的灵魂与形式是分离的。

所有为第二[因]存在的缺陷模式也都在它们③中存在,而且这些天体中的缺陷超越了第二因的缺陷性,因为给它们实体的多样性超越了给第二[因]实体的多样性。因为只有通过理解它们的本质,理解第二因,以及理解第一因,它们才能获得美丽与愉悦。那么,此外,从它们实体的存在推知,它们也让外在于它们实体之外的其他存在物得以存在。然而,没有一种工具和另外产生的形态,它们就不足以让源自它们的存在流溢为别的存在。所以,从这两方面的每个方面来讲,它们都需要外在于它们本质的其他事物。通过"这两个方面",它们的存在得以构建,并同时可以赋予他物存在。

第二因与任何外在于其本质的事物无涉,这适用于上述两方

---

① 照字面翻译,它应该读解为:"因为它既不与它关系密切,也不溶变成它。"我解释性的翻译就是把第一个 it 的先行词译成了附属的存在(subordinate beings),并且是从前面句子推知的——没有达到一个更好的存在,据说那些第二因和能动理智也能理解。在最近的续篇里,阿尔法拉比返回来谈到作为 it 的每个"第二因和能动理智"的本质。

② 文本是复数:mawād。

③ 也就是天体的灵魂。

面的任意一方面。然而,如果没有从它而向其他东西进行流溢的那种东西的存在,那么,它们既不能通过理解它们之下的存在,也不能通过限制它们的存在来获得卓越与美丽。

19. 当动物的感知和想象的灵魂通过得到感知事物和想象事物的印象而得以完满时,它们就开始与[由第一因流溢而来的]分离物产生类似。然而,这种类似并不会促使它们远离质料性①存在的本性和形式的本性。

当灵魂的理性部分得以完善,并变成一种实际理智时,它就与分离物接近了。然而,它获得存在的完善,成为实际、壮丽,辉煌和美丽,不仅仅要通过理解在它等级之上的事物,而且还要理解在它等级之下的事物,并要通过大大地增加凭它成为实质性东西的多样性。当它彻底地与除自己之外的所有灵魂部分分离时,它的存在就只受自身限制,并且除它之外,其存在不产生任何东西②。

当灵魂的理性部分与欲望、想象和感知的灵魂分离时,灵魂的理性部分就凭借除它之外的某种东西得到存在。这个过程就像是,他物从理性部分所获得的事物,仅仅是为了使理性部分通过赋予他物存在的行为而使自身在存在上变得更加完满。当它与其工具分离时,它就不会对别的任何东西产生影响,但仍能限制其自身的存在。因为其实体很可能不是那种能够从其他东西中流溢出来的存在。相反,其存在的剂量又是为了能凭借其实体来持存自身。至于原因,可以说理性是一个目标,而不是一个动因。

---

① 直译为"物质的";参见上文第 9 节。
② 这里和下一段,先行词是阳性单数"理性部分"(rational part)。

二、第一因

20. 第一因在任何情形下都没有丝毫缺陷。不可能存在一种比第一因的存在更完善、更卓越的存在。也不可能有优于它的存在,或是像它那种没有[任何东西]可超越的存在等级的存在。因此,除了优于它的东西以外,第一因不可能会从某种东西那里获得其存在;而且更不可能会从比它有更多缺陷的东西那里获得其存在。因此,在其实体中它也相应地完全不同于别的任何东西。

第一因的存在不可能多于一。因为如果任何东西拥有这种存在,第一因的存在与拥有同样存在的另一事物之间就不可能有任何区别或差异。如果这两者之间有区别,除了它们两者共同分享的东西以外,使它们相互之间存在区别的东西也会成为某种东西。因此,通过这种事物,区别于其他的每个就会成为构成它们两种存在的一部分,而且它们每个的存在可在言语上得到区分。因此,其两部分的每个都会成为其构成本质的一个因,那么,它就不是第一因;相反,这会成为一个先于它的存在者并成为其存在的原因,此时我们再称其为第一因便是不合理的。只要它们两者之间没有区别,它们就不可能是多,既不可能是两个也不可能多于[两个]。

21. 此外,如果[第一因之外的]另一事物拥有这种特殊的存在,它有可能成为外在于第一因的存在的一种存在,这种存在是它不能超越和处于同样等级的存在。因此,第一因的存在将会居于使两种存在集合在一起的存在之下,那么其存在就是有缺陷的。因为,当某种东西完满时,没有外在于它所有东西的存在。因此,其存在不可能是外在于其本质的任何东西。如此一来,第一因根本不可能有一个对立面,因为事物的对立面存在于它所处的相同等级之中。在其不能超越的相同等级中,根本不可能有任何存在,除非其存在是个有缺陷的存在。

22. 而且,任何拥有相反者的存在都会因相反者不再存在而得以完满。那是因为拥有一个对立面的事物与其对立面相伴而生,因为它们靠外在的事物来保存——这些事物外在于它们的本质和实体。这两个对立面没有一个的实体足以防止其对立面对其本质的侵扰。因此而得出结论:第一因必须有它存在的别的什么原因,因此,在其等级中不可能有一个对立面。相反,它是单独的、独一无二的。所以在这方面第一因就是一。

23. 此外,就其本质而言,第一因在言辞中是不可分的;我的意思是,它不能划分为构成其本质的事物。因为解释其本质的每个陈述部分不可能表示出组成其实体的一部分。如果是这样的话,构成第一因本质的部分就会成为它存在的原因,正如定义的诸部分所指向的意义就是被定义事物之存在的原因,又如质料和形式就是它们所构成的事物的原因。既然它是第一因,那就是不可能的。如果它不允许这种区分,那么就更不可能按数量来区分存在或者按其余模式来区分存在了。所以,在这个方面,第一因也是一。

因此,第一因由之而与其他存在物相区别开来的存在,不可能与它在其本质中的存在有什么不同。所以,将第一因与其他所有存在者区别开来的正是其自身本质——即,单一。单一的含义之一就是特有的存在,通过这种特有的存在,每个存在与其他所有统一体相分离。通过此存在,每种存在在这种特性的范围内都成了"单一的"。因此,第一因在这方面也是单一的,而且除此之外,第一因比任何一个都更值得被称为"一"的名字并符合其含义。

因为第一因没有质料,无论如何也没有,它就其本质而言是一种理智。因为恰是质料妨碍一种事物成为一种理智并阻碍其现实地智思。而且在它是一种理智的范围内,它是一种理智对象。因为,那种属于理智的东西,就其属于理智的东西而言,乃是一种理智对象。为了成为一个理智对象,它不需要外在本质的另一自身来智思自己。相反,它可以智思其自身的本质。凭借智自身本质的东西,第一因成为可以去理解的某种东西,因为其本质理解它自身,第一因又成为一种理智对象。同样,为了成为一种理智和可以理解的某种东西,它不需要从外界获得另外的本质和事物。相反,通过理解其本质,它逐渐成了一种理智和通过智思其本质而智思着的某种东西。因为理解者的本质是被理解者的本质。

24. 第一因作为认知者的情形也是如此。为了认识,第一因不需要通过获得一种外在于其本质的德性知识来获取另外的本质;它也不需要被认识,[它不需要]另外的本质认识它。相反,它的本质足以使它认识和被认识。它对于自身的知识就是它的本质。因此,它去认知,同时又是被认知的对象,它所获得的是同一个本质,同一个实体的知识。

25. 第一因作为智慧者的情形也是如此。凭借最卓越的知识,智慧将会智思最卓越的事物。通过第一因智思和认识其本质,它用最卓越的知识来认识最优秀的事物。最卓越的知识是关于恒久不灭事物的恒久不灭的完整知识。因此,第一因的明智,不是因为通过外在于其本质的别的某种东西的知识来获得的智慧;相反,第一因足以通过在其本质之中认识自身而变得明智。每种存在的美丽、辉煌和闪烁都是指它以最卓越的状态存在,并且达到其终极完善。既然最卓越的存在属于第一因,那么其美丽就超越了每一个美丽事物的美丽。

26. 同样,属于第一因的壮丽、辉煌和美也应当归于它自身的主体和本质中[拥有这些]——即是说,通过它思维自身的活动而在它本身之中。更多的愉快、欢喜、喜悦和高兴接踵而来,而且凭借最精准的知觉来感知最美丽的存在能够获得(这些东西)。而第一因无条件地是最美丽、最辉煌和最壮丽的;并且它对其本质的感知是最精准的感知和最卓越的知识。因此,当我们认为用更精确的感觉——要么用感觉和想象,要么用知性的知识,我们已经感觉到对我们而言更美丽和更辉煌的存在时,除了类推和根据我们自己找到的微不足道的愉快以外,第一[因]所拥有的愉快是一种我们没有理解其核心的愉快和我们没有认识其程度的伟大。在此状态下,如果我们获得一种我们认为在强度上超越了所有愉快的愉快,并且我们因获得它而感到极度喜悦,那么,第一因对于自身本质中最优越、最美丽的事物的知识和理解,同我们自己对于在我们看来更美和更辉煌的事物的知识和理解之间的类比,就是第一因自身的喜悦、愉快和高兴与我们自己所获得的那种愉快、喜悦和高兴之间的类比。

我们自己的理解和第一因的理解之间没有联系,而且我们的知识和第一因的知识之间也不存在联系。况且,如果有联系,它也是一种微不足道的联系。因此,我们自身的愉快、喜悦和欣喜与第一因所体验的愉快、喜悦和欣喜之间也没有联系。要不然,即便有联系,也是种很微不足道的联系。如何及时地让一个微不足道的事物与一个无限持存的事物之间建立联系呢?或者,如何让有许多缺陷的事物与绝对完善的东西之间建立联系呢?如果在第一因本质中得到更多快乐的东西,并由此感到高兴,它还会带着更多的愉悦来热爱它的本质,并对它充满激情,那么第一因显然对其本质也必然充满激情并热爱它,它对自身的热情和热爱之于我们因自身本质德性而产生的自爱与骄傲,正如它自身本质上的优越与完满之于我们引以为傲的自身的德性与完美之间的联系。第一因所爱的那种东西就是爱其自身,而且它所惊异的东西就是惊异于其自身；因为它是所爱的首要事物和主要的情感目标。

27. 当第一因保有其存在时，不依赖于人类选择的自然存在必然按照第一因存在的方式存在——即，这些存在中的部分可通过感觉被感知观察到，而一些部分则可以通过实证被认识到。借由第一因而存在的东西，①以从第一因存在向其他存在流溢的方式存在，而它的存在会向其他的存在流溢。可见，源于第一因的存在而来的东西无论如何不是第一因的因，既不能成为第一因的存在目的(end)，也不能给第一因提供某种完善——就像发生在我们周围的大多数事物一样。因为我们认为许多那些事物都发生在我们周围。那些事物以我们的生存为目的，而且许多那些目的都为我们提供我们没有的完善。

28. 第一因存在的目的不是其余事物的存在，这些事物也不是第一因存在的终点，存在没有外在于它的另外原因。就第一因提供的存在而言，它也不是为了在它所给予的存在中，通过某人花费钱财或别的事物的大方施舍获得外在于它所拥有的另外的完善或者外在于其本质的完善，而且它也不会因此从中得到愉快、荣誉、统治者的地位或者其他事物。因此别的某种东西的存在也逐渐地成为此人达到慷慨行为和他没有的存在的原因。相对于第一因，所有这些事物都是不合理的，因为它们消除了第一因的首要性，并使他者成为一种优先它的必要事物及其存在的原因。第一因就是自己存在的因；他者借由它而存在是追随它的本质而来的。

因此，借由它流溢到他物中的存在，正是第一因主体内的存在，并且这种存在使其自身在本质上成为一种实体，也使其他事

---

① 那就是第一因。

物借由它从第一因中获得了存在。第一因不能分成两种事物,以致通过其中一种,第一因的本质得以构成,而且通过另一种,使他物从第一因那里也能获得存在。为了让其他东西的存在能够从它的存在中流溢出来,那么,它无非就是需要其本质和实体,而我们和许多其他存在物却需依此[他物]行事。由第一因流溢而成为别的某种东西的这种存在,不会比通过其自身存在而成的实体性存在更加完善。因此源自第一因的存在根本不可能在时间上落后于第一因,相反,它只是相对于其余所有一切皆处于第一因后的模式而言,才处于第一因的后面。

29. 应该用来称呼第一因的名称,都是那些表示我们周围存在的完善和卓越的那些名称。当那些名称被用于称述第一因时,它们所指称的就不再是通常意义上的完满和卓越,也就是不再指称我们周围存在者所具有的那种完满与卓越,而是表述第一因在实体中所特有的完满。此外,我们不应该假设用第一因的许多名称来表示它的各种完善,这些完善是第一因分成的许多种,并且通过所有种类来形成其实质性的东西。相反,许多那些名称应该表示根本不可分割的单一实体和单一存在。然而,在我们周围的某个存在物的表述中却偶尔会发生这种情况,即一个被用来称述第一因本质上的完满和卓越的名称,被用来表示外在于第一因实体的卓越和完满。举个关于"美丽"的例子,它涉及许多存在物,这种美丽表示颜色、形态或姿态的完美,而不是表示那种事物实体的完美。

30. 表示我们周围事物的完善和卓越的名称,是一些表示其本质的东西,而不是与他物相关的东西——如同存在、单一和与其相似的东西。其他的则表示该事物与外在于其本质的别的某种东西之间的关系——如同正义和慷慨。当这些名称用于我们周围的事物时,后面一种名称只表示第一因一部分本质的卓越和完善——也就是说,它必须与外在的事物发生关联——借此,那种关联才能逐渐成为这个名称所表示的总和的一部分,卓越以及完善也在它们与他物相关的范围内被逐渐构建出来。当转换这些名称的例子被用来称呼第一因时,我们的意图是用它们来指称第一因与其他事物的这样一种关联,即他者皆是由第一因流溢而来的所属关系,这种关系既不应该看作是用那种名称表示的部分完善,也不能看作是由那种关系构成的完善。相反,那种名称应该看作是表示第一因的实体和完善。它所称述的关联应看作是依附于这种完满并随它的本质与完满而来的,这种关系也必然是依附并随着我们已经提及的那种第一因的本质而来的。

31. 在第一因与其他事物分享的名称当中,一些与所有存在者共用,一些则与有些存在者分享。从第一因与别的某种东西分享的许多名称来看,很明显,那种名称首先表示第一因的完善,① 其次表示那个别的某种东西按照其与第一因相关的存在的等级来看时[的完善]——比如"存在"和"一"这两个名称。因为,这两个名称首先只表示使第一因成为实体的东西;然后由于它们根据第一因成为实体,并根据第一因得到实施且得以完成,它们才表示其余事物。

32. 当指称第一因及其存在之实体的许多共享的名称指称别的东西时,它们只指称与第一因之存在相关的想象的相似性,不管巨大的或轻微的。② 这些共享名称最优先和最适当的[称述]方式就是被用以称述第一因,而后它们被用以称述他物。但在时间上来讲,以其称述第一因晚于以其称述他物也并非不可能。

---

① 直译为"首先表示它自己的完善"。
② 据纳贾尔本和所有抄本,通常意义上应该读 fī wujūd al‑awwal,而不是读 fī al‑wujūd al‑awwal(在第一性的存在里)。

因为，很明显，我们通过将第一因与他物相联的方式使它们之中的许多名称得以称述第一因，而这样的称述其实发生在我们某时以这个名称来称述他物之后。那么，在本性上优先却在存在中滞后也并非是不可能的，而这并不会给那种优先性带来任何缺陷。

33. 我们用很多名称来指称我们周围被普遍承认的完善。并且，我们用它们中的许多名称来表示那些完善，只因它们是完善，而不因为它们是那些种类的完善。因此，显而易见的是，对于最卓越的完善，再没有比它更卓越的完善了，那么，那个名称必然更适合最卓越的完善。我们自己随时都要注意存在中的更全面的完善，直到我们接近完善终结的知识，①我们才把它看作是更适合那个名称，而且我们把它看作是自然地用这个名称来称呼第一因。

然后，我们才[依此]规定了其余存在物[的称呼]，这种存在相对于那种名称的地位正如它们相对于第一因存在的等级——就如同"存在"和"一"。它们其中一些表示一种完善而不是另外的完善。这些种类包括按照那种最卓越的模式存在于第一因实体中的东西，而且这其中一类奇迹般地提升到那种完善的最高水平，直到毫无缺陷——就像"知识"、"理智"和"智慧"。用这些例子，必然得出结论，那种名称是最恰当和当之无愧的。

然后，当一种完善与某种存在的卑劣和缺陷相连接又与其相连接的东西分离时，其本质就完全地消亡了。因此，不应该用那种完善来称呼第一因②。如果是这样，那么用表示存在的卑劣的名称来称呼第一因就差得更远了。

---

① Feyzullah 1265 的抄本增加了 ilā。
② 因为下面句子很清楚，先行词是"第一因"。

三、第二因、能动理智和第一因之间的关系

34. 于是,第一因之后,存在着第二因和能动理智。第二因有其存在的等级秩序。然而,它们每个也有某种特定的存在,通过这种存在第二因取得了实质性的存在。而且这种特有的存在也是从第一因流溢而成的其他东西的存在。因为其他东西从它们那里得以生存,并且又从它们的存在中流溢出其他东西存在,它们不需要外在于其本质的事物。它们全部都是从第一因而获得存在。

每一个第二因都智思第一因,也智思其[自身的]本质。但是,没有哪一个第二因仅仅因在自身本质中获取的愉悦而感到满足。相反,除了智思其本质以外,再去智思第一因,才会使其灵魂深处感到愉悦。第一因的优越性超越其本质的卓越,与之相应的是,第二因在灵魂深处通过智思第一因而来的愉悦也远超它智思自身本质而获得的愉悦。同样,通过在本质上理解第一因而来的愉悦与通过理解其自身本质的愉悦之间的相似性,也可以与第一因远超在其[自身]本质的卓越相对应,这种相似适用于对其[自身]本质的惊讶和对其[自身]本质的热情。因此,在其[自身]灵魂深处首先所爱的东西和首先惊讶的东西就是理解第一因,其次是理解其[自身]本质。所以,根据这些与第一因的关系,第一因是其主要所爱和主要的情感目标。

35. 因而,所有的第二因都可以通过各种不同的方式被分割。每个第二因中的完满和缺陷,以及它们所应有的称呼都可以根据这样一个示例而轻松[区分]——即通过将其与我们所说的第一因进行比较。起初,所有第二[因]都完全享有其最大完满的存在;并且,它们没有任何一种将来才会成为的存在,以免它会朝向不同于一开始就被给定的方向发展。因此,它们根本不会移动,也不会争取任何东西,但是,每个单一的天体的存在却是由它们

每个的存在流溢而来。第一存在产生第一天体,直到最后在月亮那结束。每个天体的本质都由两种事物构成:主体和灵魂。它们每个之中的灵魂存在于主体之中。另外,天体智思自身本质和从自身本质来智思第二因以及智思第一因的现实理智是灵魂的一部分。

三 关于有形实体与一般存在的特性

一、天体与非天体间的基本区别

36. 天体的实体在其本质层面被分解成许多事物。由于它们借以形成自身现实实体的事物需要某种主体,因此,在存在的等级中,它们处在有缺陷的第一个等级。因此,天体的实体类似于由质料和形式组成的实体。另外,它们的实体不足以带来另外的事物,并且,除非这些另外的事物可以使天体获得一种外在于其本质并外在于它们借以获得本质的事物的另外的存在,否则天体的实体不会采取行动来设法流溢出它们的完满和卓越。

量、质或其余某种范畴,就是外在于那种使一个现行的存在物成为实质性的东西。因此,所有这些实体都成为明确的大小和形式的本质,也是定义其他性质的本质,以及由此必然而产生的其余种类。

然而,所有这一切[事物]之中,每个天体都只是得到其中最卓越的东西。而且,既然每个已确定的物体都处在一个确定的位置,由此可知,天体必然处在最卓越的位置。此外,这些实体完全得到了它们的大部分存在;但还存在着某种微不足道的东西,这些东西并非从开始就立即彻底地从属于它们,而只是在将来逐渐地、持续不断地为它们而存在。因此,天体只能不断地运动来努力争取它,得到它。所以,天体连续不断地运动,并且不中止其运动。它们努力地运动只是为了[达到]最优秀的存在。最古老的存在和离天体最接近的东西从一开始就得到了它们。而且除了开始时它得到的形式以外,它们每个的主体都能接受无形式。此外,它们的实体没有对立面。

37. 就存在而言,天体之下的存在物是缺陷的终极。那是因为天体之下的存在物,在开始时并没有被给予任何使它们借以完整地获取本质的事物。相反,它们只是得到了与其实体最遥远的潜能性的本质,而不是任何具有现实性的本质。因为它们只是得到了最初的质料。因此,天体之下的存在物总是努力实现其形式,通过形式,它们得以获取[自身的]本质。并且,最初的质料是所有居于天体之下[事物]的潜在本质。在它们是潜在实体的范围内,它们总为了达到现实本质而运动。也是由于质料存在的靠后、落后和卑劣,除了凭借一个外在的推动者,它们自身就无法得到提高,并努力变得完满。而它们的外在推动者就是天体和其成分,其次也包括能动的理智。因为这两者使天体之下的事物之存在得以完善。

38. 这就是天体的实体、性质和行动,从这之中首先产生了原始质料的存在。随后天体又给予原始质料所有的本性、可能性以及从形式中接受的任何可能的倾向。

凭借其天性和本质,能动理智准备研究天体准备和提供的一切事物。因此,能动理智想要让任何在某种方式上接受对质料超越和分离这一观念的东西,超越质料和欠缺,以便它成为接近其形成的等级。也就是,以便潜在的可理解物变成实际的可理解物,并且同样一种潜在的理智也可能变成①实际的理智。除了人类以外,任何东西都不可能变成这样。因此,这是终极幸福,这种

---

① 直译为"获得"(attains)。

幸福是人类可能达到的最卓越的完善。

自始至终,这两者①使事物的存在趋于完善,并且那种——被直接[从原始原料]拉入现实存在的事物——需要自身存在模式和持存自身模式的存在物也趋于完满。

二、偶然的对立面如何存在于天体之间

39. 有许多天体,而且它们围绕着地球作各种各样的循环运动。第一个天体的力量②,就是一,它附属于每一天体之中。因此,它们所有天体都是因第一个天体的运动而运动。并且它们还有其他力量,这些力量使它们有明显的区别,而且在不同的地方运动。所以,其中整个天体分享这种力量,后来有了与天体之下的一切事物所共有的最初质料的存在。而且,使天体③与事物有明显区别,接着有了最初质料的许多不同形式的存在。

那么,附属于和某些其他东西有不同方位的天体,以及附属于和地球有不同方位的天体,它们有时离一个事物很近,有时又离一个事物很远,有时聚集,有时分离,有时显露,有时隐藏,而且有时碰巧加速,有时碰巧又减速。它们是不存在于天体实体中的一些对立面,而是存在于它们与其他事物的某种关系之中的对立面,以及它们与地球的关系之中的对立面,或是存在于它们与这两者的关系之中的对立面。

40. 从这些必然依附于天体关系的相对关系,相反的形式在原始原料中产生,相反的偶性和相反的变化在天体之下的物体之中发生。因此,这是存在于天体之下的最初质料和物体对立面的

---

① 也就是天体和能动理智。

② 这是个相同的术语:quwwa,之前已经翻译成"能力"和"潜在性"。

③ 阴性单数代词 hā 的先行词要么是"整个天体"(jumlat al‑jism al‑samāwī),要么是"天体"(al‑ajsām al‑samāwiyya)。

第一因。那是因为存在于质料中的对立事物要么本身就源于相反事物，要么虽然源于本质和实体中没有对立面的单一事物，然而——由于质料——它仍然有相反的形态和联系。就天体的本质而言，它们不是相互对立的；但是它与最初质料的联系却是相反的联系，而且由于这一点，它们有了相反的状态。正是由于源自天体的原始质料及相反形式的存在，可能的存在物被拼接了出来。

三、可能的存在

41. 可能的存在是更滞后的一种存在，这是具有最大缺陷的存在，也是存在与非存在的混合物。那是因为在不可能不存在与不可能存在之间，这两者在彼此远离对方的最遥远的另一端，有适用于这两个极端的每个对立物的某种东西——即，这种事物同时可能存在又同时可能不存在。这种事物是存在与非存在的混合物，而且它是反对欠缺也是连接欠缺的存在。因为欠缺是可能存在的非存在。

42. 既然可能的存在物是两种存在物的模式之一，可能存在也是存在的两种模式之一，那么，第一因——一种居于它实体中的存在——并不仅仅流溢出不可能不存在的存在；相反，它也向那些可能不存在的方向流溢出存在，结果就没有它不能给予的存在模式。

对可能存在来说，它并不处于必然拥有一个可获取的存在的可能性中；相反，存在有可能因此而产生，也有可能根本不存在，并且，它可能作为一个事物而存在，也可能作为其相反事物而存在。关于这两种对立存在的形态是相同的。它作为这种存在而存在不比作为其对立面而存在更适当。

所谓相反者，要么是匮乏、相反，要么匮乏与相反同时存在。因此可以得出结论，对立的存在物相伴而生。实际上，对立的存在物可能以以下三种方式之一而存在:要么在两个[时刻]存在;要么在同一时刻,但也可能以两种不同的方式存在;或者作为两种事物存在,有一种存在的每种事物反对其他事物的存在。然而,有两种对立存在的单一事物可能只存在两种方式:要么是两个时刻,要么用两种不同的方式。

43. 相反的存在物只有通过对立的形式才能产生。当某物达到两种对立形式之一的时候,那就是它的有限(definite)存在。那种有可能让它按照两者相反的存在而存在的东西,就是质料。因此,一个事物通过质料而来的存在,乃是无规定性的,相反它通过形式而来的存在,却可以成为一种有规定的、明确的存在。因此,有两种存在:通过一种事物而来的有规定的、明确的存在和通过另一种事物而来的无规定的存在。所以,凭借①其质料而来的存在,一会儿像这,一会儿又像那;相反靠其形式而来的这种存在,是唯一的,没有其对立面。因此而得出结论,有两种存在被给予——即,一会儿按照这种方式被给予而来,一会儿又按照其对立面的方式被给予而来。

四、可能存在的形式和质料的作用

44. "可能的存在"有两种方式:一种是可能作为某一事物而存在,而作为其他事物就不存在,这就是质料的方式。第二种是可能存在,但不作为一种在自身本质中的存在,这个就是由质料和形式组成的方式。

可能存在物有其[存在]等级。最低的等级是无规定的存在,它不是两种对立存在中的任何一种——而是原始质料。居于第二等级的可能存在,是通过对立面而获得的存在,这种对立面在

---

① 或者,此处和下一句进一步直译为"凭借、由于"(by right of)。参见以下第46节。

最初质料中获得——即，诸元素。当这些元素通过某种形式获得存在时，它们凭借获得的形式，获得了其他的可能性，相对的存在也就逐渐存在了。因此，获得形式的元素就变成了其他形式的质料。现在当这些其他形式的存在也获得另外的形式时，对它们来说，就有了相反存在物存在的可能性，这种可能性就是其他相对存在也逐渐存在。因而，它们也成了其他形式的质料。如此下去，直到最终成为形式，以致通过它们而获得的存在不可能再成为其他形式的质料。因此，这种存在物的形式就是先于它们每个形式的形式。这种先于一切形式的形式是最可敬的可能存在。而且原始质料是最低劣的可能存在物。

45. 这两种存在之间的中间物（intermediate）也有等级，并且比任何更接近原始质料的中间物都更低劣，而任何更接近形式的形式（the form of forms）的中间物则更高贵。因此原始质料的存在总[像]是为了他物而存在；它根本没有为其自身而存在。因此，当使某种东西产生的理由不存在时，它也就不存在了。因而，当这些形式不存在时，原始质料也就不存在了。所以，任何时候原始质料都根本不可能离开一种形式而存在。现在，那种拥有[一切形式的形式]的存在物则永远为其自身而存在。通过它们的形式，它们不可能为别的某种东西而产生——我的意思是，他物借这种存在物获得实体性，同时，这种存在物成为他物的质料。

46. 中间物的存在可能为其自身的缘故而被创造出来，也可能为他物而被创造出来。此外，每一种中间物都通过其质料而拥有一种权利和优点，也通过其形式拥有一种权利和优点。通过其质料而来的权利是将获得与其现有存在相反的存在，而通过其形式而来的权利则是会不断地保持其现有存在。既然有两种相反的优点，那么正义就是让它们得到各自的部分。因此，一个事物会作为某种事物而持存一段时间,随即消亡。并且它也会作为与第一种存在相反的存在物而存在;那时,它也只生存一会儿,随即死亡。而与第一种存在相反的另一事物也会如此存在,等等,直到永远。

47. 此外,这些彼此相反的存在物的质料是相同的。因此,作为相互对立的双方,它们每一方都拥有与其对立面相同的质料,因为它们的原始质料①是共享的。所以,仿佛其中每一存在者都以这种方式对每一他者所占有的东西享有某种权利,而为双方所占有的东西也应当如此在二者之间轮转反复。就此而论,正义是明显的,即,为一方面而存在的东西应该也为另一方面存在,双方都符合这一点。

48. 可能的存在物自己不足以争取保持其自身的存在,因为它们只得到了原始质料。当它们获得一种存在时,它们也不足以凭其自身维持这种存在②。同样,当它们拥有属于它们相反者的部分存在时,它们也不可能凭借自身的努力将其彻底地耗尽。因此必然得出结论:可能的存在物都需要一种外在的施动者,这个施动者激发它朝向自身运动,也激发它朝向其持存自身存在的方向运动。当它们获得其存在时,把它们引向其形式并维持它们的存在的第一动因就是天体及其部分。

49. 天体通过几种不同的方式使可能存在物保持存在。没有一种中间物或工具,一种方式是把它们其中某些可能存在变成形式,通过这种形式,它就拥有存在。第二种方式就是给予质料以一种能力,通过这种能力,它激发其自身,走向形式,通过这种形式它拥有存在。第三种方式就是给予某种事物以一种能力,通过这种能力,这种事物让其他事物走向形式,通过这种形式,其他事

---

① 文本是复数。
② 文本是复数。

物拥有存在。第四种方式是给予某种事物一种赋予他物能力的能力,通过这种能力,这种他物得以使某种质料走向那种存在于质料中的形式。在这种情况下,可能的存在将会通过上述两种中介物运转其质料。同样,可能的存在物也会通过三种或更多符合这一等级的中介物来运转其质料。

50. 同样地,可能的存在物也为每一个东西赋予那种能够保存其存在的东西,要么通过以形式来规定的方式,它拥有了另外能力的存在,要么就凭借另外的、外在的物体来确定,这种物体保存其存在,以便可能存在通过保存自己而维持其存在,这种可能存在是其他物体为可能存在确定的。其他[物体]就是保存其存在的这种可能存在的奴仆。在后一种持存方式中,可能存在物要么通过一个物体所给予的帮助,要么通过如此处理的许多物体的相互协助来保存其存在。而通过与许多事物相连接的那种能力,可能的存在物又可以通过赋予这些相连的他物以与其自身形式相类似的形式作用于同类的质料。

51. 有时,施动者会遇到一些与其想要带动的方向有着相反形式的质料。此时,它就需要能够中止这些相反形式的另一能力。由于受动者并非不可能以施动者作用于它的同样方式作用于施动者,且受动者也同样可能力求取消施动者,正如施动者力求取消它一样,那么这些[带有相反形式的]质料便也会拥有与力求取消其存在的相反[施动者]进行斗争的另一能力。

这种取消他物并剥除他物以之存在的形式的能力,或许是可能存在物本质中与其以之存在的形式相连的能力,也或许是存在于外在其本质的他物之中的能力,那么,后一种情况中的能力要么是工具,要么是为其从相反者中攫取倾向于自身的质料所提供的服务。这样的一个例子就是毒蛇。因为这个种类是诸元素的工具,或者说是它从其余动物那里获得根的质料的奴仆。同样地,通过这种能力,它从质料那里形成与其自身种类相似的某种东西,这种能力可能与它的一个单一物体的形式有联系,而且它可能存在于外在其本质的另外的物体之中——比如阳性动物的精子,因为它是一种动因的工具。

此外,这些能力也是拥有这些能力的物体的形式。拥有这些能力的事物是为其他事物存在的事物——我的意思是,这些事物的产生是为了成为工具或成为为其他事物服务的事物。当这些工具与这个物体中的形式相连接时,它们就是一种不可分的工具。而当它们存在于外在的他物中时,它们就是分离的工具。

52. 每一个[可能的]存在物都有凭借其质料和形式而来的某种优点。凭借其质料而来的优点,就是获得与其现有存在相反的存在。凭借其形式而来的优点则是[a]它不单为自己而存在的东西,[b]凭借其形式为别的某种东西而存在,[c]凭借其形式逐渐成为它的别的某种东西的优点——我的意思是,有为它自己而产生的另外事物——或者[d]可能存在物会拥有一个种类,在这个种类中两种质料聚集在一起——即,它既为自己,也为别的某种东西。所以,在它那里,会有为其自身而存在的某种东西,也有用来为别的某种东西而存在的某种东西。凭借其形式,为别的某种东西的要么是它的质料,工具,要么是为其服务的某种东西。当别的某种东西为它而产生时,为它产生的东西要么是为它的质料,工具,要么是为其服务的某种东西。

五、存在的不同领域如何得以存在并相互襄助

53. 从天体及其不同的运动中首先产生了诸元素,然后,依次产生了矿物、植物、非理性动物、理性动物。每个种类的个体都带着无数能力产生出来。然后,在天体没有通过自身不同种类的运动(比如位置上的相互改变或前后相继)来协助这些能力中的一些去对抗另一些,或者阻碍这些能力中的一些对另一些的行动时,在每个种类中的能力都不足以影响或者保存该种物体的存在。因此,当天体在某一时刻帮助某个能力去抵制其相反能力时,它们又在另一时刻协助其相反能力来抵制这种能力。比如,通过增热或增冷,或者让其减热或减冷,那些[物体]因此就会采取行动并经受热或冷的作用;因为它们有时让它增加,有时又让它减少。

由于天体分享原始质料和许多近似的(proximate)质料,也由于它们的一些形式是相似的,一些形式是相反的,于是就有了它们之下的[其他天体]。这些天体中,有些帮助一些事物,而有些又阻止另一些事物——这些情况要么常常出现或根本很少出现,要么就是根据相似或相反于它们自身形式的程度而出现。相反于[其形式]的天体阻碍它们,而相似于[其形式]的天体则协助它们。

这些协助及阻碍的行动也被融入可能存在物之中并在可能存在物中被协调一致,以致许多混合物由此生成。然而,这种聚集混合之中,这些行动却始终通过每一个存在物始终保持着一种协调和平衡,而承载这些行动的存在物,要么通过其质料或形式的本性,要么通过这二者相协的本性获得了存在分配给它的相应部分。

54. 依形式存在的存在物要么为其自身、为某种他物存在,要么为它们两者而存在。因此,据形式而言,理性动物根本不为任何其他种类——既不能作为质料,也不能作为其他"种"的工具,或作为其他"种"服务的方式而存在;凭借其形式,在它①之下的它们每个要么只为别的某种东西,要么把它们两者集合在一

---

① 以 Feyzullah 抄本页 1279 读作 dūnah,而不是采用纳贾尔和其他抄本读作 dūnahā(它们之下)。紧挨着的"凭借"更贴近字面的译作"由于"。

起——既为自身而存在,又为别的某种东西而存在。正义就是让两者的份额都与自然相符。现在所有这些事物都正常发生,经常发生,或者很少发生。因为很少发生的事物是它可能性质产生的必然结果,对它来说没有什么奇怪的。在这方面,并以这种方式,可能存在受控制和约束①,并且针对它们,才有了正义,以便每个可能[存在]按照它的优点来获得其部分存在。

有时,当事物拥有了实现或保存它们自身存在能力的能力以后,天体会用与它们能力相反的方式对这些事物产生作用;而它们也不可能接纳这些相反的形式。同样地,这种事物对天体来说太过无力,以致它不能接受到一个天体对另一个天体所产生的作用。有实际能力的可能事物不可能是实际的,或者因为它们薄弱,或者因为使它们不可能形成的对立面,或者因为其对立面的势力,或者因为与它们相似的外在事物协助它们的对立面,或者因为另外的阻碍,即相反者在其他一些方面阻碍起作用的施动者。

55. 因此,天体可能不会对它们之下的主体采取行动,并且也不对它们之下的主体产生影响。② 那不是由于这些物体内部的困乏,而是由于它们的主体不能够接受天体的行动或帮助并加强它们主体的可能事物之中的另外动因。③ 因为从一开始,可能存在就得到了它们的能力,而且能够自由自在地相互发生作用,它们

---

① 直译为"其事务受统管"(and their affair is governed)。同样,接下来直接用"才有了正义"(and justice proceeds)来代替,而贴近字面的翻译应该是"才有了正义的事务"(and the affair of justice proceeds)。

② 直译为"它们之下的主体并不从它们那里获得一种影响"(and the subjects that are beneath them do not attain an effect from them)。

③ 也就是,加强这些主体以便它们抵抗这些行动并因此而没有接受它们。

可能反对①天体的行动或者反对与它们相似。得到这些能力以后,天体就来援助或阻碍它们。

56. 在这样一些可能物体中,有些物体依其天性而为自身存在,它不为他物所用,且没有任何特殊行动源此而生;而另一些可能物体则会倾向于使一种要么与它们自身相关、要么也与他物相关的特殊行动源此而生;此外,还有一些可能物体会倾向于接受他物的行动。在那种仅为自身且根本不为他物而生的可能物体中,一种从其存在向他物流溢存在的特殊行动就会从其存在中产生出来。伴随这样一些行动,那些源于它们的事物在没有任何阻碍的情况下从其中涌现而出,而它们存在的状态就是那些涌现之物的终极完满,这就像是正在观看状态当中的视觉一样。

当它们处于这样一种存在状态中,即如果它们没有变成比现有存在更好的一种存在,就不会产生出那些本可以从它们中产生出来的东西时,那种状态就是它们的第一完善。对于写作而言,就像是正在睡觉的作者和他警觉时的状态之间的联系,或者相对于这点来说,像他疲倦并因此而休息时的状态和他正在写作时的状态之间的联系一样。

当某物处于终极完善,并且源自它的事物常常是一种行动时,这种行动就不会延期,而且马上就会实现。只有通过外在于它自己的一种阻碍,才能使处在终极完善中的行动延期。这就像用一堵墙来阻碍太阳光线[照射]在某种东西之上一样。那些与质料分离的事物从一开始就通过它们的实体存在于它们的终极完善中。它们当中没有一个会被分为两种状态:存在于第一完善的状态和存在于终极完善的状态。因为要么它们,要么它们的实体都有一些对立面,根本没有任何方式阻碍它们。因

---

① 直译为"相反"(to be contrary to)。

此,它们的行动是不会延期的。

57. 天体通过它们的实体处于终极完善之中。首先从其中涌现出来的行动是完成它们自身的大小、尺寸、形态和它们所有其余不变的部分。其次,来源于它们的行动是它们的运动,而且这种运动是一种[源于]其终极完善的行动。它们之中不存在对立的两方面,它们也不存在外在的相反者。因此,它们的运动不会中止,任何时候都不会。

58. 可能物体有时存在于第一完善之中,有时又存在于终极完善之中。① 加之它们每个都有一个对立面,由于这两个原因或由于其中一个原因,它们的行动会被推迟。对于一个[写作]行为来说,它不来源于一个作者,因为作者要么在睡觉,要么忙于另外的事情,写作的部分那时并未准备好映射于其心灵之上;再者就是因为所有这些[准备]都已完成,而他却受困于某些外在的阻碍。凭借所有这些存在而意欲存在的东西就是为了终极完善而存在。② 一个事物凭其天性来获得其第一完善并不仅是为了以此获取终极完善的一种强制要求——这要么因为第一完善是获得终极完善的一种方式,要么因为第一完善是帮助终极完善的某种东西,③就像是对于一个疲于行动的动物而言,睡觉和休息就是为行动恢复其力量。

59. 但是,由于可能物体的缺陷,在没有源于外在于它们实体的其余另外种类的现有存在的情况下,这些[可能物体]的实体最终也将不足以获得它们的完善。那也就是说,这些可能物体的实

---

① 文本中的两个例证都是复数(kamālāt)。

② 即:因为下句很明显——睡觉,也忙于作某种东西,而且所有适当的写作工具都是为了促成一个事物达到其终极完善的。

③ 照字面上讲,是"因为对它来说是一种方式或者因为它是帮助它的某种东西"。

体只通过它们[可能物体]拥有大小、形态、位置,并且通过它们获取如硬、软、热、冷以及从其余范畴而来的其他性质。用许多这些物体种类,每个种类中的个体由相似的部分组成。它们的形态并没有任何限制,就像诸元素和矿物①一样。而它们的形态也只取决于其动因的行动选择或围绕它们的事物形态。

类似地,这些可能物体除了它们在大小方面没有限制以外,在大小的程度上也是没有限制的。它们的部分有时聚集在一起,有时又分开。当它们(可能存在)中的一些[存在]一起处在同一个地方时,它们便连接起来,而这其中又有一些只是相互接触,并非真正相连。它们的分离和连接不仅取决于一个有限的安排,而且偶然地也取决于使它们在一起和让它们分离的动因。因此,属于每个种类的个体②不一定是彼此孤立的。相反,孤立只是偶然发生的情况,因为即使这种情况以任何巧合的方式在它们之中发生,它们都还是可以获取完满。所以,这些情况在它们之中是同等可能发生的。

60. 属于植物种和动物种的个体天生就是彼此孤立的,而且这种孤立性源于该种独有的存在。因此,这个种的本性就决定了其个体数量的限度。③ 它们每个都是由数量有限的不同部分组成的,而且其每个部分的大小,形态,质,位置和等级都是有限的。正如我们前面已经说过,可能事物的类有存在的等级。

所以,它们之中的最低等级者会协助最高等级者[获取]可能的存在。元素会用三种方式来帮助它们其余的所有部分,这三种

---

① 直译为"矿物体"。

② 这是我的解释,文本不过读解为:"这些种类下面的东西"(what is beneath each of their species)。

③ 这是我的解释,文本只不过读作"因此,它们的个体本质上有一个数量"(therefore, their individuals have a number by nature)。

方式是质料,服务和工具。但是矿物帮助的既不是每个剩余种类,也不会通过每种助益来完成帮助。它们用质料来帮助一种种类,用服务来帮助另外的种类——犹如带来春天涌出的水的山脉一样——用一种工具来帮助另外的种类。植物种类也可能用这三种方式来帮助动物。同样地,非理性动物也会用这三种方式来帮助理性动物。因为一些用质料来帮助,一些用服务来帮助,一些则通过成为一种工具来帮助。

61. 既然可能[物体]之中没有比理性动物更优秀的"属",理性动物也不会用任何方式来帮助比它更优秀的事物。也就是说,凭借理性,它根本不是任何事物的质料——既不是在它之上也不是低于它的任何事物的质料。它也根本不是其他任何事物的一个工具,以其天性来讲,它就根本不会为任何事物服务。

除此之外,在它是理性的范围之内,理性动物给予可能物体的援助和对另外事物的援助是由于理性和愿望,而不是天生的。我们现在将会暂缓提及它。因为有时根据理性,对许多自然事物它执行偶然的服务行动——就像引水,植树,播种,养殖和放牧以及相似的事情一样。

除了为其自身服务以外,理性动物天生不会帮助①任何物种。而且,它既没有对其他任何物类予以帮助,也根本不会通过任何东西来成为另外物种的一种工具。就如我们已经说过的那样,最古老的可能事物为更低种类的事物提供援助。所以,理性动物不会服务或协助任何较低的物种,那是因为它是其形式。

---

① 整个这节,阿尔法拉比都倾向于把理性动物谈作仅仅是最卓越的另外可能事物或物体。因此,这段的最后一句,更贴近字面的翻译应该是"理性动物中没有哪一个服务"。

这就是我们所掌握①的一些"种"提供给另一些"种"的援助。

62. 既然非理性动物仍是动物,它们绝不会成为任何有更多缺陷性事物的质料。正如没有任何动物可以通过其形式而成为植物的质料一样。但是,它们并非不可能[成为]那些缺陷性事物的一种助益或一种工具。事实上,一些动物生来通过将远离于自身的事物分解成元素的方式而为元素服务。例如,有毒动物天生就对其余动物种类怀有敌意,如果后者对其他动物采取敌对行动的话:就像毒蛇,通过向其他种类的动物注入毒液来消灭它们。植物的毒液也类似于此,有时这些仍然是相对的毒液。这类动物为两种事物服务。它本身也作为并不像毒蛇这一类的食肉动物被知晓。当为了依靠其余动物,改善它们的营养,毒蛇便没有毒液。相反,食肉动物天生就对所有动物种类采取敌对行动,并且也一心想吃掉(nullifying)它们。食肉动物掠夺不但是源于天生的敌意,而且还为寻找营养。毒蛇却不是这样。与矿物质一样的矿物不但是元素的质料,但它通过一种工具来协助元素——就像带来流水的山脉一样。

63. 一些动植物只有通过在一个联盟中个别成员彼此聚集在一起,才能够完成它们的必要事务。同其他成员一起,即使彼此仍然是相互孤立的,但每个个体也会获得其必需事物。这些个体只能通过成员之间的彼此聚集才能得到其最佳状态。同其他成员一起,即使彼此仍然是相互孤立的,每个个体也都可以完成对其来说必需的和最优秀的事务;而且,尽管它们聚集在一起,处于聚集之中的一个个体并不能去妨碍属于另一个体的任何事务。但处于同一个聚集中的成员,也可以妨碍另一个成员去完成其必需性事务和最优秀事务。因此,涉及它们所有的事务,甚至是生

---

① 直译为"这个应该从我们那得到理解"。

殖,就像许多海洋动物一样,一些物种的个体总是自我彼此孤立。而除单独生殖以外,其中一些不会彼此孤立。其他的也不会与所发生的大部分事物孤立——就像蚂蚁、蜜蜂和除了这两种以外的许多其他物种,比如成群结队地喂养和飞行的鸟类。

第二部分 政治世界

一 人类共同体的划分

一、完美的和有缺陷的共同体

64. 人属于这样一"种"：在单个的居住地中，除非很多群体联合起来，否则他们就无法完成其必要事务，也无法获得最佳的状态。有些人类联合体很大，有些是中型的，还有些是小型的。大型联合体是由相互联合和相互协作的民族所组成的联合体，中型联合体就是民族，小联合体则是城邦所环绕的联合体。这三种联合是完美的联合体。

因此城邦代表着第一等的完美。而村庄、小区、街道和家庭中的联合是不完美的联合。其中最不完美的是家庭中的联合，它是街道联合的一部分，后者又是市区联合的一部分，而市区联合又是[城邦]公民联合的一部分。市区和村庄中的联合都是为了城邦[而存在的]。但是它们也有区别，市区是城邦的一部分，而村庄只服务于城邦。公民联合是民族的一个部分，民族又分成一些城邦。绝对完满的联合体分成一些民族。

二、民族之间如何相互区分

65. 民族与民族之间的区分凭借的是两种天然事物以及某种俗成的事物，前两种天然事物是天然气质和天然品格，而后一种约定俗成、但在自然事物中却有根基的事物则是习语，人们用来表达的语言。结果有的民族大，有的民族小。

民族在这两方面有众多区别的首要自然原因,在于[各种各样的]事物。其中一种就是他们头顶所对应的第一层天体的部分有所不同,因此其所对应固定不变的行星也就不同。接下来,从地球上不同的地方所趋向于的星体就有所不同,对他们来说,与星体的位置和远近就有区别。从这一点又产生了各民族聚居地在地球上不同位置之间的区别。从一开始,这种区别就来自他们头顶所对应的第一层天体部分、所对应的固定行星、所对应的倾斜星体的位置的不同。

66. 地球上不同的区域,必然从大地中所升腾起不一样的汽雾。由于每一种汽雾都是从某种土壤里升腾起来的,它就与那种土壤同类。由汽雾的不同,产生了空气和水的不同,这是因为每一个国家的水都源自地下汽雾,而每一个国家的空气又与土壤中形成的汽雾相混合。同样的道理,〔每一个国家的〕空气和水的区别,来自它所朝向的不同的固定行星范围和不同的第一天体,还来自其所趋向的星体位置的不同。

从所有这些区别又产生了植物和无理性动物种类的不同,结果民族间就有了不同的饮食。由饮食的不同,产生了物料和庄稼的不同,从这些不同中[各民族的]人们成了得以继承先者的人。然后又从这一点产生了天然气质和天然品格的不同。而且头上天空的不同也以与前文所述不同的方式引致了他们在气质和品格中更深刻的不同。同样,不同的空气也以不同于前述的方式引致了气质和品格的区别。

67. 尤有甚者,这些区别的配合和组合又发展出了不同的混合体,促成了民族气质和品格的差异。在这种方式和方向上,这些自然事物合为一体,相互联系,并形成了关于这些混合物的一套等级秩序。这就是天体促进其完美的范围。余下的那些完美不是天体带来的,而是"能动理智"带来的,①而且"能动理智"并不把现有的完美带给别的种属,而只带给人。

二 能动理智与人类的幸福

一、能动理智、天体与意愿

68. "能动理智"在把〔这些完满〕带给人的时候,其方式相同。首先能动理智给人一种能力(faculty)和一项法则,有了这些东西,人就会自愿地寻求或能够凭借自身去寻求余下的完满。那项法则是在灵魂的理性部分中所获得的原初知识(primary knowledge)和首要理智对象。但只有在人首先发展出了灵魂的感知部分,并依附于感知而形成了关于渴求和厌恶的欲望部分,且这两种能力的工具也在身体的相应部分养成过后,能动理智才会给人这类知识和这种理智对象。而后通过感知部分和欲望部分,意愿才产生出来

二、意愿与选择

69. 意愿一开始无非就是从感觉而来的一种渴求,渴求通过灵魂的欲望部分而发生,感觉则通过感知部分而发生,而通过发展出灵魂中的想象部分和依附于它的渴求,第二种意愿随第一种意愿发展而来。所以,这种意愿是一种产生于想象〔的行动〕的欲望。这两种意愿发展出来后,从理性部分的能动理智中获取原初知识,就是可能的了。

在这点上,第三种意愿在人身上就开发出来了,这种渴望来自理性,被特别地称为"选择"。这种选择本来就属于人,而不属

---

① 另参亚里士多德《论灵魂》(*De Anima*),iii. 5。阿尔法拉比在本文开头处就解释了"能动的理智"。

于所有其他动物。由于它,人就能够做一些他认为值得赞美或责备的、高贵的和低贱的事情。因为它,也就有了奖赏和惩罚。(而前两种意愿可以存在于无理性的动物身上。)而当这[第三意愿]在人身上发展出来后,它就能使人去寻求或不去寻求幸福,去做好的或坏的、高贵的或下贱的事情,就在于这些东西在他能力范围之内。

三、幸福

70. 幸福是无条件的善。对获得幸福有用的任何事物,或由之就能获得幸福的任何东西,也都是善的。这种善不仅是由于这些事物本身是善的,而且由于这些事物对幸福来说有益。以任何方式妨碍幸福之路的任何东西,都是无条件的恶。对获得幸福是有益的那种善,也许是某种天然存在着的事物,也许是由意愿所形成的事物。而妨碍幸福之路的恶,也会是某种天然存在着的事物,或者是由意愿所形成的事物。

天然的事物是天体所赐予的,但这并不是因为天体有意要襄助能动理智去实现它的目的,或者有意阻挠它去实现目的。因为天体赐予的那些有助于能动理智的事物,它们并不是带着襄助能动理智之意图来帮助能动理智的。同样,由天体而来的妨碍能动理智目的的自然之物,也不是有意要阻挠它。毋宁说,天体的实体给予的所有东西,都是物体本质上的可接受的性质,而不与它们是否有助于或有碍于"能动理智"的目的相关。所以,在从天体处所获取的所有事物之中,可能有时包含对"能动理智"有利的事物,其他时候则包含与其相对立的事物。

四、自愿的善与恶

71. 自愿的善与自愿的恶,换言之即是高贵和低贱,它们本来就根源于人。自愿的善只通过一种方式才得以产生。那是因为人的灵魂有五种能力：理论理性[能力]、实践理性[能力]、欲望[能力]、想象[能力]和感知[能力]。只有人能理解和意识到幸福是由理论理性能力所获得，而不是由余下的任何能力所获得。当人把能动理智用于他的第一类法则和原初知识时，他才能理解幸福。

当他认识到幸福时，他才会通过欲望能力欲求幸福，通过实践理性[能力]去熟虑应当以什么样的行为获得幸福，用欲望[能力]为手段去做他深思熟虑后发现的事，而他的想象[能力]和感知[能力]也才会襄助并服从理性[能力]，帮助理性[能力]鼓励人去做能获得幸福的那些事情，此时，根源于人的每样东西才会是善的。也只有以这种方式，自愿的善才得以产生。

72. 至于说自愿的恶，我下面会讲到它的发端方式。想象[能力]和欲望[能力]都认识不到幸福。甚至理性[能力]也不是在每一状况下都能认识到幸福。只有当理性能力努力去理解幸福的时候，它才能够认识到幸福。因此，在这个领域，人就有了很多能够想象的东西，人们想象着什么应当成为生命的目的和目标，比如想象着快乐、好处、荣誉，以及诸如此类的各种事物。

当人忽视了提高他的理论理性部分，他就不会认识到幸福，也不会渴求幸福，却把幸福以外的东西——如有益的东西、快乐的东西、统治、荣耀——当作是生命所追求的目的，以欲望[能力]去渴求这样一个目标，用实践理性能力去仔细思考以发现什么能让他获得这个目标，用欲望能力为手段去做他所发现的事，并且辅之以想象和感知的[能力]，那么，根源于他的每样东西也都是恶的。

相似地，当人们理解并懂得了幸福，却不把幸福当作生命的目标和目的,不去渴求它,或者只有微弱的愿望要得到它,把幸福之外的东西当作了他生命所追求的目的,并且用各种能力去获得那个目的,那么根源于他的每样东西也都是恶的。

五、人类幸福的获得

73. 既然人的存在就意在获得幸福,幸福作为终极的完善,仍然会赐予有能力接受它的可能①存在物,那么就有必要谈谈人能获得这种幸福的方式。可以说,只有当能动理智首先给予了构成原初知识的首要的理智对象时,人才能获得幸福。然而,并不是每个人都天生就具有接受首要理智对象的倾向,因为个体的人天生就具有不平等的能力(powers)和不同的[思想]准备。有的人天生就不能接受任何首要的理智对象。有的人,比如疯子,虽接受这些东西,但并不是真正地接受。还有一些人是真正地接受。最后一种人就具有健全完整的人类的本性,也只有这些人,而非其他人,才有能力获得幸福。

74. ② 那些拥有人类完整本性的人,都分享一个共同的天性,这个天性驱使他们接受他们共享的理智对象,他们也靠那些理智对象去努力争取他们所有人都共有的质料和行动。而居于其后的人则就此分道扬镳并产生区别,从而在他们之中形成了一种为他们每一个人和每一个宗派提供特殊性的本质。所以,他们中的一个人倾向于接受那些不共有而是有着特别质地的可理解物,他通过这些可理解物去争取另外的种属。另一个人则倾向于接受其他适合应用于另外种属的可理解物,没有任何人能够成为他的伙伴,共享对他来说才是极其特别的任何东西。一个人倾向于接

---

① 与那种并不是由他物引起的"必然的"存在物相区分。这里指的是人这一类存在物。

② [译按]第74-77节据巴特沃斯译本补译。

受很多在某个种属中适合一个东西的可理解物,而另一个人则倾向于接受那些在那个种属中适合每一种东西的可理解物。

相似的,他们在自己推导事务的能力方面,即涉及某个属用以认识该属的能力方面,也会有所不同并产生变化,结果就某个种属来说,那些事务就是靠推导来感知的。由此,并非不可能的是,两个[人]虽然被给予了同样适合于某个属的理智对象,但其中一个自然而然地用那些理智对象却针对那个种属推导出更少的东西,而另一个人自然而然地有能力在那个种属中推导出一切东西来。相似地,两个[人]虽然可能拥有同等的能力推导出完全相同的东西,但其中一人在推导时更迅捷,而另一个人则更迟缓,或者说,其中一人在推导那个种属中什么是最优秀的东西时,会更快捷,而另一个人在推导那个种属中什么是最可鄙的东西时,会更迅速。也可能有两个[人]有着同等的能力来推导,速度也相同,但其中一人另外还有能力去指导其他人,用他已经推导出来的东西去教导别人,而另一个①则没有能力去指导或教导。相似地,他们在身体行动方面的能力也许是相等的。

75. 由自然而来的天性并不强迫每个人或让每个人必须去做推导。相反,这些天性仅仅使他们去做那些他们天然就喜欢去做的事情时,变得更加容易。而且,当一个人任由自己的感情行事,没有外在的东西把他移向感情的对立面,那么,他就是被激发着去做那些据说他天性中就要做的事情。当某个外在的移动者把他移向那些事情的对立面,他也会被激发着走向感情的对立面——但这个过程会伴随着灾祸、痛苦和困难,而这个过程对于那些他已经习惯的事情是很容易发生的。对于那些认为某事乃

---

① 直译为"它们中的某个"或"它们中的一个"。出于某种原因,一个人与另一个人的比较现在就消失不见了。

是自然的人来说,可能不利于产生一种将他们从被创造的目标转移开来的改变;的确,对他们中的很多人来说,那是不可能的。那是因为他们的大脑从一出生就患上了某种疾病,患上了一种天然的慢性病。

76. 除了天性使然的事物之外,所有的本性都需要意志的训练,同时也需要在他们借以实现终极完满或接近终极完善的事项中得到一种引导。在某一个种族中,很可能有很多非凡而杰出的天性被忽视了,并且这些天性也没有在他们天然就倾向于的事物中受到训练或教育。所以,时过境迁,他们的力量变得空荡荡了。而且他们中的某些人还会在那个种属中接受很可鄙的事情的训练。这样一来,他们在行动上以及在从那个种属中推导出可鄙的东西方面,就显得非比寻常。

77. 人天然等级的变化与其天然朝向的各类技艺和知识的等级变化是相应的。因此,那些在天性上就倾向于某种[技艺和科学]的人,也会根据那部分的变化而变化。因为那些倾向于那种[技艺和科学]更为可鄙部分的人,就低于那些倾向于更优秀部分的人。因此,那些天然倾向于某种[技艺和科学]或其部分的人,也会根据[他们]所倾向东西的完美程度或欠缺程度而有所变化。

那么,具有同等天性的人,后来就会因为在他们所倾向的东西中所受到的教育的变化而变化。那些受过同等教育的人,会根据他们在推导方面的变化而变化。因为,有能力在那种[技艺和知识上]进行推导的人,就是那些没有能力在那种[技艺和知识]进行推导的人的统治者。而且那种有能力推导出更多东西的人,就是那些有能力但只会推导出更少东西的人的统治者。

因此,推导出更少东西的人就会因他们的能力、在教育中的收获以及受指导和教导的好坏程度的变化而变化。因为,那种有能力进行好的指导和教导的人，就是那些没有能力进行指导的人的统治者。此外，那些在某个[技艺和科学]方面拥有更多匮乏而非天资卓越的人，一旦受到那一方面的教育，会比那些虽具有非凡天性却没有在那一方面受到任何教育的居民更为优秀。那些在那种[技艺和科学方面]受过最卓越教育的人，就是那些在那种[技艺和科学方面]受过最低劣教育的人的统治者。

所以，一个人如果在某种[技艺和科学]方面具有非凡的天性，又在他天然就倾向的一切事情上受到一切与此相关的教育，那么他即是在那种[技艺和知识]方面不具有非凡天性的人的统治者，而且也是那种虽在那个[技艺和科学]方面也有非凡天性，却没有受到过教育或者仅在那种[技艺和科学中]某些微不足道的事情上受过教育的人的统治者。

三　不同种类的统治者或幸福的向导

一、对统治者的需求和统治权的资格

78. 既然人的存在旨在获得至高的幸福，那么为了得到它，人就需要懂得什么是幸福，并把幸福当作一个置于眼前的目标。且在那之后，人还需要知道为了凭借自己获得幸福而应做的事情，并付诸行动。

有鉴于前面所说的个体的人在本性上的差别，并不是每一个人仅凭其内在天性就能了解幸福，或者了解他应该做的事情，所以需要一位老师和引导者来帮助获得这个目的。有些人基本上不需要引导，其他人则需要大量的引导。另外，即便有人受到引导去追求这两方面〔即，幸福以及产生幸福的行动〕，由于缺乏外在的刺激来引发他必然要去做别人所教的和所引导的事情，他也不会去追求幸福。这就是大多数人的样子。因此，他们

需要有人帮他们搞清楚这一切,并引发他们去追求幸福并完成应做之事。

并不是每个人都有能力引导他人,也不是每一个人都有能力引发他人去做这些事情。那种不具备能力引发他人去干随便什么事情的人,也没有能力从中利用他人,而只有一直都干着别人引导他去干的事情的能力,这种人绝不是任何事情的管理者,而总是被一切事情控制着。而那种有能力引导他人去做某件事的人,也有能力激发他人去做并从中利用他人,在那方面就是那些不能独立地做事、但在指导和引引下[可以]去做此事的人的统治者。一个人有能力引发别人去做他所被指引要去做的事,并在这件事的完成过程中利用别人,这种人是他人的统治者,并被其他人所统治。这样的话,这个统治者可能会是第一统治者,也可能是次级统治者。次级统治者是那种臣服于某个人,并反过来统治他人的人。这两种统治形式可以统一于一种形式〔的技艺〕中,比如农事、贸易或医疗,这两种统治形式或许也可以涉及所有的人类〔的技艺和知识〕。

二、第一统治者

79. 无条件的第一统治者是那种在任何事情上都不需要他人来统治他的人,他实际上已经获得了每一种知识,[因而在]任何事情上都无需获得他人的指导。他能够很好地理解他应做的每一件事,能够很好地指导他人去做他所指导的事,也能够利用所有他人去完成他天生所倾向的行动,并且能够决断、规定和指挥那些通向幸福的行动。

这只能在那种具备了大量出众的天性的人身上才会发生,而且只有他的灵魂已经和能动理智相连时才能实现。而这个天性出众的居民只能首先获得被动理智,然后才获得所有的"获得"理智,通过获取这种获得[理智],他才能够与《论灵魂》(On the Soul)中所述的"能动理智"联结起来。

80. 据祖先说，这个人便是真正的君主，而且应该说他是受到了启示的人。因为只有当他获得这个品级，并且在他和能动理智之间不再有代理物，他才会受到启示。这就像是被动理智要作为获得理智的质料和基础，而获得理智又像能动理智的质料和基础。然后，那种让人懂得如何去界定事物和行为，并指导人去追求幸福的能力，才会从能动理智流溢到了受动理智之中。

从能动理智生发出被动理智，要通过后天智慧的动因，接着生发的就是启示。由于能动理智是从第一因的存在中流溢出来的，由此可说通过能动理智带给这个君主的，正是第一因。这个人的统治是最高的统治，其他所有人的统治[术]都次于它，且由它而来。这是显而易见的。

三、受第一统治者统治的人

81. 受这种统治者的统治所管辖的人，是高尚的、善的和幸福的人。如果他们组建了一个民族，那么这个民族也是高尚的民族。如果他们在一个居住地之中联合起来了，并且把所有臣服于这种统治的人都聚集在那个居住地，那个居住地就是高尚的城邦。而如果他们没有在同一个居住地联合起来，而是分散地生活在那种居民受着这种统治之外的统治术管辖的居住地，那么这些高尚的人在这些居住地中就成了外乡人。他们如此分散而居，要么是因为他们偏巧还没有发现一个可以由之联合起来的城邦，要么由于他们虽然已经联合在城邦之中，但由于某些灾害——比如敌人的攻击、瘟疫、庄稼歉收等等，他们被迫分散而居。

四、下级统治者的区别

82. 如果这样一群君主恰巧某个时候在同一城邦之中、在同一民族之中，或在很多个民族之中形成了一个联合，那么这群人的联合大体上可以说是类似于一位君主,因为他们事业与共、目标一致、意见相投,且生活方式如一。如果他们在时间上前后相继,他们的灵魂大体上会像是同一个灵魂,后者将会遵从前者的生活方式继续进行下去,而生者也会遵从已逝者的生活方式继续进行下去。正如对于他们中每个人来说,如果他认为以前某个时候所制定的律法在另一时刻应当对其做出更改更为适合,那么他可以更改此前他所立下的律法。所以,许多继逝者之后的生者,也可以同样地变更逝者所制定的律法,因为如果逝者能够注意到新情况,他也必定会对此前制定的律法进行变更。但如果恰巧不存在一个具有这些资格的人,那么他们就只得采用以前所定的律法,将其写定成文并加以维护,然后用它来管理城邦。根据过去从伊玛目(imam)那里接过来的成文律法来管理城邦的统治者,就是合法的(sunnah)君主。

四 获得幸福需要什么

一、城邦中产生的真正幸福

83. 当城邦的每个公民都做着别人交给他的事情——要么是自己认识到的,要么受统治者指导和引发而去做的事情,公民的灵魂通过这些指导和引发,也获得良好的状态。比如,持久的正确书写将使一个人获得优美的书写技艺——这也是灵魂的一种资质。而这个人写得越多,他的写作技艺就越强大,他的灵魂在这种资质之中也就越能体会到更大的快乐,他的灵魂在那种状态中的愉悦也就越强烈。相似的,借以获得幸福的那些行为也是如此,会强化灵魂中天然就是为了幸福的那个部分,由灵魂的这部分获得的完美所产生的能力,足以使灵魂在无需任何质料的情况下,使灵魂的这个部分外化,并不断完善它。这样一来,由于已经摆脱了质料,灵魂就不会为质料的破坏而毁灭,因为灵魂在获得幸福的时候,不再需要质料来运用这种能力,或者其存在就无需任何质料。

84. 显然,城邦的居民所获得的幸福在质和量上都有所不同,这与他们在公民活动中所获得完美性的不同相互一致。甚于这种不同,他们所获得的快乐也有高低之别。因为当灵魂脱离了质料而成为一种无形的存在,灵魂就不再臣服于形体所具有的种种偶性。所以不能用运动或静止来述说它,而应使用那些用于不具有形体的事物的言辞来述说它。一切将灵魂降至形体层面作为形体来描述的[概念],对那些分离的灵魂而言都应被否定。理解和形成这种情形的概念是极其困难和非常规的,[人们]很难以一种既不是实体也不在实体中的方式形成一种物质的概念。

85. 随着他们这群人的去世,他们的肉体坏灭了,他们的灵魂却得到了拯救,也获得了幸福。他们的位置为城邦中的后来人继承接替了,后来人也做着他们的事情,这些人的灵魂也会得救。当后来者的肉身坏灭时,他们就进入已逝的前人优越的品级之中,并与前者融为一体,就像无形的事物融为一体那样,他们同这群独一无二的人的相似灵魂的结合。同类的分离灵魂在数量上增加得越多、相互联合得越多,每一个灵魂所感受到的快乐也就越大。每当后来者加入其中,他们都会由于遇到先行者而感受到更大的快乐,就像前面的人在与后来者联合中的快乐越大一样。因为每一个灵魂此时都会在智思自身之外,还要去智思其他许多同类的灵魂。每一个灵魂都会智思更多的灵魂,因为后来者也要加入到已逝者中去。因此最为古老的灵魂所感受到的快乐会继续无限地增长。这就是他们每一群人的情况。

因而,这就是真正的和最高的幸福,也是"能动的理智"的目的之所在。

二、城邦形成坏的行为时会发生什么

86. 当某一城邦的居民所做的事情不会导向幸福,他们就会由此获得败坏的灵魂资质。这就像是书写行为,不合宜的书写使一个人的书写变得败坏。与此相似,任何技艺不合宜的行为,都会使他们的灵魂获得败坏的资质。结果他们的灵魂就会变得病态,甚至,他们会在通过其活动所获得的灵魂资质里感到愉悦,正如因为感官的败坏身体有病的人——比如患病发热的人——会喜欢苦的东西,还甘之如饴,又在甜蜜的东西上遭受到痛苦,对他们的味觉来说似乎是苦的。同样的,因为其想象力的败坏,灵魂生了病的人也会满意于败坏的状态。而且正像有些生了病的人感觉不到斯人有斯疾,甚至认为自己通体舒泰,这样的病人根本就不会听从医生的建议。与此相类,灵魂有病的人感觉不到自己的疾患,甚至还认为自己是高尚的,有着健全的灵魂,他根本就不会听从指导者、教师或矫正者的话。这样一些人的灵魂仍然束缚在质料上,达不到能够与质料相分离的完满状态,结果当质料不存在时,他们也就不存在了。

三、城邦与宇宙在等级和秩序上的相似

87. 城邦居民在统治和服务的等级次序中有高下之分,这种区分根据的是他们的本性和受教形成的品质习性。第一统治者会依据每个群体及个人的功绩安排其等级,也就是说,他使这些群体或个人要么在服务行业里、要么在统治等级中各安其位。因此,会有某些次序品级与统治者的位置相近,其他的则稍远一点,还有其他的就离得更远了。这就会是统治的等级次序:从最高的统治等级次序开始,逐级下降,直到恭顺的次序品级,全无一丁点儿统治的成分,在其之下再也没有任何次序品级了。

排定这些品级之后,如果这位第一统治者想要发布一道命令,他想吩咐城邦的公民或他们中的某一群人去做这件事,并激发大家去做,他会把这件事通知给品级离他最近的人,然后这些人又会把它传递给下属,照此下去,直到它落到被指派去执行这件事的人手中。于是城邦的各个部分就如此连结并相互协调起来,并通过人们之间的高低级别而井然有序。这样一来,城邦就变得与自然物相似,其中的等级次序也相似于自然物的等级次序,始于"第一",终于基本质料和成分。它们连结和融为一体的方式,也相似于自然物连结和融为一体的方式。城邦的君主就会像"第一因",乃是所有其他存在物存在的原因。

然后,存在物的等级次序不断下降,这之中的每一个都是统治者和被统治者,直降到那些不具有任何统治的成分,而只能恭顺服从,并总是为了他人的利益而活着的可能的存在物——即基本的质料和成分。

四、去除自然的和自愿的恶以获得幸福的必要性

88. 幸福,只能通过从城邦和民族中消除恶来获得——不仅是自愿的恶,还包括天然的恶,通过去除这些恶才能获得所有的善,既包括天然的善,也包括自愿的善。城邦统治者,即君主的作用,是要把城邦管理成这样:城邦的所有部分都连结并融为一体,如此井然有序以让公民相互协作,消除恶并获得善。此外,城邦的统治者应该研究天体所赐予的每一件事物。任何可以在获得幸福时提供协助或以某种方式适当或以某种方式有用的东西,他都应该保留,并予以强调;他还应该努力把那些有害的东西转化成有用的,并且应该把不能转化成有用的那些东西毁掉,或降低其作用。一般说来,统治者应该设法消灭所有的恶,并引入所有的善。

高尚城邦的每一个居民,都需要知道存在物的最高法则、它们的等级次序、幸福、高尚城邦的最高统治权,以及统治中的等级

次序。然后,还需要知道具体指定的行动,这些行动一旦付诸实施,就会导向获得幸福。不仅仅是要知道这些行动,还应该付诸实施,还应指导城邦的公民去干这些事情。

89. 存在物的法则、它们的等级次序、幸福、高尚城邦的统治权,一个人要么在形成相关的概念中去思维它们,要么只能通过想象[了解]它们。形成关于这些事物的概念,就是把它们真正的本质铭刻在人的灵魂里。想象它们,就是在人的灵魂中铭刻下它们的形象、它们的表象或摹仿它们的那些质料。这类似于有形物体——比如说人——身上所发生的。我们看到他本人,我们看到他的表象,我们看到他在水中或其他反射物中的倒影,而且我们还看到他在水中和其他反射物中的表象之形象。我们看到他本人,就像智慧对存在物法则的认识、对幸福等等之类的认识。而我们看到他在水中的倒影,以及我们看到他的表象,就像是想象,因为我们看到他的表象,或者我们看到他在镜中的影像,就是看到了他的一种摹本。类似的,我们想象那些东西,实际上是在认识作为其摹本的那些质料,而不是对它们本身的认识。

90. 无论是出于本性还是习性,大多数人都没有能力理解这些事物,或形成关于这些[事物]的概念。这样的[人]就需要一种映像,也就是需要通过以具体事物摹仿再现存在物的法则及其等级次序、能动理智以及最高统治者[,如此才能理解这些事物]。

尽管这些事物的意义和本质是唯一的且不可变,但摹仿它们的质料却是多种多样的。有些摹仿得更接近其本质,而其余的摹仿则较之前一种更远离本质。这就正如观看有形物的情况一样:在水中看到一个人的映像,比在水中看到一个人塑像的映像离真实的人更近。因此,非常可能的情况是,这些事物通过质料摹仿再现给一个宗派或一个民族的摹本,会不同于它们经由另外的质料摹仿再现给其他宗派和民族的摹本。

于是，高尚民族和高尚城邦的宗教就可能各不相同，尽管它们都追求同样的幸福。因为宗教不过是铭刻在灵魂中的这些东西的印记，或者这些形象的印记。因为大众就靠自己，是难于理解这些东西的本质的，所以过去就有人尝试过用其他办法来教给他们这些东西，这就是摹仿的办法。由此，这些事物就经由每一宗派、每一个民族最了解的事物，为每一群人或每一个民族而摹仿。而且很可能对一个民族来说是最了解的东西，对另一个民族来说就不会是最了解的。

大多数力求幸福的人，追求的都是一种想象中的而不是认知到的幸福。与此相似，为大多数人所接受的法则，就像他们所接受并遵循以及赞美并视为崇高的东西那样，都是那种影像的形式，而不是认识的形式。因而，那些按照其认识来追求幸福，并按其认识来接受那些法则的人，才是有智慧的人。反之，这些事物在其灵魂中以想象的形式出现，且照此接受并追求幸福的人，乃是信徒。

91. 通过不同的质料，这些事物的摹本也有高低的不同：有些在想象中是较好的、较完美的，而其他的则不那么完美；有些离真理更近，其他的则更加远离真理。有些东西中的可争论之处不多，或者可以忽略不计，或者很难反驳，而另一些摹本可争论之处就多得很，或者不堪一击，或者很容易反驳并被予以拒斥。

通过想象呈现给居民的摹本还会成为不同层次的质料，而除却它们彼此间的不同，它们作为质料时相互之间也能相互联系：也就是说，这些摹本在这儿成为去摹仿再现那些本质事物的质料，其他的事物又作为第二层次的质料来模仿前一种质料，同时又会有第三层的质料来摹仿第二种质料。或者可以说，各种各样不同层次的质料都摹仿着那些事物（即存在物的准则、幸福及其等级），它们在摹仿中都被同等地视为质料。

如果,这些质料与摹本在层次上不相上下,或者只有很少的甚或可忽略不计的争议之处,那么就可以使用所有这些或任一摹本作为质料来摹仿善。但如果这些摹本参差不齐,那就应该选择最完美的摹本,或者要么完全没有可争论之处的,要么几乎没有可争论之处或者可忽略不计的摹本,因此,[才能够]选择与真理更近的摹本,并抛弃除此之外的所有其他摹本。

五 不同种类的城邦

一、与高尚城邦相对的城邦

92. 高尚城邦的对立面是:[a]愚昧城邦、[b]不道德城邦,以及[c]有罪城邦,然后还有[d]高尚城邦中的杂质。所谓杂质,就像小麦中的毒麦、庄稼中的荆棘,或者像其他对庄稼或植物无用甚或有害的杂草。那么,[卓越城邦中的杂质]就是那些本性残忍的人。他们既不是政治性的存在物,也永远不能组成一个公民联合。他们中的某些人就像家养的兽类,而另一些人则像野兽,后一种人中也有些就像掠夺成性的野兽。

因此,他们有些人孤绝地分居在荒野中,其他则像活跃的掠食性野兽那样聚居在一起,还有些人住在靠城邦很近的地方。有些只吃生肉,其他的则嚼野菜,还有些人像野兽那样捕食猎物。要么是遥远的北方,要么是遥远的南方,总之,在地球上有人居住的极地总是都可以找到这些人。必须把他们当动物来对待。应该把他们中那些群居且在某种程度上对城邦有用的人放在一边,奴役他们,并像使用负重的牲畜那样利用他们。对于那些毫无用处甚或有害的人,应该像对所有其他有害的动物那样对待他们。同样的道理也适用于城邦居民的那些证明有兽性的孩子。

二、愚昧城邦的不同范畴

93. 至于说愚昧城邦的居民,他们也是政治性的存在物。他们的城邦和他们的公民联合有很多种,包括(1)必不可少的(indispensable)共同体(或城邦),(2)邪恶城邦中邪恶之人的共同体,(3)下贱城邦中下贱之人的共同体,(4)荣誉至上城邦中荣誉至上的共同体,(5)僭政城邦中的僭主共同体,(6)民主城邦和自由城邦中的自由共同体。

[2a. 必需的城邦]

94. 必需的城邦或必需的联合体,会产生协作,并以此获得最低限度的生活必需品以及身体的安全为保证。有很多方法获得这些东西,比如农事、畜牧、狩猎、偷盗等等。狩猎和偷盗两种方法可以是诡谲隐蔽的,也可以是全然公开的。有些必需的城邦拥有全部这些技艺,可以获得最低限度的必需品。其他城邦获得最低限度必需品的办法却只有一种,比如仅有农事或者某种其他办法。

这种城邦的居民认为,最高尚的人就是精于谋略、善于经营并有许多得当方法可以使他们以此获得最低限度必需品的人。他们的统治者就是那种能够在利用他们获得必不可少的东西时,管理得当且能熟练利用他们的人。统治者能够把他们管理得很好,是为了给他们保存这些必不可少的东西,或者慷慨大方地用自己的财产向他们提供这些东西。

[2b. 财权政体下的城邦]

95. 腐化城邦或腐化居民的联合,其成员相互协作以获得财富和财产,对必不可少的东西或者其金币和金钱[①]的等价物来说,

---

① 阿尔法拉比说的是 dirhem 和 dinar。

实是过多的财产,以及去获得超出其需要的积攒,而且除了对财富的热爱和贪婪外,别无其他原因。(2)除了肉体生活所必需的,他们避免花费任何一点财富。他们这样干,要么竭尽一切获取的手段,要么寻求那个民族的其他类似的有效手段。

他们认为,最高尚的人就是最富有的人,以及在获得财富上最有手腕的人。他们的统治者是那种能够管好他们,引导他们去获取财富,并一直保持富有的人。他们通过一切用以获得最低限度必需品的办法,来获得财富,也就是农事、畜牧、狩猎和抢掠,也通过商业、租赁之类的自愿交易来获得财富。

[2c. 享乐主义的城邦]

96. 淫逸城邦或淫逸联合体中的居民,相互协作以享要感官或想象所带来的愉悦——如通过游戏和戏谑所带来的愉悦——有时,他们还兼而追求这两者,并同时追求饮食男女所带来的愉悦。他们在这些愉悦之中追求着极致的愉悦,然而这并不是为了通过此种方式维持身体或获得在某体方式上对身体有益的东西,他们只是为了快乐。他们游戏戏谑的原因也同样如此。

愚昧城邦的居民把这种城邦视为幸福的和让人羡慕的城邦。因为他们只有在获得最低限度的必需品和获得财富之后,以及只有通过大量花销[以享乐]之后,才能获得这种城邦的目标。任谁拥有更多的游戏和找乐子的办法,他们就视之为最好的、最幸福的和最令人羡慕的人。

[2d. 荣誉政体下的城邦]

97. 在荣誉至上的城邦或[追求]荣誉的联合中,居民们相互援助的目的是要在言语和行为上得到荣誉:也就是说,他们要么在其他城邦居民处得到荣誉,要么通过本邦中的一些居民荣耀其他居民而得到荣誉。在其他邦民处获取的荣誉则可能是同等的荣誉,也可能是不同等的荣誉。

同等荣誉的交换比较简单,就是某人曾经在某个时候给予过别人某种荣誉,后者在另一个时候投桃报李,在他们眼中,这两种荣誉具有相等的价值。不平等荣誉的交换,来自曾给予过别人某种荣誉,而后者回报前者一种比其所赋予的形式具有更大的权力的另一种形式的荣誉。不平等荣誉的交换所获得的收益,都是双方中的一个人授予另一个人某种范围内的荣誉者,前后又得到了后者更大荣誉的回报,这种更大荣誉的收益正符合于后者通过第一种荣誉所获取到的价值。

98. 在愚昧城邦居民的眼中,值得称赞的并不是德性,而是[i]财富、[ii]为彼此提供戏谑和游戏的法子以及获得最多戏谑游戏[的能力]、[iii]获得最多的生活必需品(此时有人为他仆役,而且他所需要的所有东西都十分充足),或[iv]人的有用性,即在这三方面对别人都有好处。[v]此外还有一件东西为愚昧城邦的大多数公民所热衷,那就是统治权。因为谁获得了它,谁就为大多数人羡慕。

因此,这在愚昧城邦中也应被视为一种值得赞许的事。因为在他们眼中,人们必会由之得到尊荣的最高级别的东西,就是他在获得对一两件或更多东西的统治权〔即,优越性〕时所带来的名声。若要不被别人统治,就得要么本人强大,要么其支持者人多势众,要么两者兼有;而人应当要免受他人之害,同样也不应随意使他人受到损害。所以,在他们眼中,人由统治权而获得荣誉应当是获得愉悦的一种条件。一个人在这方面越高尚,他就应获得越多的荣誉。

再者,[vi]愚昧城邦居民还会称赞一个拥有高贵血统的人。对他们来说,这种高贵的血统可以追溯到其先辈的某件具体的事上,也就是说,此人的父辈和祖辈要么有钱有势、极其偏爱快乐并拥有很多娱乐的办法、曾支配过大量的事物并在这些方面对他人——某一群人或城邦中的居民——有益,要么喜好过搞到这些东西的手段,他们以此获得高贵和延续,甚至以此貌视死亡,所有这些都是统治的法门。

99. 另一方面,受到不平等荣誉的回报,有时却是由于外在的财产,而有时荣誉本身也是回报的原因,结果那个开头尊荣别人的人,因此也向别人报以荣誉,就像市场交易中的情形。因此,在愚昧城邦居民的眼中,应得更多荣誉的人统治荣誉少的人。这种递进持续不断地上升,直到城邦中那个比谁的荣誉都多的人为止。于是,这种人就是城邦的统治者和君主。由于他有这种职位,就应该比所有其他人的荣誉都更多。我们现在就把他们认为的荣誉的基础列举完了。

100. 根据他们这样的看法,如果荣誉仅仅建立在出身高贵的基础上,统治者的出身就比其他人高贵。而且根据他们的看法,如果荣誉仅仅建立在财富的基础上,情况也类似。接下来,人就根据其财富和出身而区分开来,并被赋予次序品级。而且谁既缺财富,祖上又不显赫,就无权要求任何统治权威或荣誉。这就像是,那些在某人的能力范围中值得赞誉的好事情,在荣誉的统治者处不过是最简陋卑微的事情。也就是说,统治者如果在城邦居民获取财富或快乐的方面对他们有所助益,又达到使其他人尊荣城邦居民的目标,或在城邦居民所欲求的其他事情上满足了他们的需求,比如通过从自己的财富中给他们提供他们所欲求的东西的,或在他的善政之下能够让他们获得并保持那些东西,那么统治者自然会仅仅由于他在城邦居民追求和热爱之事上的助益而受到尊荣。

101. 他们就把这样的统治者,视为最高尚的父母官,给城邦的公民带来了那些东西,而自己除了荣誉则一无所求:例如,这位父母官给予了他们财富和快乐,自己却丝毫无取,而只是追求荣誉以及言语和行为上的赞美、尊重和得意扬扬,由此他将在所有民族里生前及死后都美名卓著,万古流芳。这种人在他们眼中,就应受尊荣。这样的人常常需要很多钱财,以花在能让城邦的公民实现他们对财富或快乐或两者兼而有之的欲望上,以及花在能帮助他们保持这些东西的事情上。他在这方面做得越多,他的财富就必定会越丰。他的财富就成了城邦公民的储备。

102. 这就是为什么某些统治者敛财,并把这些满足居民要求的花销看成是慷慨大方的原因。统治者敛财的形式来源于城邦的税收,或者征服其他群体——即城邦之外的群体,搜刮他们的金银财宝。统治者把这种钱财收入宝库,并把这种钱财作为城邦中大量开支的储备,以获得更大的荣誉。

那种不择手段垂涎荣誉的人,也许会自称出身高贵,子孙后代亦然,好让他的名声继续存在于他的子孙后代中,他会指定直系子孙或家庭成员为继承人。此外,他还会给自己拨出一笔财富,以此得到尊荣,即便这对其他人没有任何好处。而且,他还会尊荣某些人,好让他们也投桃报李。这样一来,他就拥有了使他人会尊荣他的所有东西,而只给自己留下被大家视为表现荣光、夸饰、显贵和华富的东西,比如房屋、服装和勋章,于是,他成为人们可望而不可即的人。

然后他会制定与荣誉相关的法律。当统治权被移交给了他,并且人们也接受了他,他的家族会成为他们的君主,那么他就以人们获取的荣誉和财富的壮观程度为大家安排品级。他赋予每一种品级以一种荣誉,并赋予每一种品级一些东西,比如财富、房屋、服装、勋章、马车之类,或是其他可以使其支配着看起来更加壮观的事物。统治者会以明确的次序安排所有这些东西。在那之后,他还会对那些更尊荣他或更有助于提高其尊严的人,表现出特别的青睐,他就会相应地授予荣誉和施加恩惠。在他的城邦中,垂涎荣誉的公民要不断地尊荣他,直到他认可了他们的所作所为为止,并向他们颁发荣誉,这样一来他们就会受到下级和上级的尊荣。

103. 从所有这些原因来看,这种城邦与高尚城邦类似,尤其当荣誉以及人们与荣誉相关的等级是为了对他人更有用的事物时——诸如财富、快乐,或是为了追求有用东西的人所渴望的任一东西。这种城邦在愚昧的城邦中是最好的。不像其他城邦,它的公民可以〔更恰当地〕称作"愚昧的",诸如此类。因此,当人们对荣誉热爱过度,它就变成了僭主的城邦,也很可能要转变成一个专制的城邦了。

[2e. 专制的城邦]

104. 在专制的城邦或专制的联合中,居民们的协作是为了获得统治权。在他们全部陷入对统治权的热爱时,这样相互协作以获得统治权的情况就出现了。然而,他们对统治权的热爱程度、统治权的种类以及通过统治追求的东西却是各有不同。例如,有些人喜欢统治别人,是乐于伤人,另一些人是为了夺取财产,还有一些人乐于支配他人的灵魂是为了能够奴役他们。人们以统治权分配着不同的次序品级,一个人爱[践行]统治权的程度决定他在品级中的位置,而只有至爱[践行]统治权的人才能得到统治权中极少数的部分。这些人之所以热爱统治他人,是意在获取他人的鲜血[以便杀死他]和精神[以便磨灭他人的精神],意在占有他人的灵魂以能够奴役他人,或意在统治其财产以便自己能够巧取豪夺。在所有这些方面,他们所热衷和希望的都是统治、慑服和羞辱他人,而那个顺服的人因为他受着统治,就不应该对自己或任何东西有控制权,而只能去做征服者命令和希望他去做的事情。于是,当热爱统治和征服的人倾心于或渴求某种东西,如果没有通过压服其他人去搞到它,那么他就不会去争取它,而且也不会注意到它。

105. 有些人选用诡计来征服,有些人则仅仅选用严酷的手段来征服,还有些人兼用两者。所以很多人征服他人是为了让他人流血,但并不在人熟睡的时候杀他,而是等到先把他们弄醒再夺走他们的财产。他们认为他们应当以严酷的斗争来获取一切,在对方的积极抵抗之中才能去征服他人并打击那些他们所厌恶的人。他们每个人都热衷于统治权,每个人就都热衷于统治任何人,而不管他是不是自己的同胞。他们在流血和取财方面避免互相统治,因为他们互相之间都相互需要以保证彼此存活下去,于是他们也相互协作以统治他人,并保护他们这一群人可以免受外来的统治。

106. 专制居民的统治者就是他们之中在统治方面显示出最强大的力量的人,他可以利用居民去统治他人,在此过程中很好地支配他们。这种人就是他们的统治者和君主,他们是所有人的敌人。

他们的全部法律和习俗一旦起作用,就能够让他们更好地统治别人。他们的对抗和争夺围绕着应该统治别人多长时间,或统治的范围,抑或对统治的手段和设施大量地占有。统治的手段和设施要么存在于人的头脑中,就在他身上,要么在他身体以外的什么地方:在他身上的,如忍耐力;在他身体以外的,如武器;在统治者看来,如精湛的判断力,使他有能力去统治别人。有时,这样一些人会变得粗野、残忍、暴躁、奢侈以及极度贪婪。他们耗费掉大量的食物和饮品,过分贪恋床第,相互征战以求所有的物品,他们搞到这些物品,是通过征服并羞辱他们所占有的那些人。他们认为应该统治一切物和所有人。

107. 有时,[i]整个城邦都如此,公民们便会认为他们应当去统治所有城邦以外的人是出于他们对联合的需求,而不是对任何其他事物的需求。

[ii]有时被征服者和征服者共同生活于一个独立的城邦中。那时,征服者要么喜欢同等程度地征服并统治其他人,并由此在城邦中品级相同,要么每一个征服者都统治着那些被征服邻居的某些事务,那么他们统治的范围便因此有大有小,他们每个人所占有着的品级次序便会有高低不同。同样的,通过他们获得的统治权的势力和评价,他们便会不断地向统治着他们、安排着征服者的内部事务——即,安排着那些用以征服的工具——的君主靠拢。

[iii]而有时则只有一位征服者,他有一群人作为他征服所有其他人的手段。刚才所说的这群人并不寻求自己也能统治他人,从别人的利益中获得点什么东西,而是寻求能支配仅仅属于自己的东西。这位独一无二的征服者,反过来也对能维持自己生命和力量就满足了。他〔把余下的〕给予别人,并为他人的利益而统治,就像饲养狗和猎鹰一样。同样,城邦的其他民民就像那人的奴隶,满足他的每一个愿望。这些人是顺从的和屈辱的,没有任何一点属于自己的东西。一些人为那人耕地,一些人为他做生意。统治者除了看到某一群人只受他一人征服和羞辱以及只顺从他一个人之外,别无所求,即便除了看到他们受辱和受征服而外,自己得不到任何好处和快乐。

那种仅有一位君主的是专制城邦,此城邦中的其余居民则没有任何统治的[权力]。前一种的情况,是有一半[城邦居民]参与的专制城邦。而在第一种情况下,是所有居民参与统治的专制城邦。

108. 专制的城邦因此也许就具有了这样一种特征,即用这些方法中的一种,仅仅是为了追求统治权,并乐在其中。但如果人们对统治权的热爱,仅仅是把它当作一种方法,以获取最低限度的必需品、财富、享乐、荣誉或者所有这些,那么这就是另外一种专制城邦了,而且它的居民也有别于上述城邦的居民。尽管大多数人都把这种城邦叫作专制的城邦,但这个名称更适用于那些[必须]通过征服来[寻求]所有这些(三种)①东西的城邦。于是,这样[志在获取必需品、财富、享乐]的城邦也分为三类,即:其中一人是专制的;一半人是专制的;全部都是专制的。但这些城邦的居民也并不为了自己的利益而去征服和虐待他人。相反,他们所追求和想望的是别的东西。

109. 除此之外的其他[专制]城邦则是想望着这些事物可以随统治权而来。在第一类城邦所想望的统治之下,不管那种统治是用什么方式搞到手的,也不管它会是什么样子,也许都有人会加害于他人,而对自己却没有任何好处,比如杀人仅仅是为了征服的快乐。这类城邦中的统治权为的是获取一些低劣的东西而战斗,正像有些阿拉伯人团体所表现出来的一样。

在第二类城邦中,公民喜欢统治,是为了他们所认为值得赞扬和高级而非低级的那些东西。而且他们没有征服别人就获得了这些东西,他们就不会诉诸征服的手段。

第三种城邦中,除非知道加害他人有助于某件高贵的事物,否则它不加害也不会杀戮他人。因此当[公民中]有人要去取得他所想的东西,也无须统治和征服他人——例如,当那种东西富足丰饶,当其他人防备着他去取得,或者当其他人自愿给他那种东西,那么他就不会害别人,对所谈的东西漠不关心,而且也不会去掠夺他们。这样的人也叫作有高尚的情操和自傲的人。

---

① 该词似乎是插入语。然而,该词在所有手稿中都出现过。Feyzullah标点前面一句,把它分成三个部分:"最低限度的必需品、财富、或者享乐;荣誉;或所有这些。"

110. 第一类城邦的居民并不把征服看作是获得统治权必不可少的手段。当某些时候,有些人和事阻碍他们获得财富或某一灵魂时,他们会为此力争苦斗,直到获得胜利并可以顺利执行他们的决议,且能够使他们在此事中感到激情澎湃,他们才会停止争斗,但此后,他们便对此不以为意,并不再提起。这种人也应该为其所作所为而受到赞美、尊荣和敬重。而且追求荣誉的人会做很多这类事情,以便为此而受尊荣,也值得受到赞美、尊荣和敬重。专制的城邦常常比荣誉至上的城邦更容易成为僭政的(tyrannical)城邦。

111. 财权治下(plutocratic)的居民和心里只有游戏和娱乐的城邦居民,把自己想象成幸运、幸福和成功的人,而且认为自己比所有其他城邦的居民都更高尚。他们这种自我认识会导致他们鄙视其他城邦的居民,认为除却他们的一切,其他人都毫无价值,并期盼着通过那些使他们收获幸福之物还能使他们获得爱慕及荣誉。结果,他们身上就发展出了如下特性:骄傲自大、铺张浪费、夸夸其谈和喜欢赞颂,他们还以为别人不可能获得他们已获得的东西,也因此别人在获得这两种幸福〔来自财富,分别是游戏和娱乐〕方面蠢笨如牛。他们为自己设计封号,以装点自己的生活方式,不如说他们是天才、是雅客,而其他的则是粗人。因此他们自以为是有自尊的人、宽宏大量的人以及有权威的人。有时他们也被称为情操高尚的人。

112. 当喜爱财富和喜爱快乐与游戏的人除以权力去统治外又不具备敛财的任何技能,而且他们通过征服和统治来敛财与游戏,那么他们就变得极其骄傲自大,加入到了僭主的群体之中。〔与其相比,〕第一种人简直就是傻瓜。

相似的,在喜欢荣誉的人那里,也可能找到某些并不是为了荣誉而喜欢荣誉的人,其意在财富。因为他们很多人寻求别人的尊荣,是为了通过别人或其他人而获得财富。他们寻求统治并得到城邦公民的顺从,仅仅是为了获得财富。而这之中又有很多人寻求财富仅是为了游戏和享乐。这样的话,他们寻求统治和别人的顺从,是为了很多财富,以用它来游戏。而且他们认为他们的统治权威越大,别人越顺从他们,那么他们就越能享受这些东西。因此他们渴望着成为城邦居民的唯一统治者,以便拥有威严,通过威严又可以获得巨大的无可比拟的财富,而这又是为了利用财富去娱乐、饮食、行男女之事从而获得快乐,而他们所获取的娱乐、饮食、男女之事无论在量上还是质上都将是别人无法企及的。

[2f. 民主的城邦]

113. 在民主的城邦中,每一个居民都不受管束,并且可以任由他去做自己喜欢的任何事情。其居民都是平等的,他们的传统法也认为任何人在任何方面都绝不比别人更高。其居民都是自由的,可以做自己喜欢的任何事情。只有当一个人[居民]限制了他人的自由,他才能拥有超越另一人或其他一些人的权威。

结果,这个城邦的居民之中就发展出了许多道德规范、活动和欲求,而且他们喜欢做无数的事情。这个城邦的居民由无数相似的和不相似的群体组成。它把那些在[其他]城邦中分散的[同类]——卑下的和受尊敬的——聚集起来。统治权可以通过任何手段获得,这是我们提过的其余事情之一。公众虽然没有统治者所拥有的,却比他们所谓的统治者还更占上风。那些统治他们的人要按他们这些被统治者的意志行事,统治者还要遵从被统治者的意志。贴近地研究他们的状况就会发现,他们之间事实上不存在统治者和被统治者的差别。

114. 然而,他们还是赞赏和尊荣那些[i]领导城邦居民走向自由并带领居民们达成激情和欲求的人,[ii]他们也赞赏和尊荣那些捍卫他们的自由以及他们的差异性(既包括与他人欲求的差异,也包括与城邦外部敌人欲求的差异),却只将自身的欲望限制在最低限度的人。于是,这样的人就是被视为和被尊荣为最好的人,而且也为人们所遵从。

对于其他任何统治者,他要么与其臣民相当,要么还不如他的臣民。其他统治者之与臣民相当出现在这样的情形下,他向人们提供他们所想要和渴求的好东西,而人们则同比报以荣誉和财富。在这样的情况下,人们不认为统治者高于他们。当人们给统治者以荣誉,并把他们的财产分一份给他,而不从他那里得到任何利益的回报,人们就高于统治者。

那么,在城邦中便也能找得到这样的统治者:他偶然得到了居民们的推崇,或是因为对他产生了幻觉,或是因为他的祖先把他们治理得很好,所以他们让他统治是为了感谢其先祖的恩泽。在这种情况下,民众权威就会占统治者的上风。

愚昧城邦的一切努力和目标都最完美地体现在这种城邦中甚至这里还体现了愚昧城邦更多、更明显[的努力和目标]。

115. 在所有愚昧的城邦中,这种民主的城邦是最让人羡慕的幸福的城邦。它从表面上看起来像一件刺绣华服,满是五彩的图案和染料。每个人都喜欢它,而且都喜欢住在里面,因为每一个对任何事物都充满激情和欲求的人都会在城邦中得到满足。各个民族迁移并寓居于此,城邦也逐渐不可计量地膨胀。各个种族的人通过各种各样的交媾和婚姻在此繁衍生息,结果出生于此的孩子们就有了极不相同的天性,也得到极不相同的教养和抚育。

于是,这个城邦就发展成很多各不相同而又难解难分的城邦,每个城邦的领地都分散着遍布于其他城邦的领地之中。外来者与本地人根本无法区分开来。各种各样的激情和生活方式都聚集于此。因此,很可能随着时间的流逝,高尚的人会从这样的城邦中诞生。那就会有哲学家、修辞学家和诗人,处理着各种各样的事情。还可能在不经意间产生高尚城邦的某些种子。这是民主城邦中所能发生的最好的事情。所以，在愚昧城邦中，这种城邦同时兼有最大的善与最大的恶。这种城邦越大、越文明、人口越多、越富饶、越完美，那么它所具有的善和恶就越普遍、越严重。

116. 有多少种愚昧的城邦，就有多少种愚昧统治所追求的目标。而每一种愚昧统治所追求的无外乎是征服支配最低限度的必需品、财富、愉悦、荣誉、声望、赞美、统治或自由。因此，这样的统治实际上是以金钱换取的，这在民主城邦统治权力的实现之中体现得尤为甚之。因为这里没有人在权威的地位上比别人更有权力。所以，当某人在民主城邦中最终获得了统治的地位，要么是由于公民们恩赐他以权力，要么另外由于公民从他那里得了钱财或别的什么而回报他。

117. 在民主城邦居民的眼中，高尚的统治者是那种精于思虑，并且能够很好地策划策略的人，他的思虑和策略可以让他们实现他们多种多样和变化多端的欲望和激情，保卫他们与外敌的差异，并且除了维持自身权力的必需品外，对[他们的]财产秋毫无犯。

对于真正高尚的人，即一个在其统治时期会决断他们的行为并将他们引向幸福的人，他们并不会要求他成为他们的统治者。如果这个人碰巧统治上了，他也很快就会发现自己要么会遭废黜，要么会遭杀害，要么处在动荡和四面楚歌的境地里。所有其他愚昧的城邦都是如此，每一个城邦只想要那种将居民们的愿望和欲求置于眼前，并使他们通往这些愿望和欲求的路径简单易得，同时又可以为他们维持这些愿望和欲求之物的统治者。所以，他们拒绝高尚之士的统治，而且对之怨恨有加。然而，高尚城邦的构成和高尚人士的统治都更有效率，而且比其他愚昧的城邦都更容易在必不可少的城邦和民主的城邦中产生出效率来。

[2g. 概要]

118. 最低限度的必需品、财富、享乐和游戏以及荣誉都可以通过征服和统治而获得，或许也可以通过其他方式获得。因此这四种城邦〔必要的、邪恶的、下贱的和荣誉至上的城邦〕也可以相应地再分。与此相似，意图追求这四种〔事物〕或其中任一种的统治，有些会试着以统治和征服来获得它的目标，有些则意图通过其他方式来获得它们。通过统治和征服来获得这些东西的人，也通过武力和强制来保卫他所获得的东西，这样的人就须得是孔武有力的，而且还得是凶猛、粗暴、野蛮的，以及在德性上蔑视死亡，而不是在这些追求上贪生怕死的。他们要精通兵器之道，还要善于考量如何征服他人。这是所有这类统治者所共有的特点。

119. 但对追求享乐的人〔即，下贱城邦的居民〕来说，他们此外还有着饮食和男女之乐方面的餍足和贪欲。他们有的人成了舒适和奢华的俘虏，他们发怒的能力也弱化到几乎荡然无存的程度。

其他人则成了愤怒和身心因素（instrument）的俘虏，也成了欲望及其身心因素的俘虏，强化并加剧了这两种能力，还促进了它们的作用。他们的判断力也会同样地用在这两种能力所开出的行动上，而且他们的灵魂也同样会对之俯首帖耳。

在这些东西中，有些人的最终目标就是欲望所开出的行动上。于是他们就把自己发怒的能力和行动转变为完成欲望行动的手段，这样一来他们就让崇高的以及更高级的能力从属于低级的能力。也就是说，他们让理性的能力从属于发怒的和欲望〔的能力〕，又让发怒的能力从属于欲望的能力。他们把慎思花在寻找那些能使发怒和欲望的行动得以完成的事物上，并且把那些源于发怒能力的行动和发怒能力的诸手段用在那些能让他们获得饮食和男女之乐的享受上，以及用在所有能让他们把握和保护自己的东西上，比如说你在大草原的阿拉伯和突厥（Turk）居民中的贵族身上就能看到这一切。

因为大草原的居民一般都喜欢统治权，而且对饮食和男女之乐贪得无厌。结果，女人对他们来说就十分重要了，而且他们大多数人都赞同淫乱放荡，并不把放荡看成是堕落和肮脏，因为他们的灵魂已听命于［他们的］欲望。你也会看到，他们很多人做的每一件事情都试图取悦于妇人，这么做就是为了提高他们在妇人中间的声望。妇人认为可耻的，他们也认为可耻，妇人认为公平的，他们也认为公平。他们所做的每一件事情，都包含着对妇人的欲望。在很多情况下，妇人的权威远在他们许多人之上，并控制着他们的家务。由于这个原因，他们很多人都使妇人习惯于奢华，让她们免于干重活，反而让她们养尊处优、奢华安逸，而他们自己却不惮于干一切需要辛苦和劳力以及需要忍受痛苦和艰难的事情。

三、不道德的城邦

120. 不道德城邦的居民曾经信奉过也形成了［存在物的］法则的概念。他们拥有过幸福的形象，也信奉过这种幸福，他们也曾经被指导去做获得幸福的事情，也知道并信奉过这些行为可以使他们获得幸福。然而，他们并未坚持那些行为，而是通过他们的激情和意志逐渐艳慕和想望愚昧［城邦］的这个或那个目标，比如荣誉、统治等，倾其全部行动和能力去追求这些东西。

有多少种这种［不道德］城邦，就有多少种愚昧的城邦。因为不道德城邦的居民的所有行为和道德习性，与愚昧［城邦］的［居民］的行为和道德习性完全相同。他们与愚昧［城邦］居民的区别，仅仅在他们所信奉的意见不同。这些城邦没有哪一个居民能够最终获得幸福。

四、有罪的城邦

121. 有罪城邦的居民所得到的对事物的呈现是我们所提到①的那些东西以外的,也就是说,为之建立起来并呈现给他们的法则,是我们所提到的以外的。一种并非真正幸福的幸福观确立起来了,并且这种并非真正幸福的幸福被摹仿再现给了他们。这样而来的行为和观念致使他们无法获得任何真正的幸福。

五、高尚城邦中的杂质

122. 高尚城邦中的杂质有很多种类。[a]其中一类是始终坚持做有益于获得幸福的事情。然而,他们做这些事情并不是为了追求幸福,而是意在一个人通过美德而能获得的其他事物。比如荣誉、统治权,财富等。这样的[人]叫做机会主义者。

这一类人中,[i]有的人钟爱追求愚昧[城邦]居民的某个目标,但城邦的法律和宗教阻止他们去追求这些目标。然而他们会从立法者和政治家的说法——这些说法是戒律的具体表达——中想办法,按他们自己的愿望来解释这些说法,通过这样的解释,他们让自己所追求的东西看起来冠冕堂皇。这样的人就叫做误释者(distorter)。

他们中的其他人[ii]并不故意误释,但由于他们没有准确理解立法者[的意图],还因为他们误解了政治家,他们对城邦法律的理解就与立法者的意图大不相同。故而他们的行为就会与第一统治者的意图不一致。因此他们有错而不自知。这些[人]就是裂教者。

123. [b]另一类[的成员]虽然已想象我们所提到过的东西,可惜他们并不信奉自己在那些东西中所想象到的。因此他们就

---

① 前面页55以下。

为了自己和别人,利用各种理由证明那些东西是虚假的。他们这样做,并不是要与高尚城邦作对,相反他们也是在寻找正确的道路,追寻真理。

任何如此行事的人,都自有一套自己的等级次序,这种次序从其想象一直上升到不能被他所提出的论据证伪的事物。如果他能够被这样一种上升的存在物所说服,他就会[停留在这一基层]。但如果他仍不满足,还要在这里发现某些可以争辩的地方,那他就应该上升到一个更高的阶层。这个过程会不断持续下去,直到他在这个等级次序的某一个水平上满意为止。当他认为所有的想象都是虚假时,他就应该上升到真理的水平,并且应该按事物的本性来理解这些事物,获得此点,他的头脑才会满意地停下来。

124. 在这些杂质中,[c]还有一类[成员]证明他们所想象的一切都是虚假的。无论什么时候他们上升到一个更高的水平,他们都证明它是虚假的,即便他们已达到了真理的等级仍是如此。[他们做]所有这一切都只是为了统治,或者只是力求把他们所依仗的愚昧[城邦]居民所追求的目标弄得更高贵一点。他们尽其一切所能的办法证明他们所想象的东西是虚假的,他们不喜欢听从一切能在灵魂中牢牢建立起幸福和真理的东西,也不喜欢可以美化这些东西并将其展示给灵魂的论证。而是拿这些东西去附和他们认为会证实幸福为假的那些论据。他们许多人之所以这样做,是因为他们抱着这样的意图:似乎有借口转向愚昧城邦的目标。

125. [d]另外一类[的成员]也想象幸福和[存在物的]法则,但他们的心灵全然没有形成关于幸福和法则的概念,或者说他们的理解在形成幸福和存在的法则时力所不逮。结果他们认为自己所想象的东西是虚假的,并抓住其中的争论之处展开讨论。每当他们上升到一个更接近真理的想象水平,他们就会将其视为虚假的。他们不可能上升到真理的水平上,因为他们的心灵缺乏理解真理的能力。他们很多[人]也许会发现他们所想象的大部分东西都是假的,这不是因为他们所想象的东西真的就包含着有争论之处,而是因为他们的想象力有缺陷。

而且他们之所以发现这些东西是假的,就在于他们的头脑有缺陷,而不在于这些东西本身就包含着可争论之处。他们很多人在没有能力充分想象某些东西时,或者没有能力找到真正的争论点以及找到应该找到的地方时,或者没有能力理解真理时,他们就会认为那个领会了真理并声称领会了真理的人是故意撒谎以求取荣誉或统治权的人;或者,他们也会认为这个声称领会了真理的人乃是一个受蒙蔽的狂热者,他会拼命扭曲真理,并拼命贬损那个已领会了真理的人。这导致他们很多人认为,所有的人都是被蒙蔽的人,他们是那些自己声称领会了的事情的受骗者。

这导致[ⅰ]他们有些人在所有事情上都茫然困惑;

这导致[ⅱ]其他人认为不可能领会任何真的东西,还认为随便哪个时候有人认为自己领会了什么东西,他都是在撒谎,① 并且对自己所思考的东西不能肯定或不能确信。这些人在有理性的人眼中,与哲人相比,就处在愚昧的蠢人的地位上。(职是之故,高尚城邦统治者的责任就是要找出这些杂质,管住他们,并以那种能够治疗他们的特殊方式来对待他们:将他们逐出城邦、惩罚他们、监禁他们,或者分配给他们某些任务,尽管他们也许对此不乐意。)

这导致[ⅲ]他们中的其他人认为,真理是由每一个人眼前随便什么东西所构成的,以及每人随便哪一刻所认为是真理的那些

---

① Hyderabad 版到此就结束了。在所有稿本中,只有 Feyzullah 例外。

东西所构成的。这些人还会认为任何事物的真理,在于人们以为它是真理,它就是真理。

[iv] 还有些人自我发挥而制造出这样的假象:到此时被认为已经领会了的一切事物,都是假的,而且,即便某种真理或现实的确是存在着的,但还没有领会到。

[v] 其他人想象——就像在梦中或从远处看一个东西——世上有真理,他们发现,那些声称已经领会了它的人也许就是领会了,或者他们之中有人也许已经领会了真理。他们觉得自己已经同真理擦肩而过,要么是因为领会真理需要漫长的时间,还得付出艰苦努力和辛劳,但他们根本就没有充足的时间,也没有艰苦努力并持之以恒的能力,因为他们忙于某些乐事云云,他们已经习惯于这些乐事,要抛弃这些乐事对他们来说真的很难;要么是因为他们觉得,即便他们用尽了各种办法,也无法理解真理。

由于他们认为其他人也许已经获得了真理,所以他们自己感到遗憾和悲伤。因此,他们嫉妒那些也许已经领会了真理的人,并由此要通过伪造证据与之争斗,尽力使那声称已领会了真理的人看起来就像是个受骗者或说谎者,这样的人所主张的一切不过是想求得荣誉、财富或者其他可以煽动激情的东西。

当很多这样的[人]觉察到了自己的愚昧和困惑,他们会因觉察到自己的情况感到伤心和痛苦,这种愚昧使他们苦恼、深受折磨。而且他们发现,即便靠学问——学问能引导他们求得真理,而领会真理又会给他们带来快乐,他们也没有任何办法释怀。于是他们就选择转向其他各种各样愚昧[城邦]的目标,在娱乐和戏谑中寻找解脱,他们期望以此获得暂时的慰藉,直到死神来解除他们的重负。

这些[人]中的某些[人]——我是说那些从愚昧和困惑的苦恼之中寻找暂时解脱的人,有时想象[真正的]目标就是他们自己所选和所欲的目标,幸福就由这些目标所构成,而余下的其他人仍然处在自己所信奉的东西的蛊惑和蒙骗之中。他们竭尽全力去粉饰愚昧的事物和愚昧的幸福。他们制造了这样的假象:仔细检讨了其他人声称已经领会的一切东西之后,他们更青睐眼前这一目标;而且他们认为只有当他们发觉那种东西不能被获取之后,他们才会拒绝那种目标;同时,他们认为自己是通过洞察这些愚昧之物而建立了他们所追求的这一目标——然而这些愚昧之物并不是那些没有从其中需求解脱的[其他]人的意图所在。

126. 如上所述,这些就是生长在城邦居民中间的各类杂草。没有城邦在这样的观念上可以被建立起来,也没有一个大的联合可以在民众中被建立起来,但是,将他们嵌入到城邦的居民之中,城邦便因此而成了一个整体。①

---

① 这里结束了对页 58 所列举各种高尚城邦的"对立面"的讨论。Feyzullah 本下面还有一段文字,差不多与阿尔法拉比在《高尚城邦》对"愚昧城邦和有罪城邦公民的意见"的讨论开头处完全相同(与 Dieterici 本的 73:23 – 74:10 一致〔Leiden,1895〕)。这里有一段完全是误植于此处,这样的话,本文至此会更完整。但是,如果这一段属于《政治制度》,那么很显然,Feyzullah 本也是不完整的,因为它以一个不完整的句子结尾,而且缺少一个与《高尚城邦》74:10 – 85:7 相一致的部分。这个有疑问的段落如下:

"当宗教建立在古代某种堕落的意见之上时,有罪的城邦也就产生了。例如,有些人说:'我们发现,我们所看到的存在物是矛盾的,每一种都在想办法破坏其他的。我们还发现,每一种存在物产生时,在其存在性之外,都具备了某种避免破坏而维持存在的东西;具备了某种东西,通过它就能把自身中的矛盾物排除出去,而且保卫自己不受矛盾物之害;还具备了某种东西,能让自己利用所有其他东西,以有利于让自己最佳地生存,以及获得生存的连续性。很多存在物还具备了能让它们统治那些反抗者的东西。所有矛盾的存在物,都被放置在它的对立面和其他存在物的环境中,结果每一种存在物都倾向于仅自己能最佳地生存,而根本不考虑其他存在物:因此它就具备了破坏性……'"

箴言选

英译者前言＊

以"第二导师"(即于亚里士多德之后)而声名远播的阿尔法拉比(Abū Nasr Muhammad al‑Fārābī)一直被后世认为,正是他在穆斯林文化传统中创立了政治哲学。阿尔法拉比约870/256①年生于中亚 Farab 的一个小村庄。在其一生中,他曾定居于布哈拉(Bukhara)、马尔夫(Marv)、哈兰(Harran)、巴格达,也可能在君士坦丁堡、阿勒颇、开罗停留过,最终于950/339年在大马士革逝世。作为一名为 Samanids 效力的军官之子,阿尔法拉比最初在布哈拉学习了伊斯兰法学与音乐。随后移居马尔夫,在那里师从基督教聂斯脱利教派的一位修士海兰(Yuhanna Ibn Haylan),学习逻辑学。二十刚出头,阿尔法拉比来到了巴格达,在此,他继续跟随海兰深造学习逻辑学与哲学。与此同时,他师从杰出的语言学家 Ibn al‑Sarraj,努力提高自己的阿拉伯语水平。据说,他还曾经旁听过著名的基督教聂斯脱利教派的翻译家、亚里士多德派的学者 Matta Ibn Yunus 的课程。

大约在905/293—910/298 年,阿尔法拉比离开巴格达前往拜占庭(其间很可能到过君士坦丁堡),他在拜占庭大概生活了八

＊ [译按]译自巴特沃斯的《阿尔法拉比政治著作集》(*Alfarabi*:*The Political Writings*:*Selected Aphorisms and Other Texts*, Cornell University Press, 2001)。

① [译按]870 是公元纪年,而 256 则是伊斯兰教纪年(穆罕默德及其追随者从麦加出走麦地那的公元 622 年,被作为穆斯林历法的纪年元年),下同此,不再注明。

年,专注于希腊学术与哲学的研究。重返巴格达后,阿尔法拉比一直致力于教学与写作,直到942/330年,由于政治动乱的暴发,他才被迫前往大马士革避难。两三年后,又由于大马士革的政治骚乱,阿尔法拉比又被迫移居埃及。直到948/337年(或949/338年),他才得以重返大马士革。一年多以后,阿尔法拉比在大马士革逝世①。

阿尔法拉比的著作,其广度和深度涉及各个学科,涵盖了哲学的方方面面。他对于数学的兴趣,清晰地反映在对《欧几里得原理》以及对托勒密所著的《大综合论》的有关评述中;而且还有一些著述涉及了历史与音乐理论。事实上,他的《音乐大全》(kitaāb al-muūsiqaā alkabiūr)极可能是阿拉伯文化中同类主题最具代表性的著作。同时,阿尔法拉比还撰写了大量评论亚里士多德逻辑学的论文,还对这位斯塔吉拉人的物理学颇有真知灼见,且被誉为对《尼各马可伦理学》作了前所未有的广泛论述,这一成就至今无人超越。除了对柏拉图、亚里士多德的哲学作注外,他还对柏拉图的《法义》进行了评述。而对柏拉图、亚里士多德哲学所做的注疏,构成了其三部曲的第二、第三部分,这三部曲构成阿尔法拉比系列政治作品的第一卷而出版发行。

作为伊斯兰文化传统中第一位探究传统哲学遭遇启示宗教所带来挑战的哲学家,特别是当启示宗教宣称,造物主通过一位受神启示的立法先知赋予人类以福祉时,阿尔法拉比作为伊斯兰政治哲学的缔造者而声名鹊起。在《柏拉图与亚里士多德的哲

---

① 关于阿尔法拉比的生平,参见马迪(Muhsin S. Mahdi),"阿尔法拉比",收于《科学家传记辞典》,查尔斯·格里斯皮(C. Gillispie)编纂(harles Scribner,1971),第四卷,页523-526。《阿尔法拉比笔下的不完美民族》,刊于《美国东方学会会刊》(Journal of the American Oriental Society),1990年第110期,页712-713。

学》的第一部分,即《获得幸福》中,阿尔法拉比试图准确地描述一个焦点,这一关注点将伊斯兰教、伊斯兰启示律法与无宗教信仰的哲学,以一种最高的形式联结在一起——即柏拉图与亚里士多德的著作。作为第一卷的开篇,《箴言选》中有两个地方回应了阿尔法拉比的这一努力。首先,《箴言选》的序言明确表明,阿尔法拉比对统治的看法与先哲们——柏拉图、亚里士多德——一脉相承,但这种统治是有特殊目的的。对阿尔法拉比来说,目的就是统治城邦,以保证城邦繁荣,保证城邦所有公民的生活水平能够得到提高,即在某种意义上说,城邦公民被引向幸福。其次,此文与《柏拉图与亚里士多德的哲学》,尤其是《获得幸福》之间体现那些话语的重合部分,更明确地出现在《箴言选》的结尾处。的确,箴言94与《获得幸福》的第11－20节遥相呼应。

然而,对于宗教与启示律法给政治学的古老方法所出的难题,阿尔法拉比似乎总是很警惕。例如,在《各科举要》的第五章中,他提出了对古老政治学的两种解释。这两种解释,都预设了在实践科学与理论科学之间存在着的传统分离的合法性。但是,因启示宗教的出现而产生的崭新而又极端的情形,这两种解释都不能作出充分的说明。阿尔法拉比的这两种解释,详细地阐述了一个健康的政治统治走向繁荣时所必需的各种行为与生活方式。但这两种解释都对种种意见保持了彻底的沉默——尤其是那些已经由现在居主导地位的宗教所提的理论意见——就算假定这种宗教的广泛流行,要指明所需统治的类型也是不可能的。同样,也不可能谈及由法学与启示宗教的神学所提出的那些意见与行为。这些任务需要的是一种政治学,它能谨慎地将理论的与实践的科学结合起来,并且能揭示出这二者是如何被放置到统治者的灵魂之中去的。

这样一种政治学的观点出现在《宗教书》之中,它正是哲学的一部分。然而,即使像阿尔法拉比提供了这样一种政治学的救赎途径,他仍然表明,必须重新对宗教与启示进行考察或思考,唯有如此才能开始以这样一种方法解释宗教,宗教从属于哲学的理论与实践的部分才能渐渐变得清晰。阿尔法拉比对这种从属关系的论述使这种政治学的观点看上去非常合理——以至于由之必然产生出对辩证神学与法学的限制。

为了揭示阿尔法拉比阐述古希腊哲学与新启示的关系时所用的方法,或许会有人反对道:它过多地依靠了一种假设,即柏拉图与亚里士多德对那些事务的论述是和谐与一致的。然而,我们知道,他们师徒二人在许多次要或不那么次要的问题上存在着差异。这个问题的讨论,出现在这一卷的最后,即最晦涩难懂的《两圣相契论——神圣者柏拉图与亚里士多德意见的一致性》(*Harmonization of the Two Opinions of the Two Sages, Plato the Divine and Aristotle*)。① 在此书中,阿尔法拉比迫切希望,能够消除在他同时代的人中出现的争执与不和谐,他们在下面的问题上存在意见分歧:如何在"两位杰出的、超凡入圣的智者柏拉图与亚里士多德"之间进行辨析。而阿尔法拉比则打算说明这师徒二人的观点是一致的,希望"从那些研究他们著作的研究者心中消除质疑与疑虑",希望"解释存在于他们著作中的不确定的地方与可疑的原始资料"。《箴言选》的开篇所提出的这些目标,无疑最具吸引力。它们不是太容易忽略那些对柏拉图与亚里士多德的任何一个学生来说都是简单的事实吗?正是由于这个原因,读者必须重回阿尔法拉比一开始写作此文时所做的最终评论:他坚信,为证明两位哲学家使用的方法之间存在着一致与和谐而做的努力才是最重要的,另外,这种努力才是一个要"揭示与阐明"的最富成效的

---

① [译按]此文已收入《柏拉图的哲学》(华东师范大学出版社,2006)。

事实。换句话说，无论这种一致性是否真的存在，对大众福祉的关怀，激励着阿尔法拉比寻求一种办法，以昭示类似一致性的某种东西。

这就是呈现在我们眼前这些文本中的一般性特征及其相互关系。这一卷的每个文本都是新译，每一译稿不是依赖于一种重新校对的文本，就是依照一种古老版本的修订本。同样，所做的每一分努力都是为了确保，一旦某一英文词汇被用来翻译一个特定的阿拉伯文术语，那么，随后，这一英文就只能对应那一阿拉伯文术语。以忠实而又可信的英文，来翻译那些阿拉伯语文本中具有争议的地方，这一目标是要捕捉它们的基本结构与风格，当然也包括要传达阿尔法拉比在表达上的细微差异与变化。最后，注释有时会指出这一页出现的特殊问题或是指出这一事实，即风格与意义的思考已经使它有必要提供一种迥异而又非常重要的术语。在此卷书的最后，列举了一个英阿对照专业词汇编，以方便有兴趣的读者了解那些特殊的词汇是如何翻译的。

在这里所呈现的译稿，已经从许多读者的合理建议中获益匪浅，特别是马里兰大学、乔治敦大学、哈佛大学的本科生以及研究生，他们勇敢地挑战阿尔法拉比思想与表述上的错综复杂性。对于我想要提供某种接近常见英文的方式来传达阿尔法拉比教诲的做法，在这里，我要向那些已经悉心地阅读了这些译稿的读者以及未来的学者们表示感谢，感谢他们思考过我的良苦用心，感谢他们帮助我让这些翻译更准确或是更为晓畅。在此，也要特别感谢五个人，他们中的每一位都为这一工作付出了巨大的努力。首先，正如所有研习阿尔法拉比的学者所知，马迪（Muhsin Mahdi）教授不但发现了大量的我翻译工作所依据的抄本，还提供了一个极好、极为关键的《宗教书》的版本。另外，他还就如何解决特殊的文字上的难题，给了我非常好的建议，让我获益匪浅。纳贾尔

(Fauzi M. Najjar)教授编辑的《箴言选》(Selected Aphorisms)与《相契论》(Harmonization)是高质量的版本,尤其是他翻译后一本书时所体现的首创精神,对此书特别有帮助。每位译者,如果能有一位像高尔斯顿(Miriam Galston)这样的读者,那绝对是一件幸事,没有任何东西能逃出她的质疑,尤其杜绝了可以改正的不贴切的表达,如果现在这译稿在语言文字上有任何一点吸引力或优雅之感,而且更为准确的话,这都在很大程度上归功于她不辞辛劳阅读最终的译稿,以及她不断地查漏补缺。对于她所付出的宝贵时间及努力,我感激不尽!很幸运能遇上丛书的编辑潘戈(Thomas Pangle)先生,他愿意帮助并以极大的耐心阅读每页译稿,就如何使难以应付的公式能够有更好的表达,他的建议充满了智慧;同时,他质疑每一章节中我所没有注意到的瑕疵。Rima Pavalko 对细节的挑剔,以及在编辑工作上对我的亲切帮助,其价值无法估量。对于我所得到的每一分帮助,我致以最深的谢意。同时希望这个译本能对得起他们的努力。最后,非常高兴能对 Earhart 基金的大力支持表达我的感谢。

译　文

此译本以纳贾尔在 25 年多前编辑的《箴言选》为蓝本。[①] 纳贾尔的版本试图拓宽、修正、真正改善由邓乐普(D. M. Dunlop)十多年前出版的翻译本。[②] 正是马迪最早在土耳其发现了一份更古老、更为可信的抄本,并进行了重新编辑。邓乐普并不知晓这份

[①] 见阿尔法拉比,《箴言选》(Fuṣūl Muntaza'a),纳贾尔编辑并作序、作注(贝鲁特:Dār al – Mashriq,1971)。

[②] 见《政治家箴言选》(Al – Fārābī:Fuṣūl al – Madanī,Aphorisms of the Statesman),邓乐普编辑并翻译、作序、作注(剑桥:剑桥大学出版社,1961)。

来自迪亚巴克尔(Diyarberkir)中心图书馆(1970号)的抄本,而这个抄本既为关键篇章提供了更好的句读,同时也是更为完整的文本。另外,马迪还发现了另一个不为邓乐普所知的土耳其语的抄本,它来自伊斯坦布尔 Millet 图书馆,即 Feyzullah 本(1279号)。虽然这一抄本并不比邓乐普所依据的两个抄本更为可信(Chester Beatty 的抄本,编号 3714;牛津大学图书馆的 Hunt,编号 307)。邓乐普并不知晓纳贾尔获得的另外两个抄本的影印本,这两份抄本(德黑兰大学中心图书馆的 Mishkat 本,编号 250;德黑兰大学神学院的 Iiahiyyat 本,编号 695)让纳贾尔在邓乐普版本的基础上取得了很大的进展。这些进展体现在整个文本中,尤其体现在新的箴言上(3、15、23、40),并在第 6、8 以及 26 条上增添了一些句子(邓乐普版本的第 5、7 和 23 条与此对应)。而且,就第 68-87 条箴言而言,邓乐普所依据的仅仅是 Chester Beatty 的材料,而纳贾尔是以内容更为详实的抄本为基础的,提供了更具优势的文本阅读,而且也廓清了许多邓乐普所不能解决的问题。

此译本的箴言数量与纳贾尔编辑的版本相同。但每一节的标题和在方括号内出现的材料,则是由我增补的。某些划分所依据的是保存在迪亚巴克尔和德黑兰大学中心图书馆抄本的旁注。尽管邓乐普的错误同时还在于,他将文本分为两个部分,即第 1-65 条箴言为第一部分,第 66-96 条为第二部分,其依据的是 Chester Beatty 抄本中的注释。这一错误表明,不能仅仅以抄本的旁注为依据进行划分,同时必须考虑到与争论的整体意义协调一致。① 我在此所做的工作还包括断句、分段。方括号中的数字对

---

① 参见马迪,《论阿尔法拉比的〈政治家箴言选〉》,刊于《近东研究》(Journal of Near Eastern Studies),1964 年第 23 期,页 140-143。

应的是纳贾尔所辑的阿拉伯语文本中的页码。这些附带工作，和那些注释一样，我的初衷是让读者更为容易地阅读文本，更方便他们抓住与掌握阿尔法拉比的思想大意。

这一宗旨贯穿这个译本的始终。在使用邓乐普译本的那些年里，对于没有阅读过阿拉伯语文本的学生们来说，仅仅穿插一些纳贾尔所整理的新箴言是远远不够的，而且这样做对文本的理解也犹如蜻蜓点水。更确切地说，我们日趋需要一种对阿尔法拉比的《箴言选》更学术化也更准确的翻译。例如，在箴言 57 中，邓乐普使用"理想城邦"（the ideal city）来翻译 al‑madīna al‑fādila，而不是"高尚的城邦"（the virtuous city）。在箴言 2 中，阿尔法拉比对比了高尚行为（al‑afāl al‑jamīla）与卑劣行为（al‑afāl al‑qabīha），这一比较是与他在德性与罪恶之间所作的对比协调一致的。邓乐普的翻译是"完美的行为"与"丑恶的行为"，这样一来，读者不禁会问，阿尔法拉比在此究竟谈论的是什么。由于缺乏严密性，邓乐普试图用不同的英语词汇来翻译相同的阿拉伯文，而又用同一个英文词汇来译不同的阿拉伯文，这一做法使得读者无法真正理解阿尔法拉比的哲学与政治用语。

为了确保读者不在某些章节前踌躇与迷惑不已，有时我采取了与邓乐普相反的做法。我努力尝试使阿拉伯语词汇与同一个英文单词保持一致，其结果是行文并不总是无懈可击和流畅。尤其当阿尔法拉比致力于讨论各种难题时，比如当他阐述智慧（箴言 37）时，阿尔法拉比的阿拉伯语写作同样显得顾虑重重，也就不足为奇了。在翻译中，要避免那种好似在卖弄学问的极端，或是避免因期望准确性而制造原本不存在的混乱，以及避免因不够细心而掩盖了不该去掉的原文所具有的难点。虽然，对上述问题的警觉并不能避免这些问题，但对翻译工作来说，恰当的谨慎比起无知来确实是一个好的征兆。

标　题

　　所有已知的抄本中,只有一个给出了标题,即"阿尔法拉比的政治家箴言录",这也是发现最晚、可信度最小的抄本,它收藏在牛津大学图书馆。而且,没有任何一本中世纪的书目文献将一本以此命名的书归在阿尔法拉比名下;而且十九世纪以研究中世纪伊斯兰与犹太哲学而闻名的历史学家施泰因施奈德(Moritz Steinschneider),也并没有使用那样的书名。施泰因施奈德像纳贾尔一样,回头整理那些传统的资源及方法时,在别的抄本最开始的几行中把此书确定了下来,并命名为《箴言选》(The Selected Aphorisms)。他这样做,几乎没有背离另一个得到确认的传统书名,即由纳贾尔所确认的书名《箴言选》(Selected Aphorisms)。①

　　纳贾尔所确定的标题,主要依据的是迪亚巴克尔抄本。在此抄本的最初几行以及其他五个抄本中的另三个的最初几行中,有一些细微的不同,表述如下:

　　　　所选的箴言包括古人许多言论的根基,城邦由之就应大治和繁荣,其居民的生活方式得到提高,他们也将走向幸福。

　　这里所强调的就是本文的部分特征:本文收录的箴言包括古人的一些(而非所有)言论的基础、原理或根基。而且,那些言论还仅仅局限在政治话题内,尤其只涉及与统治有关的话题。只有在两个德黑兰的抄本中,才能发现与此序言有着本质差异的内容。因为那两个抄本着力强调了人类德性而不是政治秩序,因而表现出不一样的倾向,这值得在此全文引述如下:

---

①　见纳贾尔,页 10 – 13 及注释。

这些句子与箴言是从道德学问中斟选出来的，包括：获得人类灵魂的德性，避免人类灵魂的邪恶，使人类弃恶扬善，捍卫高尚的城邦，捍卫位于居民之上的家庭与统治。这个书信体集子涵盖了上述的一切。①

另外，这两个抄本都将该著作视为一通书信(risala)。尽管有着这样的差异，就获得两种对这一争论作了一个简要概述的通识而言，作为辛勤抄写的一部分，它们可能就只是试图给读者提供一个这本著作的基本概略。

这里，将术语 fuṣūl（单数为 Faṣl）译作"箴言"，我不过是追随了第一位编辑和译者邓乐普、第二位编辑纳贾尔以及别的大多数学者所做的。然而，邓乐普为了力证"箴言"的不完善是不可避免的，或是缺乏充分的科学的解释，从而求助于迈蒙尼德，这似乎就没有根据了。② 如下猜测也同样没有益处——虽然可以谅解，即阿尔法拉比是在尼采差不多一千年后对这一术语的用法上来把 fuṣūl 理解为"箴言"(aphorisms)。③ 事实上，事情要简单得多：我们只需要注意到从希腊文 aphorizein（"区分"、"决定"之意）演化而来的"箴言"(aphorisms)一词是怎样由阿拉伯文 faṣl 而巧妙地获得，并根据希腊语的词源来理解这一英语术语。的确，因为阿尔法拉比在任何一点上都没有表明，为何会将这部分作品称作 fuṣūl，或许他用这个术语的本意就是"节"(sections)或者别的文本停顿方式的意思。然而，由于这些 fuṣūl 比较短小，就没有什么

---

① 见纳贾尔，页23，注释2。在圆括号中，纳贾尔在"书信"之后增加了"五章"(khamsat abwāb)，但它与此条注释的其他部分的关联并不明显。

② 见邓乐普，页10。

③ 见尼采(Nietzsche, Friedrich)，《论道德的谱系》，序言，第8条，以及《曙光》(*Daybreak*)第454条。

好的理由将其理解为"章"（chapters）。

结　　构

此书包括96条箴言，还有4条增补且有争议的箴言，这4条箴言出现在最近且最少可信度的6个抄本中，因为它们本身有太多值得怀疑的地方，所以最好将它们分开。在《箴言选》中，阿尔法拉比开始于并接着发展了灵魂的健康与身体的健康之间的比较。即是说，略显突然地，他从定义灵魂与身体的健康开始了他的论述，进而阐释更为重要的那类健康——灵魂的健康应该如何获得，以及应该如何预防灵魂的病变。《箴言选》的第一个词就是"灵魂"，而最后一个词则是"德性"。整个96条箴言就这样笼罩在这两个词之下，阿尔法拉比是对灵魂进行详细检审的第一人，然后他对一个秩序井然的政制进行说明与辩护，而这种政制正是一个灵魂为了获得完善所必需的。无论是在论文中还是在书信体的诗文中，阿尔法拉比没有在任何地方讲到过预言、先知或是立法者。这些词汇甚至没有机会被联想到。关于哲学家，阿尔法拉比同样保持着沉默，仅仅两次提到"哲学"，这两次均出现在倒数的第三条箴言中，即第94条；也正是在这条箴言中，他提到了"启示"一词，但也仅此一次。另一方面，阿尔法拉比不断说到的始终是那些涉及政治家（madanī）与君主的箴言。

"古人"，这个出现在第1条箴言前几行的词，毋庸置疑是指柏拉图与亚里士多德。在此书中，阿尔法拉比"探访"两位先哲，是要鉴别出会带给人类幸福的政治秩序。一个成功理解政治共同体怎样井然有序的人——无论这个人是政治家还是君主——对公民所施的行动就犹如医生对病人所施的行动；为那些追随其统治的公民实现先知为追随他的人而实现的东西。虽然如此，要有那样的理解，一个人首先必须彻底了解灵魂，也要彻底了解政治生活。更准确地说,高尚的政制就是那种生活于其中的所有人的灵魂获得最大可能的健康:"治疗灵魂的人就是政治家,他也被称为君主。"(箴言4)

这也正是一个政治性如此明显的论文为何会用两个篇幅都很长的部分来讨论灵魂的原因。其中一个部分除了理性能力的理论部分外(箴言6-21),对灵魂的所有能力都做了阐释,这不禁使人想到《尼各马可伦理学》。另外一个部分,则通过对理智德性的讨论(箴言33-56)分析了理论部分,同时也分析了与理论部分相伴而生的事情,即实践的部分。此外,在箴言68-87中,还对与存在的法则和幸福有关的正确和错误的意见进行了探讨。这三组箴言构成了该箴言选差不多三分之二的篇幅。由于缺乏外在的结构或分界线,该论文只能以如下方式展开:即,将道德讨论放在前面,紧随其后的是另一组向政治教化推进的箴言。

如此一来,对灵魂一般性的讨论就放在一组关于灵魂与身体的类比以及灵魂与身体政治(箴言1-5)的类比之后;紧跟其后的是箴言22-29,主要讨论国内的政治经济;箴言30-32,阿尔法拉比探讨了真正的君主;第二次对灵魂的讨论紧随其后;然后是对高尚城邦的研究(箴言57-67);这又位于对正确与谬误的意见的探究之前,在这之后是对高尚的政制的描述(箴言88-96)。在每次偏离道德话题之后,讨论的语调似乎变得更加高涨,在此文中,道德学说几乎就像是对政治学说的推动力,或者至少给它指出了方向。

按照我的理解,这篇论文或书信的大体结构如下:

一、灵魂与身体、灵魂与身体政治的类比(箴言1-5);

二、人的灵魂,它的德行与恶行(箴言6-21);

三、家庭、居所与城邦(箴言22-29);

四、论真正的君主(箴言30-32);

五、理智德性(箴言 33 – 56);

六、高尚的城邦(箴言 57 – 67);

七、存在的门类与幸福的形态:正确与谬误的意见(箴言 68 – 87);

八、高尚的政制(箴言 88 – 96);

九、有争议的箴言(箴言 97 – 100)。

像这般对阿尔法拉比《箴言选》的大致构架的说明,以及对其主要内容的辨认至少会招来两个疑问。首先,箴言 22 – 29 以及 30 – 32 所带来的一般性解释究竟要说什么,以至于它有权中断了阿尔法拉比对人类灵魂及其能力(箴言 6 – 21,33 – 56)的讨论? 或者换句话说,为何阿尔法拉比在讨论人类共同生活的方式以及一种特殊的统治类型之前,不对灵魂的能力,尤其是对灵魂的理智能力做更全面的阐释呢? 显然,他对表面上隐藏在使共同体中的生活更为便利的那些基本的、实用的安排之后的更深层意义,以及某一个显然值得期待的被认为是最好的统治者的品质的讨论,准备了——确实,是预设了——一个更充分的对灵魂的阐释。也就是说,阿尔法拉比的说明指向的是道德德性(moral virtue)的局限性。因为共同体中的生活,更多地说,因为最好的政治统治类型,人类所需要的不仅仅是节制与勇敢,还有更多的东西。

第二个问题是由于对本书结构的关注所引发的,它与箴言 68 – 87 所讨论的主题有关。一旦,人类灵魂已经得到了充分的说明(即灵魂的道德与理智的优秀之处已经被确认)和详细的描述,阿尔法拉比就会将关注的焦点放在为一个正确的政治秩序提供灵魂上。那么,又是什么动机促使阿尔法拉比在那些讨论的中间停下来,转而讨论物理学、形而上学甚至神学呢? 同样,这个问题也可以作如下表述:从讨论高尚的政治共同体、城邦的某种特殊形态转向对高尚的政制进行一般性的讨论之前,为什么说区分有关存在原则和幸福的情态的正确意见与错误意见是必要的? 这似乎是因为,当他在关注高尚的城邦时,高尚的城邦是如此特别,如此依赖于一系列即将到来的偶然事件,以至于把阿尔法拉比从提供一个对存在与幸福的最详实的说明中解脱出来。就这一点而言,仅仅一个对那一问题具有说服力的解释就足矣。当由"政制"这个术语所包含的某个更为广泛的政治实体正被研究时,意味着需要更多的东西。之所以会需要更多,这是因为在政制中所能获得的东西远远超过在城邦所得到的,对统治者是如此,被统治者亦然。区分二者的标准,并不在于彼此的大小——也非那种认为只要包括更多的城邦,就是更大的政制的观点——而是在于,一个高尚的政制中,统治者与被统治者都热切希望拥有更多的德性、更多的幸福(箴言89)。这里仅仅是指,至少看上去如此,统治者与被统治者都热切地希望能像一个真正的人那样实现自己。

在这种意义上,此书的前一个名称《政治家箴言录》可能会比现在所使用的《箴言选》更贴切些。这些箴言是为了明确地告诉那些想成为政治家的人们,为了统治,他们所需要了解的事情的种类。这些箴言简明扼要地回答了那些他可能提出的有关道德的、理智的德性,有关人们共同生活的方法等问题。另外,这些箴言还运用了柏拉图与亚里士多德等量齐观的智慧来解决那些问题。

同样的推测可以解释这部作品的另一个特征,也是其学说的根本或基本特征——它看上去就似一本政治入门手册。在此书中,阿尔法拉比提出了有关灵魂、城邦与统治的根本性原理。虽然,阿尔法拉比吸收了亚里士多德的思想,但却没有照本宣科,而是对《尼各马可伦理学》涉及道德德性(moral virtues)的关键之处作了出色的概括;同时区分了德性与自制、德性与理智德性。阿尔法拉比虽然借鉴了柏拉图的思想,但却没有拘泥于柏拉图的讲法,而是对《王制》进行了概述,以阐释高尚城邦的政治正义概念以及义务的基本分配。而且还阐述了一个人对灵魂、灵魂的能力、即将到来的生活、存在的规则、终极幸福以及其他类似的问题应该持有的观点。在此,逐渐清晰的是,善的实践预设着正确的理解;或者说,知识就是德性。

箴 言 选

所选箴言包括古人许多言论的根基,城邦由之就应大治和繁荣,其居民的生活方式得到提高,他们也将走向幸福。

一 灵魂与身体、灵魂与政治体的类比

箴言1 灵魂和身体一样,有健康,也有疾病。灵魂的健康是灵魂整体和各个部分的特性成其为这种特性,使灵魂总是能够做好事、善事和高尚的行为。灵魂的疾病是灵魂整体的特性和各个部分的特性成其为这种特性,使灵魂总是做坏事、恶事和卑劣的行径。身体的健康是身体整体的特性和各个部分的特性成其为这种特性,使灵魂能以最完整、最完美的方式行动,而不管那些由身体或身体的各个部分产生的行为是善还是恶。身体的疾病是身体整体和各个部分的特性成其为这种特性,使灵魂不做由身体或是其部分所引起的行为,或者以一种不是灵魂应该做的或①过去习惯做的方式来做。

箴言2 德性是人的灵魂的特性,人通过此特性做善事与高尚的行为。他做邪恶的事情与卑鄙行为的特性,就是丑恶、缺陷与罪恶。

箴言3 身体的健康是性情气质的平衡,生病则是性情气质的失衡。同样的道理,城邦的健康与正义就是城邦居民道德习性的协调,疾病就是居民道德习性的失衡。当身体偏离性情气质的

---

① 根据意思读作 aw lā,而不是 awwalan[第一]。

协调状态时，医生便让身体重新恢复健康，并能让它一直处在和谐之中。同样，当城邦偏离居民道德习性的平和状态时，政治家便让城邦重归正义，并使之始终处在这样的状态下。因此，政治家与医生的行为既有共同点，也有差异。其不同之处就在于两种技艺的目标不同。因为，前者的目标是灵魂，而后者的目标则是身体。正如灵魂比身体更优越，政治家也比医生更杰出。

箴言4　医生治疗身体，政治家治疗灵魂，政治家也被称为君主。然而，医生行医的目的，并不是让身体的特性成为灵魂借其可以行善作恶的东西。而是说，他仅仅打算让身体的特性成为可以使灵魂依靠身体或身体的各个部分产生的行为更加完善的特性，而不管那些行为是邪恶还是善举。

医生治疗身体，只是改善某个人的力量，而不顾及他是把所改善①的力量用在美好的东西还是恶劣的东西上。因此，眼科大夫的目的只是改善人的视力，而不理会他医治的对象把视力用在应该用的东西上并变得美好，还是用在不应该用的东西上并变得卑鄙。因此，从这个角度来看待身体的健康与疾病，并不是医生的职责，而应该是政治家和君王的职责所在。的确，政治家使用政治技艺，君主使用王权技艺，来决定应该在何处做，关于应该对谁做及不应该对谁做，以及应该为身体提供何种健康和不应该提供何种健康。

因此，君王的与政治的技艺②之于城邦的其他技艺，就如同建筑大师之于一般建筑者。因为城邦之中的其他技艺被实施和实践，只是为了通过它们来完善政治技艺与君王技艺的目的，就好似在建筑

---

①　字面意思是"优秀"（al‑jayyid）。

②　读作 Ṣinā'at al‑malik wa al‑madaniyya，而不是 Ṣinā'at al‑mulk wa almadiūna（王权术与城邦的技艺）。

技艺中居统治地位的技艺,就使用其他建筑技艺来完善自己的意图。

箴言 5　医治身体的医生,应该了解①[26]身体的整体和各个部分,需要知道哪些疾病与整个身体有关,哪些又与部分有关;需要知道疾病产生的原因,它与某个事物有多大关联;需要知道治愈的方法;需要知道那些身体的整体与各个部分获得之后就使产生于身体中的行为完善和完整的特性。类似地,治疗灵魂的政治家与君主,也需要对灵魂的整体和各个部分有所了解,需要知道在灵魂和各个部分中出现的缺陷、恶习以及产生的原因,与某个事物的关联度;需要了解决定一个人行善的灵魂特性及其数量;需要了解治愈居民恶习的方法;需要知道在公民的灵魂中建立那些特性的策略,以及如何治理城邦才能让公民长久拥有那些特性。此外,②他还应该对灵魂作其技艺恰好所需的了解,就正如医生需要对身体作其技艺恰好所需的了解,就好似木匠对于木材、铁匠对于铁都要作各自技艺恰好所需的了解一般。

二　人的灵魂,它的德行与恶行

箴言 6　一些实体是人工的,有些却自然天成。前者就是一些如同木榻、刀剑、镜子或其他类似的东西。自然天成的实体就是人类以及除人以外的其他动物。每一实体都是由质料与形式结合而成的。人工实体的质料就像是木榻的木材,形式就似木榻的形状,即是指它是方形的、圆形的或是别的形状。质料是潜在

---

①　术语 'arafa,在此以及接下来对它和它的名词的翻译中,将 ma'rifa 译作"认识到"或"了解"。这样做是为了与 alima 和 'ilm 相区别,我将后者译为"知道"、"学问"或"知识"。进行这样的区分是为了保持 gignōskein[认识]与 epistasthai[知道]之间看似存在的差异。

②　除了 Diyarbekir 外,所有的手抄本都是 wa lāhin innamā。

的木榻,由于形式的参与,质料才由潜在的状态而成为现实化的木榻。自然实体的质料,是它的构成元素,而形式是使每一物成其所是的那种东西。类与质料相似,而种差却与形式相似。①

箴言7　灵魂有五个主要的部分与能力:营养的、感觉的、想象的、欲望的、理性的。

[a]一般说来,营养的是指由于营养、利用营养或来自营养而实现某一行为的那部分灵魂。

营养分为三类:初级的、中等的以及最终的。初级的营养是指像面包、肉以及所有还没有开始被消化的东西。最终的营养是指,已经被彻底消化,已经成为与受它滋养的部分合二为一的东西:如果这一部分是肉的话,那么这种营养就在最大范围内变成肉;如果是骨头的话,[就变成]骨头。中等的营养有两种类型。一是指在胃与肠中被烹饪的食物,直到为源自于它的血液做好准备,二是血液。

营养的灵魂有如下的能力:消化、生长、生殖、吸收、保存、区别、排除。更恰当地说,②营养灵魂煨着血液,从而使其接近各个部分,最终变得与那个部分类似。

消化是指,让最初的营养在胃、肠中慢慢吸收,直到为来自它的血液做好准备。然后,比方说在肝脏中加工这份制品,直到最初的营养变成血液。

生长是指,在生长期间,由于营养,促使部分的数量在所有的

---

①　个别的存在适合更宽泛的等级,例如,实体、自营性生物、动物、人类。属是更一般的等级,它包含等级称为种。这样一来,人类、驴子以及马的种都置于动物、自营性生物的类之下,最终归于实体的属之下。为了将一个属中的各个种进行区别,就必须求助于种差,就如同通过理性把人从驴子与马之中区分出来一样。

②　字面意思是"更加真实的说法"。

方面都增加,直到长到最大可能的大小。

生殖是指,由于接近最终营养的营养——血液过剩,由于营养源源不断地供应,使另一个与实体类型相似的实体得以产生。繁殖有两种类型,一是给将要产生的新实体以质料,即雌性;另一个,则是赋予新实体以形式,即雄性。由二者的结合,一个动物孕育的孩子与这个动物在种上相似。

吸收是指,将营养从一个地方输送到另一个地方,直到它到达全身;身体日益强大是由于营养之间的联系与混合。

保存是将营养保存在它所到达的任何一处身体的血管里。

区别是能区分剩余营养的总数,营养的成分,然后将其分配到每一个与它相似的器官成员中去。

排除是将多余的营养种类从一个地方排到另一个地方去。

[b]感觉的能力是指,由人人都知道的五种感官中的任何一种所能知觉到的。

[c]想象是指,当感官与可感知事物分离后,继续保存感官的知觉;是指促使一些与另一些有不同的结合,并以各种相异的方式把彼此区分开——有些方法是准确的,有些则可能是错误的。想象既可以发生在清醒时,也可以发生在睡觉时。与其他能力不同,想象与摄取营养,它们在睡梦中可能更活跃。

[d]欲望能力是指,由于它,某个动物会对某事的出现满怀期待;由于它,而对某物怀有渴望、厌恶、追求与逃离、偏爱与回避、生气与满意、恐惧与勇敢、严厉与怜悯、友爱与憎恨、①激情、渴望以及其他与灵魂有关的一切。其他能力是欲望能力的工具,它推

---

① 这里所列举的情感,没有必要把它们理解为对子,即追求与逃避、偏爱与回避、生气与满意、恐惧与勇敢、严厉与怜悯、友爱与憎恨。原文允许把它们作为单个的情感。

动了各个部分以及整体的移动。例如,双手的能力是为了力量,脚的功能是为了行走等等。

[e]理性能力是指人通过其理智以保持审慎、获取科学与技艺、区分高尚与低贱的行为的原因。它有实践与理论两个部分。对实践的理性而言,一些牵涉到技巧,一些则与计算有关。

理论理性是一个人借以掌握关于存在的知识的东西,对于这些存在,我们不能作用于它们,也不能将它们从一种状态变成另一种。比方说,三是奇数,四是偶数。我们不可能让三变成偶数而让它依然是三,也不能使四成为奇数而让它依然是四。不过我们有可能在木头变成方形之后再把它变成圆形,而在这两种情形下它都仍然还是木头。

实践理性是指能辨别事物,因而,我们对它们发生作用并将它们从一种状态改变为另一种状态。涉及技能或技艺的东西指的是,通过它而获得了各行各业,比如,木工业、农业、医学及航海;所需的计算是,当我们打算做某事时,我们审慎地思虑①此事,以决定我们的行为是否可行,如果可行,我们应该怎么做。

箴言8 德性分为两类:一类是伦理的,一类是理性的。理性德性是理性部分的德性,例如,智慧、智思、聪明、机敏、卓越的理解力等等。② 伦理德性是欲望部分的德性,如适度、勇敢、慷慨以及正义。同样,邪恶也可以如此划分,而且在每个部分的范围内,邪恶是上所列举出来的这些的反面并与它们的目的相反。

箴言9 仅仅通过在某个特定的时间内,不断地重复道德习惯产生的行为,并使我们自己习惯于此,伦理德性与邪恶都能在

---

① 依据 Chester Beatty 与 Feyzullah 的抄本读作为 nurawwī,而不是依据纳贾尔与 Diyarbekir 抄本读作 yurawwī[某人思虑]或 yurawway[思虑它]。

② 这些美德将在接下来的箴言 33-49 中得以充分讨论。

灵魂中找到、确立。如果是行善,那么我们获得的就是德性;如果是为恶,那么我们得到的就是罪恶。这就如同写作技巧一样。由于不断地重复写作,并逐渐养成习惯,我们就能获得写作的技艺,而且它就能在我们之中得以确立。如果写作中不断重复并习惯的行为是坏的,那么我们也就确立了拙劣①的写作技艺;但如果那些都是极好的行为,那么我们得到的就是优秀的写作技艺。

箴言10　正如人不可能一生下来就会织布和抄写一样,一个人拥有的德性与邪恶不可能从一开始就是自然形成的。但一个人做善事或做坏事的倾向却是自然形成的。因为,对他来说,那样做比较容易。就如同人选择写作或其他技艺的倾向是自然形成的一样。因为,对他来说,做这种比做那种更容易。这样一来,如果不是由于外界的力量迫使他去做更难的事情的话,那么从一开始,人就会做对他来说本身比较容易的事。那种自然倾向(dispositon)不能称为德性,就如同以某种技艺行为为目标的自然倾向不能称为技艺一样。

但是,当存在着高尚行为的自然倾向而且不断地重复那些行为的时候,②灵魂就会拥有由于习惯而确立的特性。高尚行为正源自这种特性。由习惯而形成的上述特性才能被称为德性。既不能把自然特性称为德性,也不能把它叫做缺陷,即使某个以及同样的行为都是由此而来的。自然无名。如果有人非得把自然的东西称为德性或是缺陷的话,那么也只是貌合神离;绝不是由于后者的意义与前者相同。因习惯而起的[行为],是某人受到褒奖或是遭到谴责的原因。相反,他不会因为别的原因而受褒奖,

---

① 字面意思是"坏"。
② 德黑兰大学神学院的手抄本中,省略了 wa utidat("而且使之成为习惯的")。

也不会别的原因而遭谴责。

箴言 11　很难有人能够彻底运用自然天性来处理所有的德性、道德、理性，就如同很难有人天生就能处理所有的技艺一样。类似地，一生下来就会行恶的人是极其罕见的。然而，一切皆有可能。大多数情况是，每人只拥有一种或几种德性；拥有一种或几种技艺。因此，这一个拥有这一种，①那一个拥有另一种，第三者则拥有第三种德性或技艺。

箴言 12　当为善为恶的自然特性与倾向加上与它们类似的道德习惯，并且这些自然特性与倾向因习惯而得以确立时，人与他的自然特性便完美契合了。在他身上已经确立起来的特性很难被移走，而不管这种特性是善还是恶。

但有时，存在着天生就趋向所有德性的人，这些德性通过习惯而在他身上确立，那么他就能超过大多数人身上发现的德性，因而，他总是能超越人的德性从而走向更高级的人性。古人（The Ancients）习惯称这类人为神人。与之相反的是另一类人，他们趋向所有的恶行，那些邪恶的特性也是因习惯在他们自身中确立，它们已经超越人类的邪恶，变成了更邪恶的东西。没有具体的名字来称呼那些更邪恶的东西，有时候，会称之为禽兽或类似的名称。

这两类极端的人非常罕见。当第一类人出现时，他拥有与自身相符的地位，他比为某个②城邦服务的政治家更高级。恰恰应该让这类人统治所有的城邦，成为真正的君主。当第二类人偶然出现时，他根本无法治理任何一个城邦，也不能为之服务，甚至应

---

①　依据 Chester Beatty 与 Fyzullah 的抄本读作 nahwa shai awwal（字面意思是"为了第一个事物"），而不是依据纳贾尔和别的版本作 nahwa dha（"为那个"）。

②　依据 Fyzullah 的抄本，在 al‐mudun 之前增加了 madīna min。

该远离所有的城邦。

箴言 13　以德性与邪恶为目的的自然特性与倾向,可能因为习惯而被彻底移走或是被彻底改变,以至于相反的特性代替它们并被建立在灵魂中。在没有彻底移走之前,由于其他的特性,那些自然特性与倾向的力量被打碎、被削弱、变得不完美。同时,只要没有移动或是改变其他的特性,那么它们的力量也不会受损;但那些自然特性与倾向会遭到忍耐力、阻止灵魂去行为、斗争、反抗等等的阻挠,直到某个人总是做相反的行为为止。类似地,当坏的道德习性因习惯而在灵魂中得以建立时,它们也是如此分类的。

箴言 14　自我约束的人与高尚的人之间有差异。

即使一个自制的人拥有高尚的行为,那么在他做好事时,对激情、对邪恶的向往之情也是相伴而生的。他与自己的激情抗争,与激励他随心所欲的特性与渴望作斗争。他做好事,又会被所做之事给激怒。而高尚的人则会依循自己的特性、依循自己的渴望去行动。当对善事充满激情或渴望时,他就会去做;他不会因为行善而恼怒,恰恰相反他会乐在其中。

这好比有病而不得不忍受巨痛的人与健康的、没有疼痛感的人之间有差异一样。与此类似地,节制的人与自我约束的人之间存在差异。节制的人只做传统的法律[①]所做的规定,如在饮食以及两性交往等方面的规定;他不会有冲动或是渴望去做传统法律规定之外的事情。而自我约束的人,会对那些事情或其他诸如此类的事情有着超出传统法律需要的、过度的热情;在做传统法律规定的事情时,他还热切地渴望做相反的事情。然而,自我约束的人可能取代一个在许多方面都高尚的人。

---

① 该词是 sunna。

箴言 15　在每个人所主张的优秀方面,其灵魂在各个方面都倾向不为恶且在道德[德性]上值得夸奖的人与自我约束的人全然不同。如果城邦的统治者一直拥有值得赞扬的道德并且他的值得赞扬的行动是品德之状态,那么,他就比那种具自我约束的人更优秀。反之,公民与使城邦繁荣的人都是自我约束能力很强的人,都能使自己与习惯①的要求一致,那么,他就比天生的德性更高尚。

其原因在于自我约束的人与遵守法律的人都主张拥有争斗之德行。如果他不是作为一位统治者而作为一名公民有过失的话,那么统治者们将会使他正直;他的罪行与堕落不会超出他之外。然而,全体居民所分享的却是统治者的正义。因此,如果统治者全面堕落的话,其堕落就会遍及他旁边的许多人。所以,统治者的德性必须是出于天性,并一直处于那种品德状态中。对统治者最充足的奖赏,就是在他所修正的人们那里所确立的东西。

箴言 16　城邦的邪恶止于在人们灵魂中确立的德性,也止于人们渐渐获得的自我约束。尽管在灵魂中确立了德性并获得了自我约束,却仍然无法停止作恶的人将被城邦驱逐。

箴言 17　赋予一个人能够处理所有的行为,并且不会做与之相反的事情,这不但困难,而且也不可能。然而,任何被赋予一种行善与作恶的特性与倾向的人,既能够抵制、也能够做相反倾向引起的行为。但是,这一点对于他来说是困难的,除非这一行为因为习惯而变得方便容易。既要摒弃已经成为惯例的东西,又要做与之相反的行为,虽然是可能的,却又很困难,除非它已经成为惯例。

箴言 18　善的行为是合中道的平衡行为,它居于两个极端之中,那两端——过和不及——皆是恶。类似地,德性是灵魂的特

---

① 该词是 nāmūs。

性,是两种特性的中道,这两端皆恶,一是过多,一是过少——就像节制,它是过度渴望快乐与麻木不仁的中间状态。一端是过多,即贪欲,另一端则过少。

慷慨位于不足与浪费之间,勇敢则是鲁莽与怯懦的中道。机智则是冒失、放纵[一方面]与迟钝[另一方面]的中道,它与恶作剧、幽默以及其他与此类似的东西相关。谦虚是一种道德习惯,它是自傲[一方面]与轻蔑或亲密[另一方面]的中道。恭敬是一种德性,它是傲慢、吹嘘或自负[一方面]与自谦[另一方面]的中道。温顺是过度愤怒与无动于衷的中道。谦逊是傲慢无礼与沉默寡言的中道。友爱是粗暴与谄媚的中道。其余以此类推。

箴言19　什么是平衡和中道(equilibrated and intermediate),可以从两个方面说。一是,中道自身是什么;二是,处于关系中的中道是什么,以及由此推向彼的中道是什么。

中道自身是什么,这个问题就像六位于十与二之间一般,十比六多四,就如同六比二多四一样。这就是中道自身,它在两个极端之间。每个数字都以这种方式与此相似。中道既不增加,也不减少,因为十与二的中道就是六。

处于关系中的中道会根据不同的时间以及不同的事情而增加或减少。例如,对于一个年轻人与一个非常勤奋的人来说,均衡的营养会根据身体需求的不同而不同。他们彼此所需营养的中道是不同的,这是由于与中道有关的范围和数量、软硬、轻重尤其是质量和数量不同。类似地,一个均衡的气候与身体有关。与营养、医药有关的中道,仅仅只是在数量与质量上的增减而已,它与被照顾的身体相协调,与人们的力量、病人的技艺①、居住环境、以前的生活习惯、年龄相协调,也与医药自身的效力相适应。所

---

① 即是,与一个得病的人所从事的技艺与职业协调一致。

以,病人的药方剂量也因季节不同而不同。

关系中的中道是与行为、道德习惯有关的中道。因为,决定行为的数量与范围、其紧张度与懒散度的,只是行为的相关性、行为的[直接]接受者、行为产生的原因;它也是与时间与地点一致的。拿愤怒来打个比方,其中道是与某人为谁生气、为什么事情生气协调一致的;它也与愤怒产生的时间、地点有关。同样,惩罚中的鞭打①的数量与质量上的范围,就与鞭打者、被鞭打者协调一致,与引起鞭打的犯法行为、与鞭打的方式相适应。其他的行为以此类推。每一行为中居中的东西就是与此行为所包括的事物相关的决定。不同的行为对应的不同事情是相比较而言的,因为每一行为的决定因素在数量上各有差异。相反,例如,某一行为的决定因素与五个方面相关,那么其他与此有关的行为的决定因素就会少于或多于五个。

箴言20 与营养、医药有关的中道,是大多数人、大多数时间的适中、均衡状态。有时候,它是在特定时间内派别之间互相区分的均衡;有时候,它是某个个体在某一时刻(或长或短),区别于他人的均衡。因此,与行为有关的中道可能就是所有的人或其中的大多数人或大多数时间的均衡;一些可能是派别之间在某一个特定时刻相区别的均衡;或是某一派别在某一时刻的均衡,也或许是某个人在某个时间的均衡。

箴言21 研究和推断营养、医药中道与平衡的人,就是医生。医生借以研究的技艺就是医学。研究道德习惯与行为的中道的人,就是城邦的统治者,就是君主。君主借以研究的技艺就是政治学与统治术。

---

① 依据Feyzullah的抄本读作fī,而不是依据纳贾尔与其他的抄本读作wa("与")。

三　家庭、居所、城邦

箴言22　对古人来说,"城邦"与"家庭"并不仅仅意味着居住地。然而它们的确指围绕在它们周围的居所,而不管那是什么样的居所,也不管它们究竟是什么东西,亦不管它们是在地上还是在地下的东西——木头、黏土、羊毛、头发还是其他东西,用以制造了围绕着人们的居所。

箴言23　居所可能会在居民中酝酿出不同的道德。例如,沙漠中,毛织物与皮革制品的居所,造就了居民机敏与果敢的性格特征。有时,当质料多到一定程度时,就会产生勇敢与鲁莽。不容易接近、非常牢固的居所,造就了居民胆怯、谨慎与害怕的性格特征。因此,统治者有责任关注由于地区差异而产生的性格差异。然而,这一点即使偶尔被注意到,那也仅仅是为了居民的道德、是作为帮助的一种手段才被关注。

箴言24　家庭是让各个特定部分和伙伴关系联结起来并走向繁荣的东西。这些关系共分为四类:丈夫与妻子、主人与奴隶、父与子、财产所有者①与财产。家庭的主人和统治者是处理这四个部分与四种关系的人,他让家庭成员和睦相处,让彼此牢固地系在一起,只有这样才会在家庭成员的行为之间建立合作关系,才会形成互助关系,这样做才能通过善的事情使家庭的目的日趋完善,使家庭日渐繁荣,使家庭中的每个成员②都受益。这样的人被称为一家之主,他在家庭中的地位,就如同城邦的统治者之于

---

① 读作 qānin 才意思通顺,而不是 qunya("获得物")。
② 即是指家庭成员;但原文中仅仅是一个复数的阳性词"为了他们"('alaihim)。

城邦一样。

箴言25　城邦、家庭与人的身体相似。身体由数量明确的各个部分组成。在某个等级相邻的部分,一些比另一些更高级,它们各司其职,只有这样才能通过所有的行为在互相帮助中结合,以使人类身体的目的圆满达成。同样的道理,城邦与家庭也由一定数量的各个不同部分组成。不同阶层的同一等级相邻的部分中,总有一些比另一些更高级,它们各就其位,各司其职,惟有如此才能通过行为使它们紧密相联,相互帮助,不断地完善城邦或家庭的目的。虽然,各个家庭位于城邦之中,并且是城邦的一个部分,但它们的目的却不同。因此,当它们日趋完美并结合在一起的时候,为了使城邦的目的日趋完美,会由于这些不同的目的而呈现出一种互助。

以上这一点也与身体类似。的确,头、胸、胃、背、手、脚之于身体,就像家庭之于城邦。每一个大器官的行为有别于另一个大器官的行为。然而,各个大器官的各个部分通过各自不同的行为而彼此协助,以实现此大器官的目的。然后,当大器官的不同目的彼此得以完善时,就会为了使整个身体的目的日趋完善而于它们及它们的行为出现互相协助。家庭之于自身与家庭之于城邦的情形是相似的。因而,只有通过结合在一起,城邦的所有部分才对城邦有用而且有助于凭借其他事物来构成某些事物,这与身体的器官是一致的。

箴言26　医生治疗出现病变的器官,只能根据它与全身的关系,和它与相邻器官以及附着于它的器官的关系来判定。医生的行为通过治疗得以表现,这种治疗让病变器官恢复健康。正是由于恢复健康,病变器官对于整个身体、相邻器官以及附着于它的器官来说才是有用的。同样的道理,城邦的统治者应该治理城邦的每个角落,无论它们是单个的人,还是家庭。统治者医治、并且为各个角落提供一种与整个城邦和城邦中的其他部分保持协调的关系。具体做法是努力使能够提供善的部分成为善,这种善既不会损害到整个城邦,也不会伤害到城邦其他部分;相反,它是一种对整个城邦、对城邦中的每个部分来说都有用的善,与其在有益于城邦的等级中所占的位置相一致。

当医生并不关心我们刚才所讲的,只是很热心为某个部分提供健康与治疗,而不在意与此相邻的其他部分的状态时,或者当他进行治疗的方式还会伤害到其他部分时,那么,他为恢复健康所做的努力既非对整体有益,也非对相邻的或是附着于它的部分有益。医生的那种做法只会使那个部分以及依附于它的部分都出现病变,还会把疾病传给其他器官,这样一来,整个身体都会变坏。城邦也如此。

当[身体的]某个部分接触腐败的部分,而且这种腐败最让人害怕的地方在于,它会传染给相邻的其他部分,若果真如此,受感染的部分就会被切掉,以保护别的部分不被感染。因此,当城邦的某个部分感染了会传染给其他部分的腐败时,就应该把这个部分放逐或是处理掉,以确保剩余部分的完善。

箴言 27　还不清楚人是否有能力推测只与他有关的行为和道德习惯的中道,就如同不清楚他是否有能力推测滋养他的营养的中道一样。如果他能推测滋养他的营养的中道,那么这就是医学行为,因此,他有能力关注医术。同样,如果他有能力推测仅仅与他有关的道德习惯与行为的中道的话,就意味着他有能力关注政治技艺。

然而,有能力推测其他某一器官均衡状态的人,当他不在乎均衡状态对身体的其他部分是否无害时,当他也不会因为它对整个[身体]及其各个部分有用而将它记下来时,那么,他借用医术而探知到的就是有缺陷的东西。因此,尤其有能力从道德习惯与行为中探知与自己有关的中道的人,如果当他不努力从所探得的中道中找出对城邦以及各个部分有用的东西来,当他不关注中道或者虽然关注但却不会对它给别的部分造成的危害保持警惕时,那么,他借助政治术所探知到的就是有缺陷的。

箴言28 城邦可能是必要的,也可能是高尚的。必要之城的各个部分互相帮助只是为了获得对于某个人的构成、生存以及生命的保全来说必需的东西。高尚之城的所有居民互相帮助是为了追求对于一个人的存在、构成、生存以及生命的保全来说最好的东西。

有种观点认为,享受快乐就是最好的东西;另一种则认为最好的是财富。一种调和前两者的观点认为,既拥有快乐又拥有财富才是最好的。苏格拉底、柏拉图、亚里士多德均认为,人类有两种生活。一种由机体日常所需的各种营养物以及除此以外的所有外部事物构成,它是最基本的生活。另一种是,它的构成在于其本质,它不需要外部事物来构成它的本质。事实上,其组织构成是足够的,它自身能够维持[它的]存在,这就是终极的生活。

人类有两种完善,一是初级完善,一是终极完善。事实上,当初级完善在今生已经获得时,终极完善就能在今生及终极生活① 中实现。初级完善是所有应该践履的高尚行为,而不是指人们拥有德性,而又不去践履它们;初级完善就是坚持去形成产生行为的品质状态,而不是去探究这种状态。类似地,作者的完善是去

---

① 依据 Diyarbekir、Chester Beatty 的抄本以及德黑兰大学神学院的两个抄本读作 yuḥsal lanā fī ḥādhihī al‑ḥayā wa fī al‑hayā al‑akhīra。纳贾尔效法其他抄本,增补了 lā("不是")与 lākin("而是"),结果读作 yuḥsal lanā lā fī hādhihī al‑ḥayā wa lākin fī al‑ḥayā al‑akhīra("我们不是在今生而是在最终的人生中获得")。

写作，而不是要获得写作的知识；医生的完善是行医，而不只是获取医学的知识。每一种技艺都与此类似。

凭借初级完善，我们才会获得终极完善。终极完善就是终极幸福，它是绝对的至善。由于终极完善自身更喜欢、更渴望终极完善，而不是——在任何时候都不是——由于他物才选择终极完善。除此以外的它物之所以被选择，仅仅只是由于它们有助于获得幸福，而且每一事物只有当它有助于获取幸福时，它才是善的。任何阻碍它那样做的，都是恶。

因此，与此对应的高尚之城就是，其居民在获取终极完善、即终极幸福的路上携手并进。因而可以断定，高尚之城的居民与其他城邦居民不同的是，他们尤其拥有德性。居民为了追求财富或快乐而团结互助的城邦，在追求目标时，并不需要德性的全部。而且，这样的城邦可能连一种德性也不会需要。因为，他们有时使用的契约与正义并不是真正的德性；而只是某种看似正义而绝非正义的东西。而且，他们在追求目标时所使用的那些都只是类似于德性的东西。

箴言29 就它们所包含的事物而言，相称的、中道的以及决定的行为——连同其他约定的行为，都应该有助于获取幸福。研究上述行为的人，应该着眼于幸福，然后再决定自己应该怎样行动，才能使行为既有益于整个城邦、也有益于某个人获得幸福。这就像医生，当他致力于探究用来治病的营养与医药的中道时，其着眼点在于健康。

四 论真正的君主

箴言30 真正的君主，其目标与关注点集中在他借以统治城邦的技艺上，这些技艺能为他自己与城邦的全体居民提供真正的幸福。这正是王道(the kingly craft)的目标与意图所在。由此推断，高尚城邦的君主应该比城邦中的其他人在幸福上更完美，因为他是其他人幸福的原因。

箴言 31 有一种观点认为，王权与城邦治理的目标就是威严、荣誉、权势、命令与禁止令的执行、服从以及变得崇高、强大。持有此观点的人更喜欢以荣誉为王权的目标，而不是以王权获得的东西为目标。他们设定了一套治理城邦的行为来获取荣誉。他们设立了一套城邦传统法，通过城邦的居民来获得荣誉。通过城邦居民的践履德性；通过为了城邦居民好好地去做；通过将城邦居民带向对于他们来说是善的事物，并为了他们而维持那些事物；通过让他们优先选择超越他们自身的事物，一些人认为，如果按照以上方式去做，行为与传统法的制定是可能的。因此，他们获得了巨大的荣誉。对以荣誉为目标的统治者来说，那些都是最高尚的。其他人则认为，可以通过财富拥有荣誉，因而他们努力使自己成为城邦中最富有的居民。让自己成为首富，只有这样，才能得到荣誉。还有人认为，仅仅依靠血统就可以获得荣誉；还有人则认为，要获得荣誉就得征服城邦居民，统治他们，奴役他们、恐吓他们。

另一种观点认为，治理城邦的目标在于财富。他们设定了一套统治城邦的行为，由此可以致富。同时，他们为城邦居民设定了一套传统法，通过居民而富裕。如果说，他们非得选择某种善或是非得做什么事情，那也只是因为这样做可以积累财富。众所周知，选择财富并以此为荣与为了服从荣誉而选择荣誉，以便自己变得富裕，从而得到财富，这二者是根本不同的。后者被称为邪恶统治下的居民。

还有一种观点认为，治理城邦的目标在于对享乐的追求。

最后，有一种观点综合了前三者——即认为，荣誉、财富、快乐才是统治的目的所在。持有这种观点的人进行独裁统治，把城邦居民当作他们获取快乐与财富的工具。

以上几种统治术都不是古人所说的王道。

箴言 32　君主就是借用王权、借用统治术、借用随时都可以把王权当作统治地位的能力而成为君王的人——不管他是否被认为有统治术,是否能发现可用的工具,是否能找到认可他的人群,也不管是否有服从他的人。因此,医生也就是借用医术——不管他是否被人们认可①拥有这样的权利,不管他的医术是否配备了医疗工具,也不管是否能找到把他看作医生的人群,不管能否遇见让他医治的病人。即使上述的任何一点他都不具备,那也不会影响他的医学知识。同样的道理,君主是能行使王权、能运用统治术的王者——不管他是否已经统治着某一群人,不管他是否被赋予荣誉,也不管他是贫穷还是富有。

另一些人则认为,不能将君主的称号随随便便给予某个虽然拥有王权但却在城邦中不被服从、不受尊敬的人。有人认为,君主称号也不能随便给予没有财富的人。还有人认为,以征服、贬低、恐怖、激起居民的恐惧而进行统治的人,也不配拥有君主的称号。

以上这些均不是王权的条件。然而,它们有时被视为王权的效果②,因而,它们也被假设为王权。

五　理智德性

箴言 33　理论的理性部分与计算部分都有自己的德性。理论部分的德性是理论理智、知识③与智慧。计算部分的德性是实

---

① 这一术语是 'arafa。
② 字面的意思是"理由"(asbāb)。
③ 这一术语是 'ilm,它很容易被译成"科学"。然而,这里以及箴言 34-37、箴言 52 中,阿尔法拉比似乎是在"知识"的意思上使用 'ilm,'ilm 的复数 'ulūm 是"各种科学"之意。

践理智、审慎、识别力、优秀的判断力以及正确的假定。

箴言34　理论理智是一种能力,由这种能力我们可以凭借本性而不是凭借省察或者三段论推理获得某种关于必要和普遍前提的知识,这些前提正是科学的原理。它就像是我们所知道的,整体大于部分,总数与一个个相加所得的和是相等的。前提就好像是我们从它开始,进而获得关于其他理论存在物的知识,这些存在物都不是人为的存在。只要这种理智还没有获得第一性的[事物],它就可能是潜在的。一旦它获得第一性的事物,它就变成现实的理智,具有强烈的探究所剩之物的倾向。就这种理智获得的东西而言,这种能力不可能出错;的确,除了必定准确的东西之外,与科学相关的任何东西都不可能发生于理论理智中。

箴言35　"知识"这一名称可以运用到许多事物上。然而,作为理论部分的德性的知识,则是为了让灵魂获取存在物存在的确定性——这些存在物的存在和构成根本就与人的技艺毫不相干——同时,也为了让灵魂从准确的、必要的、普遍的以及理智所确定并据其本性获得知识的诸首要前提所构成的论证出发,去获得关于每一个存在是什么以及如何是的确定性。

该知识分两种。一是逐渐得以确定一事物的存在、其存在的原因、它之为自己而不可能为他物——它自己不可能是他物,它的原因也不可能是他物。二是变得确定它的存在以及它不可能是他物,但并不会抓住它存在的原因。

箴言36　知识实际上是那种永远都准确与确定的东西,而不是那些[在特定的时间]才准确与确定而在另外的时候则否的东西,更不是只存在一时之后就无法存在的东西。如果我们确认某物现在存在,但随着时间的流逝它也会消亡,那么我们就不会意识到它是否存在。因而,当我们的确定性回到质疑、虚假或它可能错误时,它就既不是知识也没有确定性。

因此，古人从未把感觉视为知识，因为感觉很可能从一种状态变为另一种状态。这就好比我们只是知道一个人现在正坐着，因为他可能会改变姿势，然后站起来。相反，古人把关于某个事物存在的确实性视为知识，这一确实性是不可能会发生变化的，例如，"三"确定无疑是一个奇数。奇数"三"是不会发生变动的。因为"三"不会从奇数变成偶数，同样，"四"也不会变成奇数。因而如果这就叫知识或确定性的话，不过是隐喻的叫法而已。

箴言37　智慧是关于其他存在者得以存在的最精微（remote）原因的知识；智慧是关于有原因的事物得以存在的最直接原因的知识。即我们确信其他存在者与有原因的事物是存在的。我们知道它们是什么以及是怎样的。而且，[我们知道]即使数量众多，它们也会按向上的等级而生成一个单独的存在，而这个存在就是最远的事物存在的原因，是离得最近的事物附属于它们的原因。而且，[我们知道]，那一个[存在]是第一真实的。第一真实的存在是单一的，没有部分，其本质上是自足的，它不依靠它物存在。[我们知道]，对于它来说，根本就不可能是一个实体或存在于某一实体之中。[我们知道]，它的存在是另一种存在，它在其他事物外部，在任何意义上它都不会与别的事物分享任何东西。相反，如果它要分享的话，也只是名义上的，而不会获得意义上的分享。而且，[我们也知道]，它绝不可能因为只是一个而被拒绝。它是真正的一。它能为其他存在提供同一性。由于同一性，我们可以说，能使每一存在的事物得以成为自身。它是第一真实的，为别的存在提供真实性；在其真实中，它非常自足，以至于不可能从其他事物获得真实性。不可能设想有比它更为完善的完善了，也不可能有比它更微不足道的存在了；也不可能有比它更完整、更真实或更同一的存在了。

此外,我们知道其他存在是怎样从第一真实获得存在、真实以及同一的;知道每一存在的哪一部分是存在的、真实的与同一的;其他事物是如何从第一真实获得客观实在性的;第一真实让我们认识①了所有存在的等级——某些处于第一,某些处于中间,一些在最后。处于等级最后的存在拥有一些原因,但不是对任何附属于它们的事物所作的说明。处于中间的是有一个原因在其之上那些事物,并且它们是附属于它们的事物的原因。第一因是其附属物的原因,在其之上,没有别的原因。

另外,我们知道处于末端的事物是如何上升到中间的,处于中间态的一些事物是如何超越其他的事物,从而最终成为等级顶端的;而且我们也清楚统治是怎样从最上面开始,然后通过扩展到除此之外的每一个事物,直到处于最下端的事物。

因此,这实际上就是智慧。这一名称常常是隐喻性地被使用,以便那些很有技艺且在这些技巧上完美无瑕的人,得以称为睿智的人。

箴言38　实践理智是那种能力,由于它,人们通过在各种事情中的丰富经验以及对那些可感事物的长期观察而获得了一些前提,他能够由之关注那些他应该选择的或是避免与我们将要做的事情有关的每一件事。这类前提中的一些是普遍的,而我们应该做的或是需要避免的事情均包含在每一个这样的前提中。另一些前提则是孤立的、个别的;它们经常被用来解释一个人想要把握却还没有能够观察到的事物。

只要还没有获得经验,实践理智就只是一种潜在的理智。当

---

①　依据 Diyarbekir 和 Feyzullah 的抄本读作 wa an yu'allim,而不是依据纳贾尔、Chester Beatty 以及牛津大学图书馆的抄本读作 wa an nu'allim("而且我们使之被知道的")。

已经得到经验且已经贮存起来,它才会成为行为中的理智。一个人每生活一年,这种行为中的理智就会随着经验的增加而增加。

箴言39　审慎是一种对所关注事物进行出色思考与探究的能力。这些事物更有助于、更适合一个人去获得真正的、主要的善与高尚的、值得尊敬的目标——而不管它们是否就是幸福,也不管它们是否特别有助于获得幸福。

聪明是一种出色的推理能力,它关乎更高尚和更适合的东西,以获得某些更小的善。

狡猾是一种深思熟虑的推理能力,它关注的是什么更适合、更有助于实现主要的与假设的善有关的事情——即富裕、快乐与尊敬。

欺骗、诡计、欺诈尤其关注什么是更急切、更有助于实现被假定为好而实际上却是卑微的行为——即卑微的利益与卑微的快乐。

所有这些都仅仅是导向目标的东西,而不是目标。因此,所有的思考也是如此。因为,一个人仅仅只对自己设定的目标有激情,只对他算计的东西有渴望;接着,他就会思考为了获得目标而需要的事物——它们有多少,它们是什么,它们是怎么样。

箴言40　身体与灵魂各有其快乐与痛苦。快乐是它们各自的和谐与适当,而痛苦则是冲突与排斥。快乐与痛苦既可能是必不可少的,也可能是偶然的。必不可少的快乐是对和谐的体验,而偶然的快乐是指没有冲突所致的痛苦。必不可少的痛苦是对不和谐的体验,偶然的痛苦则是和谐所致的快乐的缺失。

箴言41　由于感觉和想象力的损坏,身体有病的人们就会把甜当作苦,把苦视为甜。他们把恰当的概念想象成不恰当的;把不恰当的概念却视为恰当的。类似地,由于邪恶和有缺陷的人具有病态的灵魂,所以,他们将邪恶设想成善,而将善视为恶。

现在,在道德德性(moral virtues)上高尚的人始终只对真正善的事物怀有热情与渴望,并以此为自己的目标与意图。而邪恶的人总是对真正邪恶的事物怀有一种激情;由于灵魂生了病,所以他将邪恶都想象成善的事物。

因此,审慎之人在德性方面是高尚的,聪明之人也是这样。然而狡猾与欺骗之人是邪恶的,有缺陷的。进而可知,审慎之人凭借自己拥有的德性来确定目标,凭借出色的思考确定获得目标所需要的一切。

箴言42 审慎有许多种类型。一种是齐家所需的出色思考,即齐家的审慎。另一种是对更严肃的城邦事务的出色思考,即治国的审慎。还有一种是对生计的出色思考,即它考虑的是什么更适合、更有助于获得好的生活与人类的种种善——比如,财富、崇高与其他事物。另外,财富、崇高等等成为善,只是由于它们有益于获得幸福。在审慎中还有一种劝告审慎。劝告审慎关注的是提出建议,这样做不为自己而是为了别人——也是为了管理家庭、城邦或者其他事情。在劝告审慎中有一种是对抗性的,即,对高尚的、健康的意见进行探究的能力,这种能力可以与普遍存在的敌人、对手进行斗争,或者,由此可以击退他们。

为了全神贯注于每一事物,可能就需要审慎——既可能是一点点,也可能是很多,总之与他正追求的事物一致。如果,所求之物很重要或是很主要的话,他将会需要更强有力的、更充分的审慎。如果是微不足道之事,那么只一点点审慎就足够了。

审慎,正是公众所说的理智。当一个人拥有这种能力时,他就会被视为一个理智的人。

箴言43 正确的假定是指,一个人在任何时候观察某个事物时,他——由自己的假定——总是能遇见非常正确的东西,以至于它不可能是别的什么。

箴言44　辨别是一种能力,它能得到有关正被怀疑的、深奥的意见的正确判断;同时,它也是一种证明这种判断的能力。因此,辨别能出色地推断出什么是正确的意见。所以,辨别也是一种审慎。

箴言45　对人来说,卓越的意见就是要拥有意见,或是在意见方面很卓越,而且要在行动中成为一个高尚的好人,然后他的说法、意见和忠告经受了多次验证,已经被证明是恰当而正直的。此人会一直那样做,直到产生值得赞扬的结果。因此,他的言论逐渐地被接受——即由于对他频繁而又准确地观察——以至于他的德性、恰当的判断、合理的建议使得他不需要证明自己的言论或建议。显而易见的是,在检验某个意见,并关注此意见中正确的部分时,他也只能凭借谨慎去关注和检验。因此,好的意见也是一种审慎。

箴言46　一个正在思考的人有两种根源(root)可以用来推断出自己正在思考的东西。一是所有或绝大多数人接受的事情。二是由经验与观察而得到的东西。

箴言47　一个简单的人除了对由经验而被认知的实践事情没有经验之外,拥有未被削弱的想象力,去理解被广泛接受的应该选择或是应该避免的事情。一个人在某类事情上可能很简单,在另一类事情上却不简单。

箴言48　总是把应该选择或是应该避免的事情,想象成惯例或是被普遍接受的事物的反面,这样的人是疯狂之人。另外,有时候他碰巧把其他被普遍接受的事情想象成与之相反的东西,更多的是他凭着感觉而感知到的。

箴言49　愚蠢就是当一个人对普遍接受之事的想象的理解未被削弱时,他就已经拥有了经验。对自己无限热爱与渴望的目标的富于想象的理解,没有受到削弱,而且他对此还进行了思考。

但是,他的思考不可避免地让他以为有东西导致了那一目标,而事实上它根本没有导向那个[具体的]目标;或者他的思考使他把导致那一目标反面的东西假设为导致了那一目标。① 所以他的行为、建议和促使他产生假想的错误思考相一致。因此,初看上去,愚蠢之人具有聪明之人的形式,其意图颇为合理。通常,愚蠢之人的思考使自己深陷邪恶,哪怕他自己根本就无此意。

箴言50　机敏是不花时间或时间上毫不耽搁地迅速猜出某个东西的卓越能力。

箴言51　审慎与聪明均需要人所具有的自然倾向。当一个人被赋予了充分审慎的倾向,并逐渐屈从于恶时,那么,此时的他已经被改变了,变了个人。如此一来,他已经不再审慎,而是开始变得狡猾、充满欺骗性与诡计多端。

箴言52　一些人把审慎称为智慧。智慧是对最卓越存在者最卓越的了解。然而,因为人类事务只能通过审慎而被知觉,除非人类是整个宇宙、所有生物中最卓越的,否则审慎就不应该是智慧。因为人类不可能最卓越,所以审慎是智慧的说法就只能是一种比喻,而且是明喻。

箴言53　智慧最为特别的特征是,它知道每个终极存在②的终极原因。人追求的终极目标就是幸福,目标本身成为其中的一个原因。因此,智慧就是要抓住那个真正幸福的东西。

另外,只有智慧才能了解元一——其他存在由之而获得德性与完善。智慧洞悉怎样从元一那里获得德性与完善,而且它知道每一

---

① 也就是说,它导致了正被讨论的目标。
② 参见箴言37。在此,阿尔法拉比认为,智慧让我们认识"真正的一……而且智慧还让人了解到全部存在者的等级——某些存在者处在最开始,一些则居中,另一些则位于最后。"此处译为"最后的"的术语是 akhīr,此处被译为"终极的"的词是 muta'akhkhir。

存在获得的完善之份额的程度。所以,人就是从元一获得完善的那种存在物。因此,智慧了解从元一那里获得的最大完善,即幸福。

因此,智慧关注什么是真正的幸福,而审慎关注的则是应该如何做才能得到幸福。因此,这二者相互协助,以使人类不断地完善——智慧给出终极目标,审慎则给出获得目标的手段。

箴言54 修辞是那种以陈述为手段向他人讲话的能力,那些陈述在劝说每一件可能的事情,以让人在趋避方面至为出色。然而,这种能力被那些高尚从业者把它用在好东西上,而那些狡猾的人则把它用在邪恶的东西上。

箴言55 想象性召唤(imaginative evocations)①的优点与劝说的优点是不同的。它们之间的差异在于,因劝说的优点而做出的打算是要求听众去做某人赞成的事情;因想象性召唤的优点而做出的打算是激励听众的灵魂去追求或是避免由想象而被刺激到的事情,或是激励听众的灵魂对此事流露出喜欢或是厌恶之情。哪怕听众还没有接受此事。就好比某人在看见某物与真正让他恶心的事物相似时,也会感到恶心一样。即使他也知道自己所看到的并不是让他恶心的东西。

想象性召唤的优点用于下列事情上:什么引起烦恼和满足,什么引起惊惧和肯定,什么让灵魂软弱,什么让灵魂坚强,以及灵魂的其他偶然性。由想象性召唤的优点所引起的打算,是一个人应该被迫使接受某一事情,应该鼓励他接近它,即使他对此事的了解需要与想象力所唤起的事物相反的事物。许多人喜爱或是

---

① 此处的术语是 takhyīl,它是 khayyala 的动名词(maṣdar)。到目前为止,阿尔法拉比已经使用动词 khayyala 与其反身代词(takhayyala)一致,通过上下文,它应该被译作"设想"或是"产生想象"。虽然,此处的意思是想象使人的头脑中产生一个图像,也就是被再现。

厌恶某物,选择或是避免某物,仅仅是由于想象性召唤、也由于思考上的排斥,也是因为他们本来就不思考,或是因为他们在自己的事务中排斥思考而已。

56 箴言　所有诗歌都只为了让某物的想象性召唤更为优秀。诗有六类,其中三类是值得称赞的,另外三类却应该遭到指责。

值得称赞的诗中的第一类专注于改善理性能力,其行为和计算指向幸福,产生对神圣的事情与善的事物的想象性召唤,产生对德性的想象性召唤,而同时赞许地呈现它们并尊敬地对待它们,而且呈现邪恶的事物及卑贱、可耻的缺陷。

第二类诗专注于改善并均衡与权力相关的灵魂的那些偶然性,而且分解它们直到它们达到平衡并从极端被带回。这些是偶然性的,比如愤怒、自负、严酷、傲慢、鲁莽、热爱荣誉、暴虐、贪婪以及与此类似的东西。而且,它指导其实践者为了善的事物而使用它们,以排除邪恶的事物。

第三类专注于改善并均衡与虚弱、软弱相关的灵魂的偶然性,即低下的渴求与快乐、灵魂的柔弱与慵懒、怜悯、惧怕、惊吓、悲伤、害羞、放纵、软弱以及与此相似的东西。[它专注于]分[解这些]并把它们从极端带回,直到它们达到平衡。而且,它指导它们被用于善的事物,以排除邪恶的事物。

应该受到指责的三类与值得称赞的三类正好相反。因为,前者败坏后者所改善的一切并将它从均衡状态拉到极端。随着诗的这些种类而产生的乐曲(melody)和歌曲(song)的种类及其划分与诗的种类的划分对等。

六　高尚城邦

箴言 57　高尚之城有五个部分:高尚之士、语言学家、技术顾问(assessor)、武士以及挣钱者。高尚之士是智慧而审慎的,他们对重大事件有自己的意见。城邦中还有信条与语言的传播者,他们是修辞学家、雄辩家、诗人、音乐家或作家,他们以同类方式做事,并且也是彼此团队中的一员。技术顾问是会计、工程师、医生或天文学家,他们也以同类方式做事。武士是战士,是保卫者,以同类方式做事,是彼此团队中的一员。挣钱者是在城邦中赚钱的人,如农夫、放牧者、商人以及以同类方式做事的人。

箴言 58 城邦的统治者与管理者有四类。第一类是真正的君主,他是最高的统治者,是集六种品质于一身的人:智慧、充分审慎、出色的劝说才能、出色想象的再现、强健的体魄,其身上没有任何妨碍他努力奋斗以实现的东西。一个集这些品质于一身的人就是榜样(model),其生活方式与行为成为标准,其言论与忠告都为人所接受。这样的人可以按自己的想法与愿望进行管理。

第二类是,由于集所有品质于一身的人并不存在,但这些品质会以分散的形式存在于某一群体之中。如此一来,这个群体中有人制定目标,有人给出达至目标的手段,有人则进行有力的劝说与出色的想象的再现,有人则具有为之战斗的能力。因此,君主就会由这个集团取而代之。此集团被称为最高统治者,德性的拥有者。[①] 他们的统治被称为高尚的统治。

第三类是,当上述的集团也不存在时,那么城邦的统治者是集下列情形于一身者:[a]、他具有关于先前的神法与传统法[②]的知识,此法是第一领导者为了治理城邦而制定的;[b] 然后,他能

---

① 依据 Chester Beatty 与 Feyzullah 的抄本读作 al-fadā'il,而不是依据纳贾尔和牛津大学图书馆抄本读作 al-faḍl("剩余"或"过剩"),或者依据德黑兰大学的两个版本读作 al-faḍīla("德性")。

② 此处的术语是 al-sharā'i'(单数 sharī'a)与 sunan(单数 sunna)。

出色地区分场所与境况,在这些场所与境况之中,他应该运用传统法并使之与首任[统治者]的意图相一致;[c]接着,他有能力研究先前保存并记录下来的传统法中还没有明确宣称的东西,并能沿袭他所探究到的先前传统法;[d]关于相继发生的事件,他有着出色的意见与充分的审慎,这些事件不是从以前的生活方式中产生的,它是为了保护城邦的繁荣;[e]他有着极出色的劝说能力与想象的再现;[f]另外,他还具有战斗力。一个具有上述能力的人就叫传统君主,其统治也被称为传统王权。

第四类是,如果连集上述品质于一身的人也不存在的话,那么这些品质就只能分散存在于一个群体之中。因此,由这个集团取代传统的君主,这个集团的统治就被称为传统的统治者。

箴言59 城邦的每个部分都有一个统治者,在此领域内没有哪个居民作为统治者在他之上;每个部分还有一个被统治者,他绝对不会统治别的任何人;还有某个人,当他管理着居于他之下的人时,他也被位于他上面的人管理着。

箴言60 高尚城邦的某些等级以[不同的]方式优于别的等级。

[a]其中,如果某人的行为是为了实现某个目标,并使用了某种确定的事情,这一事情是另外一个人要执行的行为的目标,那么前者就是统治者,他优于后者。马术就是这样的。它的目标就是以最好的方式使用种种器具。因此,马术师所使用的缰绳以及其他驾驭马的工具,就是制造缰绳技艺的目的,因此,马术师就是统治者,他比只生产缰绳的人要更高级一些。类似地,马术师也比驯马者要高级。其他的才艺与技艺也以此类推。

[b]其中,因为有二,二的目标是其自身中的一。二者之一在想象力所唤起的那个目标上更为完善,他的德性更加完美,他拥有审慎,他通过审慎推断出达到目标所需的一切事物;而且他精

心准备以便利用他人达此目的。这一个就是不具备上述情形的第二个统治者。

次于这一等级的是某些自己设想目标但对于落实达到目标所凭借的一切考虑不周的人。然而,如果通过他想要做且已经为他勾画好了的事情,给他一个思考的起点①,那么他会把给他的东西当作被勾画的东西的样式,他也会研究余下的事情。

次于这一等级的是,自己既不设定目标也不对此作任何思考的人。但是,给他一个为了他已经被想象力激活的目标,然后给他一个思考的起点的话,他能够把已经为他勾画好的东西作为余下的事情的样式,同时,他也能够去实践这一样式,或是以其他的途径去实现它。

次于这一等级的是,既不设定目标也不思考、即使给了他思考的起点也不会推之其余的人。然而,如果建议他关注为了达至目标而应该去做的所有事情时,他会回忆起忠告,会变得很胆怯,很顺从,然后赶紧完成建议他去做的所有事情。如果他对自己的行为由此而获得极致的目标一无所知,然而,对建议他做的事情,他还是可以做好准备的。那么,此类人通常是城邦的仆人而不会是统治者。更准确地说,他们天生就是奴隶。

上面所述的就是被统治者与统治者。奴隶与仆人擅长做的任何事情,统治者都应该很有技巧地让他们去做。

[c]第三[等级]的情形是,有两个人,每人履行一个行为。第三个人就会用他们二者的行为去实现某个目标,尽管两人之中的某个在实现第三者的目标中发挥更大的作用,或是更值得尊重。因此,更值得尊重或具有更大价值的那一个,在等级上优先于另

---

① 此处以及这一箴言的后面出现的这一术语是 mabda';在箴言 34 中,它被译为"原则";在下一个箴言中,它被译作"开始"。

一个。后者就此目标所实施的行为比较卑鄙并且没有多大价值。

箴言61 城邦的某些部分及其等级与其他是协调一致的。它们以爱为联结的纽带,通过正义和正义的行为团聚在一起。爱可能是天生的,如父母对孩子的爱。爱也可能由意志产生,这是因为意志的出发点是所有自愿的事物,爱随它们而生。由意志而来的爱有三个部分:一是因为对德性的分享;二是为了有用的东西;三是为了快乐。因此正义由爱而起。

在此城邦中,爱首先是为了分享德性而产生,同时,它还与分享意见、分享行为联在一起。他们①应该分享的意见与下面三件事有关:开头、尽头以及二者的中间状态。关于开头的意见一致即是,他们关于神,神至高无上,精神存在,以及符合标准的虔诚的人的诸意见一致;世界及其组成部分是如何开始的;人类是怎样开始产生的;然后,世界各个部分的等级,等级之间的联系,而且它们与神——赞主崇高——以及与精神存在有关的级别;然后,与神以及精神存在有关的人类的级别。这就是开头。尽头是幸福。位于二者之间的是由之而获得幸福的行为。

当城邦居民的意见就这些东西达成一致,并且此情形经由行为而完善的时候,其他人通过这些行为而为某些人取得幸福,某些人对其他人的爱必然随之产生。因为,在一个居住地中,他们是彼此的邻居,并且,他们中的某些人需要其他人,而他们中的某些人对其他人是有用的。所以,出于有用的目的而发生的爱便随之产生。那么,由于他们分享德性并且因为某些人对其他人有用,所以,某些人于其他人之中尝到快乐。于是,由于这个缘故,他们和谐一致并且联为一体。

箴言62 正义首先得做的就是分配给城邦的所有居民共有

---

① 即是城邦公民,动词(an yashtarikū)是第三人称的阳性复数形式。

的好东西。在此之后,已经被分配的利益——如安全、货币、荣誉、等级以及其他可分享的利益——如何在居民中保存仍然是[正义不得不]解决的问题。事实上,城邦所有居民都拥有一部分与他应得的相等的利益。如果所得比应得少或是超过应得,这都是不义的。所得比应得少,是对他自己的不义;如果所得比应得多,那么这是对城邦居民的不义。或许,所得过少也是对城邦居民的不义。

如果它们[利益]已经被分配,人人都分得一份时,那么每人分得的份额都应该受到保护。分得的利益不应该从所有者那里夺走,就算要从所有者手中取走其中的一部分时,也应该是有条件的,应该通过契约才行。这样做的目的在于保证所有者本人及城邦不会受到伤害。人们既可能由于自己的意愿——如,出售、捐赠或是借给他人——出让自己分得的利益;也可能不是由于自己的意愿——比如,抢劫与霸占。这两种情况都应该订立契约,以保证城邦中的每一个人①对分得的利益都拥有所有权。

只有通过归还一个与从某个居民手中失去的利益同质的好东西——它既可能是[相同]的种类,也可能是不同的东西——以替代自愿或非自愿地从他手中失掉的东西,这些才会发生。回报,既可能是回报给了他个人,也可能是回报给了整个城邦。不管回报的是两个中的哪个,城邦居民对分配给自己的利益拥有所有权就是正义。不义是指,利益份额从其手中失去,而不对他或是对城邦居民作出对等补偿。然而,对个人作出的补偿也应该对整个城邦有益,或不伤害到城邦。

当致使一份利益从他自己手中或从另一个人手中失去的那个人伤害了城邦的时候,他的这种行为就不义,[应该]被阻止。为了防止更多类似情况的发生,就需要判以有罪和惩罚。罪行与

---

① 字面意思是"为了他们"('alaihim)。

惩罚应该经过量度，以便对于每一不义的行为有一个恰当的、经过量度的惩罚，此惩罚是作为它的一个对等物而被规定的。因此，作奸犯科者得到一份坏事，那就是正义。当惩罚过重时，对于他个人来说就是不义的；当惩罚过轻时，对于城邦其他居民来说又是不义的。或许，惩罚过重对于城邦中其他人来说也是不义的。

箴言 63　某些城邦统治者认为，城邦中发生的任何不义之事，都是对城邦其他居民的不义。可另一些统治者则认为，不义之事只是对不义之事的承受者来说才是特别不义的。还有些统治者将不义之事分为两类，一类虽然是具体的、针对个人的不义之事，可他们也将之视为对城邦其他居民的不义；另一类仅仅将其视为对个人①的不义，而不将其延伸到整个城邦。

因此，有些城邦统治者认为，即使受害者已经宽恕了罪犯，犯罪也不应该被原谅。相反的观点则坚持，如果受害者已经宽恕了罪犯，那么犯罪行为就应该被原谅。还有一种观点则认为，某些犯罪可以被原谅，有些犯罪则不行。这就是说，如果一个罪犯应得的罪恶被规定为受害者特有的一项权利)，而不顾及城邦的居民，且那个受害者已经饶恕了他，那么任何人都将不得再加以追究。当罪恶被看作是城邦居民的权利或是所有人的权利时，受害者则没有理由宽恕他。

箴言 64　或许正义还可以用另外更一般的方式②来谈论——即一个人践履德性行为的人，无论何种德性，都与他同另一个人共有的东西有关。正义不得不处理划分的问题，也不得不致力于保存已经分得的东西，这就是更为一般的那种正义，而且这种更为特定的正义就以那种更为一般的正义之名来称呼。

---

① 字面意思是"特别是对他"（yakhuṣṣuh）。
② 字面意思是"种"或"类"（naw'）。

箴言65 在高尚的城邦中，人人都应该被分派一种技艺，这种技艺能够让他自己投入其中，也是他所从事的单一工作。苦役阶层是这样，统治阶层亦是如此，但不能超出其等级之外。有三个原因，都不应该让任何人追求很多工作，也不能让他追求一种以上的技艺。一个原因是，每一个人并不总是适合干每一种工作并从事每一种技艺；相反，可能发现一个人只适合一种工作，这一份工作与其他人所从事的工作不同。第二个原因是，每个人干一件事或从事一种技艺时，就会做得更完美和更高尚，而且当他全身心投入到其中时，由于在年轻时候起就得到过训练，并且不在那件事情之外的工作上忙活，那么他就会变得更熟练也更聪明。第三个原因是，由于许多工作需要[具体的]时间，如果一旦被耽搁，时间也就会消失。出现上述的情形是可能的，比如这儿有两份工作，但需要同时做，如果一个人忙于其中的一份，那么做另一份的[时间]则会消失，不会再来。因此，一个人应该致力于其中之一，只有这样，这份工作才能在它的时间内完成而不会流逝。

箴言66 城邦的储备①是货币，它们通常是为不赚钱的阶层保留的。所有城邦统治者一致认为，不赚钱的人是城邦储备最优先考虑的对象；这类人——如信条的传播者、抄写员、医生或与他们相似的人——是城邦的一部分，他们的才能不以赚钱为首要目标。储备之所以会优先考虑这类人，因为他们是城邦的主要部分，他们需要财富。

有些城邦统治者认为，城邦储备的对象还应包括患有慢性疾病的人，以及没有精力赚钱的人。而另一些则坚持，不应该把在任何方面都不能承担对城邦有用的任何行为的人留在城邦中。

---

① 此处的术语是'udda，它指的是设备或者是装备，同时也是指为了应付灾祸而储备的东西。

还有统治者认为,应该在城邦中建立两种储备金:一种是为了不以赚钱为基本目标的人们,一是为了患有严重疾病或是处于类似境况的人们。因此,城邦储备金应该从哪里取得,以及应该以何种方式取得,这个问题必须好好地研究研究。

箴言 67　战争是为了[a]抵御外敌的入侵。或者,战争是[b]为了从城邦之外,从别人的手中,获得城邦应得财富而采取的方式。又或者,当某一人群对自己最好的、最富裕的状态一无所知,有一个了解那一状态的人,不断地通过言辞呼吁他们走向那一状态,可他们并不听从于他时,战争就是[c]为了带领、迫使那一人群获得那一状态,[77]并因此而与别人相区别。或者,战争是[d]为了惩治不愿意为奴隶、为苦役的人,可是他们并不知道作为奴隶与苦役对自己来说是最好的、最幸运的状态,并不知道自己在人类等级中就是要成为服从者、成为奴隶。或者,战争[e]不是要反对非城邦的居民,而是要打击拥有权力却不使用的人们。它涉及[前面的]两个着眼点:[一是]为城邦谋利,二是给他们正义与平等。

因此,[f]发动战争是为了惩罚某些人,因为他们犯了罪——以免他们做类似上面所讲之事,以免别人以模仿他们的方式,试图反抗整个城邦——那么,战争就从一般性的意义上降到只是为了城邦居民求得某种善,或是促使其他人要回自己的财产,或是要恢复对他们来说最恰当的状态,或是用武力抵抗敌人侵略的情形。[g]因为受惩罚对象的存在会危害到整个城邦的居民,为了彻底击垮、彻底消除他们而发动的战争,对于城邦居民来说也是一种善。

非正义的战争是[a]一个统治者反对一个民族而发动战争,其目的仅仅是为了侮辱他们,使他们顺从,以及让他们尊敬他,让他们尊敬他只是为了把他的命令扩大到他们之中并让他们顺从他;或者[b]仅仅是为了让他们尊敬他而已,别无其他目的;或者[c]是为了统治他们并管理他们的事务,他则认为这些是合适的。

并且还让他们遵守他所知道的他为之怀有激情的东西,无论它是什么。与此相似,[d]如果他为了专制统治而发动战争——除了把专制作为目标以外别无其他目的——那同样也是非正义的战争。

同样,[e]如果统治者发动战争或者杀人,只是为了他能从胜利中宣泄一时的愤怒或取得一时的快乐——而没有其他目的——那么,这场战争就是不义之战。与此类似,[f],如果那些人通过一次不义的行为触怒了他而他们因为那次不义的行为应受的绝非是战争和杀戮,那么,战争与杀人的行为毋庸置疑都是非正义的。许多试图通过杀人来宣泄愤怒的人,不会杀激怒他们的人,而是杀害没有招惹他们的人。其原因在于,他们想要转嫁愤怒带来的痛苦。

七 存在的划分与幸福的状态:正确与错误的意见

箴言68 存在主要划分为三种:不可能不存在,不可能存在,既可能存在也可能不存在。前两者是两极,第三种则居于它们中间。它是需要两个极端的一种结合。所有存在着的事物都置于这三个[划分]的两种状态下。因为某些存在者不可能不存在,而另一些则可能存在,也可能不存在。

箴言69 不可能不存在的是指其本质与本性必然如此的东西。既可能存在也可能不存在的,也是指在其本质与本性必然如此的东西。不可能不存在的存在,绝对不是其本质与本性偶尔为之的东西。既可能存在也可能不存在的亦是如此。

有三种存在物:没有质料的东西、天体、物质实体。① 不可能

---

① 此处的术语是 al‐ajsām al‐hayūlāniyya,如果照字面意思,应该被译成"原始质料的主体";在接下来的箴言中,"物质的"一词用来翻译 al‐hayūlāniyya 或者是 hayūlāniyya。

不存在的存在物有两种类型:其中一类凭其本性和实体而存在于某一[特定]时刻,其他任何东西都不可能是它存在的原因;第二类是无论什么时候都不可能不存在的东西。精神性的存在物就是第二种不可能不存在的东西,天体性的存在物则是第一种,而物质性存在物属于①可能存在也可能不存在的那一类。

有三重世界:精神世界、天界、物质世界。

箴言70 主要划分有四类:根本不可能不存在的、根本不可能存在的、在某一特定时刻不可能不存在的、既可能存在也可能不存在的。在某一时刻不可能不存在的存在,在某一特定②时刻也是可能的。因此,前两类处于对立两端,而可能存在之物并不存在这种情形也是可能的。

箴言71 存在之物有三类:根本不可能不存在的;在某一特定时刻不可能不存在的以及在某一特定时刻③根本不可能存在的;可能存在也可能不存在的。其中,最高尚的、最尊贵的、最完美的是根本就不可能不存在的。最卑微最多缺陷的是既可能存在也可能不存在的。只在某一特定时刻不可能不存在的则居于二者之间。因为与第一种相比,它有更多的缺陷,但又比第三种更完美。

可能存在又可能不存在的也有三种类型:为了最主要的[部

---

① 在每种情形下,只使用带定冠词的阴性形容词(al‑rūḥāniyya, al‑samāwiyya al‑hayūlāniyya);前面两个先行词可能是主体(al‑ajsām)或者是正存在的事物(al‑mawjūdāt)。

② 依据 Cheter Beatty 抄本增加 mā。

③ 此处的"特定",参见前面的注释。根据这种结构,原文看上去具有连贯性。从句指的是"非存在":"不可能……在某一特定时刻存在。"虽然前面箴言的充分的论述确实允许作这样的解释,但更直接的意思是阿尔法拉比正在此处表达概念,虽然模糊不清。直接的意思是"在某一特定时刻不可能不存在的存在在某一特定时刻也是可能的"。虽然很隐晦,但那一短语仍然暗指了被拒绝的中道原则。

分],为了最次要的[部分],为了相等的[部分]。其中,最高尚的是为了最主要的[部分]而产生的东西;最卑微的是为了最次要的[部分]而产生的东西;为了相等部分而产生的东西则是二者的中道。

箴言72 某事物容许缺失是其存在中的一种缺陷。需要他物的帮助自身才能存在,这也是一种存在上的缺陷;和它同种的东西在存在上也是有缺陷的。之所以会出现上述情形,仅仅与下列事情有关,[a]不足以构成自己独特的种,[b]不足以实现[种]的单独存在——如此一来,此存在的一部分只有通过它才得以完成而且它不足以完成此存在的所有部分,就如同人类一样。因为,不可能由单个的人而获得人类的存在。整个人类的存在,需要更多的人在同一时刻存在。如此一来,凡是足以使某一特定事物完整的则不需要一个比那事物次级的东西。如果一物足以实现自己的存在、本质、实体的话,那么就不可能有与它同种的事物存在。如果一物在其存在等方面的自足与它的行为有关的话,那么其他事物就不可能分享它的[行为]。①

箴言73 凡有对立面者,其存在皆有缺陷。因为,有对立者皆不完满——这可能就是对立面的意义所在。即是说,就一事物与其对立面而言,当它们相遇或融合时,其中一个会抵消另一个。这是由于事物为了自己的存在而依赖于对立面的灭绝。此外,有一种东西会妨碍它自身的存在;这样一来,它仅仅靠自身就不足以存在。所以,没有缺陷的东西也就没有对立面,而且那种除了自身的存在根本不需要其他东西的存在物也没有对立面。

箴言74 恶根本就不存在,不存在于三重世界的任何事物中,一般说来也不存在于其存在与那种人的意志毫不相关的事物

---

① 在此,阿尔法拉比似乎表明人类需要互相协作,利用其他存在去获得生活的必需品。阿尔法拉比没有提到美德,美德并不是自足的。

之中。恰恰相反，那些事物全都是善的。因为恶有两种类型：一种是不幸，它是幸福的反面；其次是导致不幸的所有事物。当不幸成为目标，再没有比由不幸产生的事物更邪恶的东西时，不幸就成为邪恶。第二种是导向不幸的自主行为。

类似地，与这两种恶相反的是两种善：一种是幸福，而幸福是善，其原因在于幸福就是目标，而且没有另一个超越以幸福为追求的目标的存在。第二种善是指一切有助于获得幸福的东西。所以这是与之相对的善。而且这也是两种善的本质。除了我们已经谈到过的以外，恶没有任何本质。

因此，两类恶是自愿的，而且，与此相似，与它们对立的两类善亦同。三重世界中，善是第一因，任何事物都要遵循它；遵循一切从它那里遵循而来的东西；任何事物都从它所来的地方而来，那些东西的存在也从他所来的地方而来，以此类推直至最终结果。① 而且，这种等级也存在于恶中。② 因此，上述的一切都是与秩序、正义相适应的，而秩序与正义都以应得为基础，通过应得与正义而获得的任何事物都是善的。

一些人认定存在是善，不管它是什么；非存在则是恶，不管它

---

① 或者，为了在翻译 lazama 时保持一致，所以，进而在这一从句中将其译成 to follow, on to the ultimate things that follow (ila akhir al - lawazim)。

② 依据纳贾尔以及除了 Chester Beatty 的版本外的其他版本读作 ayy sharr kāna；Chester Beatty 的版本读作 ayy shai' kāna（"它是任何事情"）。不同的理解指出了一个重要的解释问题；虽然，阿尔法拉比通过箴言公开拒绝恶根本就有存在，此处的争议是有前提的，即所有的善——即使是在三重世界中——都与所有的恶相对，但二者都仅仅是自主的。这一前提就为此处对作为第一原因或第一理由之结果的恶的讨论留下了空间，这一情形在大多数的抄本中都有反映。然而，请注意本条箴言末句。整个这条箴言都是用"众多世界"('awālim)，而不是"两个世界"('ālamān)——即在《可兰经》的最初几行中，它是作为神的统治而被唤起的——阿尔法拉比直接把那一描述视为问题。

是什么。因此,他们把自己幻想出来的、荒诞的存在视为善,而将非存在视为恶。

另一些人假设快乐是善,不管它是什么;痛苦则是恶,不管它是什么——特别是与触觉有关的痛苦。

上述两种观点都是错误的。因为存在只有在它是应得的时候才为善。非存在只有当它不是应得之时才是恶。快乐与痛苦也是这样。存在与非存在只要不是应得的,就都是恶。上述两种观点所表达的都不可能存在于精神世界。因为没有人可以假设,不是应得的任何事物会出现在精神世界与神的[世界]中;同样,也没有人可以假设,不是应得的任何事物会出现在自然的可能[世界]中;只有应得之物才能出现在那些世界中;在那些世界中也无法找到自愿的应得之物。在可能的自然中,应得之物既有形式也有质料。任何一个事物应得的都既是为了最多的[部分],也可能是为了最少的[部分],或是相等的部分。因此,它所获得的任何不超出上述范围的东西都是善。

所以,有两类善。① 一种是根本没有恶作为其对立面,另一种则有。类似地,其原则是自愿行为的任何自然之物,可能成为善,也可能是恶。这里对纯粹的、自然的事物的讨论与自愿行为毫不相关。

箴言75　一些人假定,灵魂的所有偶然性,以及从灵魂的欲望部分所产生的东西都是恶的。另一些则认为,渴望与愤怒的能力都是恶的。还有人对其他能力表示关注,由于这些能力,灵魂的激情得以产生,如妒忌、苛刻、贪婪、爱荣誉,诸如此类。

---

① 依据 Chester Beatty 的抄本读作 fa‑al‑khair idhan ḍarbān,而不是依据纳贾尔及其他版本所提供的读作 fa‑al‑khairāt ḍurūb("因此,有各种类型的善的事物")。

上述看法依然不正确。上述观点不适合用来解释善恶共存的情形,因为善恶都是可能[出现]的。因此,上述所有为恶之事其实都是善恶共存的,或既不是善也不是恶。当以不幸为目标时,它们就是恶;当用来谋求幸福时,它们不但不是恶,恰恰相反,它们都是善。

箴言 76 有人认为,对于正在实现的、能够获得幸福的行为来说,幸福并不是对这些行为的奖赏;对于正在被放弃的、不能达至幸福的行为来说,幸福也并不是对这些行为的报偿。因为,要是他已经不学习并且因此放弃学习,选择辛劳以代替学习的话,那么,通过学习所获得的知识则既不是对某个人之前学习的奖励,也不是对一定会发生的其余东西的一种补偿。另外,如果从学习中获得的知识有快乐相随的话,那么,当他宁愿选择教导而放弃其他的时候,快乐就不可能是对教导的报偿,也不可能是对他在选择教导时而伴生的辛劳与痛苦的报偿。因此,按照这种观点,快乐就可能是对另一个他放弃了的快乐的回报,之所以放弃,是为了将前一个快乐补偿给它。相反,幸福是一种目标,它由高尚的行为获得,其方法就如同知识是由于学习与探究而得一样。技艺也是如此,之所以能够获得技艺,是由于学习它们并且不断地实践。不幸不是由于放弃了高尚行为而得到的惩罚,也不是行为不端的报复。

因此,持有上述幸福观的人,且认为自己因有所放弃而得到的报偿与放弃的东西是同属一类的人,他们都是拥有德性的人,这些德性与缺陷只一步之遥。即,这样的人是一个节制的人,他为了用另外的快乐来对他所放弃的东西作出补偿,所以他放弃了全部或一部分感官快乐。而得到的另一个同属一类的快乐比他放弃的要大。因为他受到增加快乐的渴望与贪欲的驱使,才选择放弃某些东西,此外,他必须认识到,他放弃的是属于他自己的东西;他放弃它只是为了得到一个与此类似的东西,只是为了扩大他的利益。否则,他又怎能因为放弃了并非属于自己的东西,而得到补偿呢?

正义与上面的情形一样。因为,通过放弃而且不收取金钱而践行的正义,同样只是对即将获取的东西和对放弃金钱而得到的补偿十分渴望与贪求。他仅仅出于对收益(profit)的贪求而放弃金钱,并且他将因放弃的东西而得到远大于他所放弃的东西的某些东西的补偿。这就像是,他认为所有的钱都是他的,包括属于他的钱与属于大家的钱。但当他很能干而且有能力侵夺他们的金钱以致另外从源头(source)会有好几倍的金钱到手的时候,他会把钱留给他们。

这与高利贷者的做法相像。他不会因为正义、节制自身是善而努力获取正义、节制;也不会因为邪恶与不义之事自身是恶或者其本身卑劣而放弃作恶与不义之事。

勇敢者也与上面的情形一样。这种人认为自己放弃了他所向往的短暂人生的快乐,以至于此行为有一种比他所放弃的快乐更大的快乐作为补偿。由于他对一种更大的恶的恐惧而大胆地向着一种恶前进。因为,他认为,勇敢赴死是一种恶,但他的畏惧却是比这一恶更大的恶。

因此,所有假定为德性的这些东西更近于罪恶和无耻,而不是德性。这是由于,它们的实体与性质既不具有真正德性的性质,也不近于它,而毋宁是一种有缺陷与卑劣的东西。

箴言77 临终之时,高尚之士才放弃做更多增长死后幸福的事情。因此,他对死亡的理解与另外一种人的理解不同,那种人认为临终之时他将获得一个非常大的恶;还有人认为临终之时他将放弃一个他已经获得的大善而且这个善将从他手中失去。相反,高尚之士认为,他在临终时根本不会获得任何恶。他认为,在他死亡的时刻,他已实现的善是与他同在的而且在死亡时也不会与他分离。毋宁说,高尚之士对死亡的理解与这种人的唯一理解相同,即,后者认为他放弃一种要是他留下来定会获得的收益,而且会增加他已经获得的好东西。这与如下这种人的理解相近,即,他所放弃的并不是资本(capital),而是他所估计与希望的一种利益。所以,他根本不会担惊受怕,而是热爱生命以便增加善举,幸福由之得以增长。

箴言 78 高尚之士不应该急急地奔向死亡,相反应该寻求尽可能长久地活着,以便多行让他快乐的事,免得城邦居民失去对他们来说非常有用的德性。对于整个城邦居民来说,只有当高尚之士的死比他活着更有益时,他才应该凛然赴死。当死亡不期而至时,他不应该担心,而应将其视为高尚的事。高尚之士根本不应该对死亡感到忧虑,也不应该因对死亡感到恐惧而变得精神错乱。只有无知之城、无德之城的居民才会担忧死亡。

无知之城、无德之城的居民之所以对死亡持那样的观点,是由于:对于无知[之城]的[居民]来说,正是由于他们放弃了今生的利益,即,因死亡而抛弃的东西——它们可能是快乐,财富,荣誉或是别的无知利益。对于无德之人来说,由于两个原因,其一,放弃今生所拥有的东西;其二,由于他认为因死亡而放弃了幸福。对此,他比无知[之城]的[居民]更为忧惧。正是由于无知[之城]的居民对死后的幸福一无所知,所以,他们认为自己就放弃了幸福。无德之人了解这一点,所以在死的时候,由于他们认为自己正在放弃的那些东西,担忧和悲伤就会牵绊着他们,与此相伴的是巨大的懊悔,悔恨以前活着的时候所干的事情。这样一来,他们带着各种各样的悲痛死去。

箴言 79 高尚的武士身处险境时,他是不会这样做的,除非他判断自己不会因自己的行为而送命,因为那太愚蠢了。同样,他也不会刻意去思考自己将会活着还是死去,因为那太轻率了。相反,高尚的武士坚持认为,自己可能不会死,或许自己会逃脱死亡。但是,他不会对死亡感到恐惧,也不会在死神眷顾自己时,忧心忡忡。

当高尚的武士知道或是推测到自己不用涉险也会获得他的目标时,他不会故意涉险。相反,只有当他得知,如果自己不涉险就可能会失去或得不到自己所追求的东西时,才会让自己身处险境。他认为,如果冒险的话,自己将有可能得到所求之物。或者,他认为,由于自己的冒险行为,城邦居民毫无疑问地将会得到他们所追求的东西时,高尚的武士就将自己的生死置之度外。而且,他还认为,如果自己侥幸没有受伤的话,他也将会与城邦居民共享[那一切];如果自己死去,居民们会得到它;①而他自己呢,也会由于他此前的德性以及他现在的自我牺牲而得到幸福。

箴言80　当一个高尚的人去世或被害时,人们不应该哀悼他。恰恰相反,城邦的居民应该就他对城邦的价值而纪念他。他将会因生前所得到的幸福而被人们敬仰。一个战死的武士之所以被挑选出来予以赞扬,是因为他为了城邦之全体的利益而自我牺牲的行为,是因为他的视死如归。

箴言81　一些人认为,一个并不智慧的人要变得睿智,除非他灵魂与肉体分离,这是因为,身体没有灵魂也还是身体——这就是死亡。如果某人本身有智慧的话,那么他的智慧将会因此而增加、实现、完善,或者可能变得更完善与更高尚。因此,这些人认为,死亡就是一种完善,而灵魂与肉体相联反倒是一种束缚。②

---

① 依据切斯特·比提抄本读作 nālūh,而不是,依据纳贾尔和其他版本读作 nāl("他将获得")。

② 依据切斯特·比提版本读作 qasr,而不是依据纳贾尔、牛津大学图书馆、Feyzullah 以及德黑兰大学的两个抄本读作 fa–sharr("邪恶"),或者依据 Diyarbekir 抄本读作 qishr("掩盖")。

另一些人则认为,坏人之所以为恶,只是由于灵魂与肉体相连;而且当灵魂与肉体分开时,这些坏人可以变好。如此一来,那些[人们]认为,自杀或是杀死他人,是一件义不容辞的事。随后,他们求助于这样的话:"是神,是天使,是神的助手统治我们;而我们自己,既不能控制与灵魂相连的肉体,也不能把肉体与灵魂分开;因此,我们应该等待着太一(the One)的到来,太一既能联结灵魂与肉体,也能将[它们]分开;同时,对于这二者的分离我们自己是无能为力的。这是因为,对于是什么使我们完善,统治我们的人拥有比我们更多的知识。"

另外一些人认为,灵魂与肉体的分离既不是位置上的分开,也不是思想中(in idea)的相离;更不是当灵魂独存时,肉体的损坏;也不是当肉体独存时,灵魂的损坏。相反,灵魂分离的真正意思是,就其构成来说,灵魂并不需要肉体作为它的质料;在任何与灵魂的行为有关的事情之中,灵魂不需要使用某个作为工具的身体或身体的某个能力,也根本不需要求助于身体的某能力的某一行为。因为,一旦灵魂需要上面所说的任何一种,它就没有被分离。

那只属于作为人类特质的灵魂,即理论理智。因为,当灵魂获得那种状态时,灵魂就开始与身体分离,不管身体是否存活在被滋养且有感官知觉的东西中,亦不管身体得以滋养而且具有感观知觉所凭借的能力是否已经消失。因为就那种属于灵魂行为的任何东西而言,如果灵魂已不需要感官知觉或想象的话,灵魂就已经抵达了来生。然后,它①所形成的一个关于第一原理之本质的概念将更加完美,因为理智不需要凭借某种关系或某个例子

---

① 这里,阳性的第三人称代词的先行词只能指代理论理智,这一点可以由后文看出。

来形成它的概念,就能获得它的本质。除非灵魂需要像先前那样求助于身体能力,除非需要为了完成灵魂[自己]的行为①而求助于身体能力的行为外,上面所说的那种状态就不会出现。这就是来世,在那里,人将见到他的真主,他不会被所见蒙蔽,也不会不安。

  箴言 82 以组合与合成的方式得以产生的任何事物,因为其构成需要它与另一物相组合——不管是数量上的组合,还是质料与形式的结合,或者其他任何类别的组合,其存在都不完美。

  箴言 83 一物作用于另一物是为了彼物遵循此物,而且,一物作用于另一物就是彼物遵循此物。当一物遵循另一物之时,它[后者]是它的一个动因。某物的动因即是使他物遵循它的东西。他物受其作用的那个东西就是,那个只要它不被移动可能他物就不能遵循它的东西。即是说,无论什么时候它通过运动获得一种单凭其而起作用状态,抑或,取得被附加到他以前已经具有的东西上的一种状态,它通过第二个与第一个的结合而对他物起作用;因此,通过将这两者结合到一起,它作用于另一物。这仅适合首先正在存在着的东西,此东西由于其不足而不能起作用直到将另一物附加于它。仅仅通过被移动而已经对另一物起作用的东西在其贫乏的实体中,而且,它不足以使另一物效法以遵循它而产生得以产生的东西并作用于得以受到作用的东西。因此,在它的实体中,在它自己的存在中,凡足以影响他物的东西根本就没有通过被移动影响到它所影响的,也没有遵循它所遵循的。其实体与自己的存在充足到可以作用于另一物的不管什么东西是根本既不会作用于它所作用的东西,也不会通过被移动而让它使之效法的东西遵循。

---

  ① 读作 af'ālah,意思才通顺,而不是 af'ālahā("他们的行为")。

箴言 84　做一件确定事情的人,知道自己在某一特定时刻做此事是更有好处或是善的,还是[他]做此东西不是更为有益或是恶的。只是由于做那个东西有阻碍,他才推迟做。他认为并知道如果他在那一时刻做那个东西,堕落将产生于该物,这个想法阻碍他行动。因此,他应该知道堕落产生的原因就在此时此刻,也应该知道改善的原因是在后来。如果堕落没有原因的话,那么堕落不应该存在并不比它应该存在更为合适。因此,为何堕落不应该产生呢？另外,当在那一时刻决定是否做那个东西时,做那个东西的工匠有能力消除堕落的发生吗？如果他的确有此能力的话,它的发生①就不会比它不发生更合适,对于那个东西的工匠来说,此堕落出现在任何时刻也不是不可能的。

如果他没有能力消除堕落的话,那么堕落的起因②就会更加强大。因此,在不具备资格的情况下,工匠自身是不完全足以让那个东西产生的。另外,会有与其行为相反并阻止此行为的某种东西存在。于是,无论如何,他独自是不足以完成那一行为的,相反,是他加上③堕落之原因的消除以及改善之原因的呈现。因为改善的原因如果在他的本质中并属于他的本质的话,那么,产生于此行为的改善就本不应该在时间上被延迟④,而行为与改善都应该同时产生。因此,由此推断,当动因于自身且依靠他自己足够产生某一事物的时候,那个事物的存在就不会被推迟到此动因的存在之后。

箴言 85　据说人有理智,而且当两种事物同时出现他头脑中

---

① 即,此堕落的发生。
② 从字面意义上说是"原因"(sabab)。
③ 依据 Diyarbekir 的抄本增加 wa。
④ 依据切斯特·比提的抄本读作 muta'akhkhar,而不是依据纳贾尔和其他抄本读作 muzāyad("被延长")。

时,他会进行理智思考。这两种事物之一是,对于自己应该选择的以及应该避开的事情,他有着极强的辨别力。其次是,与借由自己出色地辨别力而关注的事情有关的最好的东西,他都会付诸实践。因为,当他擅长区分时,当与自己所辨之事有关的坏事、更堕落的事被践履时,据说这种人是一个传播者,一个骗子,或是一个不诚实的人。

"某某现在也有悟性"(intelligence)这一名言,可能被用来替换另一句:"他已经开始意识到自己一直忽略的东西",也可能用于取代"他已经懂得讲话者所表达的真正含义"以及"他的灵魂已经印象深刻"。我们可能会说"他已经理知",这意味着作为概念与印象的可理解物(intelligibles)已经进入了他的灵魂。我们说某人"是有理智的",则仅仅意味着我们的看法"可理解物已经到达了他的灵魂"。这也意味着,他认识了可理解物。因为,说"他理智思考"与说"他知道",并没有差异,"一个有理智的人"与"一个具有知识的人"也无差别;"被赋予理智的事物"与"被认知的事物"亦无区别。

按照亚里士多德的观点,谨慎之人也有卓越的思考能力,以推断他在某个时刻在每一事情上应该采取哪种高尚行为,如果他在道德德性方面还是高尚之人的话。辩证法家说"这由悟性所证实或由悟性所拒斥",指的是根据未经检验的意见而被每一个人普遍接受的东西。因为,他们认为悟性就是每个人或大多数人未经检验的意见。

箴言86　许多人认为,第一因①不理解或认知除它本质以外的[任何事物]。

另一些人则说,第一因瞬时即可获得普遍的可理解物,而且,

---

① 字面意思是"理由",这个术语是"原因"(sabab)。

它知道普遍的可理解物并同时立刻理知它们。因为,它们都集结于第一因的本质中,永远在现实中为第一因所知。

还有一些人认为,不管是否得到可理解物,第一因知道感官觉察到的所有殊相,并能就这些殊相形成概念;他们还说,自己对第一因有深刻印象。同时,他们[说],对于现在不存在而将来会存在的,对于过去存在而现在已经消亡的,对于现在存在的,第一因都会对上述三种存在形成一种概念,并且了解它们。这些人对下列情形负有责任:在所有第一因拥有的可理解物中,相继出现的准确、错误以及相互对立的信仰;可理解物应是无穷无尽的;肯定的可理解物也可以变成否定的,同时,在另一时刻,否定的可理解物也可以变成肯定的;第一因对已经过去的无穷无尽的事物也应了解。也就是说,第一因知道将来会出现的事物,也了解现在正存在的事物。另外,第一因也知道在某一时刻,即被推测的时刻之前就已经存在了好多年的事物;然后,第一因也知道那些已经为人所熟知了许多年的事物以及它在另一时刻对这些事物的了解存在某些方面的差异。

如果我举例说明的话,就会变得清晰明白。因此,让我们以赫耳墨斯(Hermes)时代或者亚历山大时代为例。第一因在亚历山大时代所知道的,将会在现在的某一时刻出现,而且这一事物正渐渐靠近这一时刻;这一事物在现在出现之前,第一因①对此已经了解了相当长的时间;随后,第一因知道,在另一个时间里,这一事物是什么样子。因此,根据知识的三个时期和三个条件,第一因可以知道,将会在某一时刻存在的亚历山大时代的事物。这是因为,在亚历山大时代之前,第一因知道这一事物将会出现;在

---

① 依据 Chester Beatty 版本读作 qad,而不是依据纳贾尔与其他版本读作 wa qad("而且它已经")。

亚历山大时代,第一因知道它目前正存在着;在亚历山大时代之后,第一因知道它已经存在,然后衰败,直至消失。

这就好像是,如果你比较每一时代、每年、每月、甚至是每天的情形,而不管数字的频率与情形的不同。个体的情形以及在一个接一个的个体那里继承来的变化的种类也是这样的。例如,第一因知道,赛义德是神的助手,助手服从于它而获益;但如果第一因知道赛义德是神的敌人的话,就不会服从他,会对他的助手有害。因此,一个民族的情形,空间物体的移动以及一个向另一个的转换都是这样的。至此,上述意见最终将它的支持者们带向可憎的、卑劣的东西。由此可见,各种邪恶意见旁逸斜出,它们是大恶及其劣根性的原因,是对知者之灵魂负有责任的各种类型的改变与转化的原因,是继它们之后所发生的偶然事件的原因,以及与此相似的东西的原因。

箴言87　许多受造之物关于神——赞主崇高——就其对自己的创造物所颁布的神意斥候不同的信念。

有一些人说,神护佑他的受造者,犹如国王护佑他的人群以及他们的福祉——并不直接卷入他们生活中的每一事务,也不扮演其助手与其妻子之间的调停者。相反,他会找某个人去管理、去实现;那个人按照真理与正义的要求去做。

另一些人则认为,仅仅只是那样还不够,除非神接管他们,并为了他们的利益亲自在涉及他们的行为与福祉的每件事的方面担当起对他的每一个受造之物的统治,而且,不让他的任何一个受造之物主管另一个。否则,那些将是他的伙伴并在统治他的受造物方面协助他,而且,他太神圣而无伙伴和援助。由此推断,他对许多行为都负有责任,① 它们是缺陷、应该责备的东西、卑劣的

---

① 根据上下文,字面意思是"他是进行管理的人"(huwa al‑mutawallīli)。

东西、犯错误的那些人的错误以及下流的言行。而且,当他的任何一个受造物打算戏弄他的助手或者通过反对的手段驳斥正在讲述真理的某人的陈述的时候,他将成为他的助手并成为负责指示和引导他的神。他将驱使这个人干出通奸、谋杀、偷盗以及比孩童、醉汉与疯子的行为更加卑鄙的事情。至此,如果他们否定他的统治或帮助的话,他们必定否定所有的护佑。

以上这些就是邪恶意见的根源,就是堕落以及坏的学说产生的原因。

八　高尚政制

箴言88　对于其他类型的政制来说,不受限制的政制并不是真正的政制,相反,对于许多与不受限制的政制协调一致,而其本质与性质却互异的事情来说,这种政制只是一种含糊不清的名称而已。高尚政制与其他无知政制之间并不存在着合作关系。

箴言89　高尚政制是指,由于它,领导者①获得一种除此之外不可能得到的德性,即是一个人所能获得的最大②德性。除非是在高尚政制中,否则被统治者③不可能获得与他们今世与来生有关的德性。关于被统治者的今世,高尚政制是[a]使每个人的肉体拥有最好条件而尽可能按其本性去接受德性;[b]让每个人的灵魂在它单个的本性、力量方面,拥有最好的条件去[获得]德性,这些

---

① 此处的术语是 sā'īs,它与 siyāsa 一词同根;siyāsa 在这里以及整个文本中全都译为"政制"。

② 依据 Chester Beatty 抄本读作 akbar,而不是依据纳贾尔和其他抄本读作 akthar("大多数"、"最多的")。

③ 或者,直接译作"被领导的"(al－masūsīn)。这个单词也与 siyāsa ("政制")具有相同的词根,参见前注[译按]即本页注②。

德性是来世得到幸福的原因；[c]比起其他的生活类型与其他人的存在来说，高尚政制度下的被统治者的生存应该更好、更快乐。

箴言 90　一种纯粹无知的政制，它未受任何别的东西败坏，将遵循某个无知统治者的行为，这既是困难的也是不可能的。因为，每个无知统治者的行为都源自于他的意见、假定以及其灵魂急切的需求，而不是从知识或已经获得的技艺出发。因此，现行政制是无知政制或其中大多数政制的一种混合。

箴言 91　前人仅仅管理了那些无知政制，因为知识只能以普遍性规则①的方式才能被拥有与保留。然而，现行的无知政制通常是混合政制。所以对每一政制的本质有认识的人，就能够辨认出现行政制是与什么相混合的；并且他能够以自己所查明的混合政制和他所认识到的[政制]的所有简单种类的特性为基础来对此进行判断。

所有实践性的事物亦是这般，比如，修辞学、诡辩术、辩证法以及诗艺。因为，通常发现有人正在使用一个由它们组成的纷繁杂陈的混合物，此人运用它们而又不拥有任何有关它们的知识，而仅仅假定并认为他正在使用论证(demonstration)。

箴言 92　事实上，每一种无知政制都包含了完全不同且变化多样的类型。有些是坏到极致，有些则稍微有害而它对某一特定人群的某些个别成员却相当有用。这是因为政制的情形以及政制与灵魂的关联就和季节情形、以及季节与具有不同脾性的身体的关联相类似。正如在秋天来临时，某些身体在脾性与状况方面得以改善；而有些则会在夏天得到改善；同时，他们发现冬季对他们更有益，因而非常喜欢冬季；而有些人则会在春季获得极大的

---

① 这一术语是 qawānīn（单数 qānūn），被翻译为"管理"的动词是 qannana。它的名词是指法律与法规，与规则、条例、惯例在意思上相似。

改善。灵魂的情形以及灵魂与政制的关联也与此类似。

然而,许多形体结合的根源似乎比特性与生活方式受到更牢固的限制。这是因为生活特性与生活方式是自然的、自愿之物的组合,这些自然的、自愿之物看上去无穷无尽,一些是有意为之,而有些则是偶然为之。许多遵守传统法律①的人在对此一无所知的情况下,与苦难纠缠不休。可是,对病人、拥有坏脾性的那些人或对他们的状况进行研究的人,这个几乎不是什么秘密。

箴言93 经验能力的种类各不相同,这取决于它被使用的地点,也取决于与它相联合的技艺,取决于使用这种能力的人们,就正如写作的技艺也因使用它的各种技艺以及使用它的人而有差别一样。也就是说,为了统治高尚城邦而使用的两种②经验能力是很高尚的。因此,这个谨慎的人年轻时在最高统治者面前做事情,并正在接受高尚的统治术教育时,他就会运用经验能力。由此一个真正值得尊敬且对于高尚政制来说非常有益的能力就这样产生了。最终,经验能力成功地让一个人拥有了统治权,在他那里,高尚的统治权由潜在变成了现实。最可敬的写作类型,是用来为最高统治者以及高尚君主服务的写作。然而,可尊敬与高尚却是从属于最高统治者所使用的经验能力的。因为比起写作技艺有关的、值得尊敬的东西,与经验能力有关的、值得无条件尊敬的东西才更值得尊敬。

最无知的政制——即僭主政体——所使用的经验能力是邪恶的,它比在其他地方所使用的所有经验能力都更邪恶。与此类似,在僭主政制中所使用的写作技艺也是邪恶的,它比在其他政

---

① 依据纳贾尔及除了 Chester Beatty 以外的所有其他人的抄本读作 al‑sunan,Chester Beatty 的抄本写的是 al‑siyar("生活方式")。

② 根据其他箴言,这两种类型是指经验能力与写作技艺。

制中或是其他技艺中所使用的写作技艺更为可鄙；也比暴民使用的写作技艺更为邪恶。就如同为高尚的君王以及高尚统治服务的写作技艺，比起在城邦中所用的其他写作技艺来说，更值得尊敬。因此，为僭主制服务的写作技艺也是这样，它的有害性同它的邪恶与苦难的增加，比起其他写作类型来说，更为恶劣。① 这正如谨慎者与最高统治者在进行[统治]时所使用的经验能力，比起他们在写作服务中所使用的经验能力更值得尊敬。因此，就如同一个决心要施行僭政的人，[在统治中]所用的经验能力比只是在写作服务中所用的经验能力要更恶劣。

总之，每一可敬之物，当它被用于高尚统治时，它总是超越其种类中从属于它的东西；当它被用于僭主统治时，它是邪恶且有害的，它在恶性和危害性方面超过其种类中的其他事物。类似地，使某个人受到尊敬的其他灵魂能力，像辨别随之而来的东西，是杰出的人们每一善行的原因；因此，它们是非常值得尊敬的且高尚的东西。就邪恶的人类而言，这些能力都是各种邪恶与堕落的原因。在僭主式的国王统治下，它们是多种邪恶的原因，这些

---

① 可能是由于一个不引人注意的省略句，此处以及前面的句子存在讹误。邓乐普依据一个中世纪的希伯来译本（牛津大学图书馆，Mich，370）来理解以下被括起来的从句：wa ka-dhālika mā yusta'mal min al-kitāba…wa al-Ṣinā'āt wa mā yasta'miluh al-sūqa ashraf min mā [yusta'mal min al-kitāba fī khidmat al-taghallub ka-mā an yakūn sharf mā] yusta'mal min al-kitāba fī khidmat al-malik al-fāḍil…aṣnāf alkitāba。在上面这个括起来的从句前面的 ashraf min ma（"比那个更可敬"）是从 Chester Beatty 的抄本来的，Chester Beatty 的抄本是邓乐普为了此处而唯一借用过的阿拉伯文的版本；纳贾尔知道的抄本中是 wa bi-ḥasab sharf mā（"与值得尊敬的一致"）。如果邓乐普的修订是可取的话，如果 wāw（和）应该放在 ka–mā（正如）之前的话，此处应该理解为："相似地，被用于写作……和技艺。而且乌合之众对它的使用比那种用来为僭主而写作的东西更值得尊敬。正如用来为高尚君王服务的写作一样。

邪恶都是为并不是统治者的人而产生的。

因此,他们①不把那种计算能力称为一种计算德性,即通过计算能力推断出对一个邪恶目标更为有用的东西。相反,他们对此能力冠以其他名称,例如,欺骗、诡计、②奸诈。那些人的事物中最伟大的自愿之物和技艺,在僭政城邦中有可能就是邪恶、灾难以及世间各种灾难的原因。因此之故,高尚者禁止居住在堕落的政体中,如果他那个时代实际存在着高尚城邦的话,就要强制他移居到高尚城邦中。如果高尚城邦不存在,那么高尚者在今生今世就是异方人,生活就会悲惨不幸;③对他来说,死亡还比活着更好。

箴言94 论哲学的理论部分的运用,那在[不同的]方面对实践部分都很必要。

一种运用就是,只要人已经[a]真的认识到真正的德性,[b]真的认识到被假定为德性而又不像德性的德性,[c]使自己习惯于真正德性的诸行为,以致这些行为成为其特点之一,[d]认识到各个等级的存在者以及它们应得的东西,[e]将它们中的每一个设定在它的级别中,[f]给其以它的完整的权利份额——即,所给予的程度——与等级存在中的它的完整的等级份额的时候,[g]选择应该选择的,[h]避免应该避免的,以及[i]不选择假定要选择的东西,也不避免应该要避免的假定的东西,实践就是高尚的而且是正确的。这是一种状态,除了在变得复杂(sophiscated)之后;在凭借论证的方法来完善认知之后;在于自然科学、随自然科学而产生的东西以及根据等级、秩序在它们之后的东西之中变得完美,以致他最终开始知道真正的幸福——即为了它自己的目的

---

① 前面的意思并不明确,但此处这一名词很可能是指古人。
② 读作 jarbaza 才通顺,而不是 jarīza("愤怒")。
③ 字面意思是"坏的"(radī)。

而被追求的东西,而不是在一段时间内为了任何别的东西而被追求东西——而且,认识到理论德性与计算德性是如何成为产生实践德性与技艺的一种原因和原理之后,这种状态是不会被达到或被完善的。除了通过追求理论以及转变程度和级别,这种实践是不会作为一个整体出现的。

其他方式则是不可能的。那就是①希望学习理论哲学的人从数字开始,然后上升到量,然后到适合数与量的其他东西——像光学与变量——上升到天体与音乐,上升到重量,上升到力学。以上都是没有质料也可以被理解、被构想的事物。在那些需要质料才能被理解,才能被构想的事物中,他逐渐攀登,直至天体。

其后,他还有必要介绍除了有关"什么"、"由什么"、"怎样"的原理之外的原理,从而帮助他使用那些除非成为质料否则就很难或不可能理知的事物。这些事物与两属邻接,或者介于两属中间。其中一个属除了它[自己的]存在的原理外,没有其他存在的原理,另外一个属是,那四个原理为了这个属的种而存在。② 在他面前出现了某些自然原理,他以此为追求,并对自然存在物以及其指导原理作理论上的探究,直到他获得存在的种种原理;所得的存在原理成为一架梯子,并且成为指导他的原理。因此,所得的存在原理要成为教导的诸原理,只与两类事物有关。③

接着,这个学习理论哲学的人转向有关自然物体存在原因的知识,转向对它们的本质、实体与原因的研究。当他结束天体、理

---

① 依据切斯特·比提的抄本增加 wa‑dhālika。

② 除了在这一段的第一句话中所确认的三个原则外,即是指目的原则——"以什么为目的"。

③ 此处讨论的两种事物似乎是属于两类:一类是除了以它自己的存在为目的的存在原则外,没有其他的存在原则的事物;一类是有四个存在原则的事物。

性灵魂与主动理智时,他转向了其他属。因此,对于他来说,除非他开始意识到那些原理并不是自然天成的,否则对他们的存在原理进行理论性的探究是非常必要的。如此一来,他所提供的第三等级的存在原理,就成为对比自然存在更为完善的这些存在物进行教导的诸原理。

同时,在研究与指导的次序中,他也处于两种科学的中间点上——自然事物的科学与研究于自然事物之后产生的事物的科学。他也开始意识到以事物的形成为目标的存在原理;同时也对为了人的形成的目标与完善有了认识。他知道,[a]人类与世界中的自然原理不足以让人类通过它们而达到人类产生后要获得的完美;[b]人类需要理智的原理,人类通过它们而努力趋向完美。

人已经不断地靠近他所要获得的理论知识的程度与范围,由于这些理论知识,人类才可能获得幸福。他从两种方向上获得原理,直到他最终获得一个根本不可能拥有任何一个原则的存在物。相反,这一存在对于前面已经提到的所有存在物来说,是第一存在与第一原则。从各种意义上讲,这一存在都不会受到缺陷的入侵;恰恰相反,由这一存在,以最完善的方式,某物成为各个存在的一个原则。这一物是其他事物的存在由之、从之、为之的东西。他就这样获得了对存在的终极原因的认知。这就是对受造之物的神圣理论的研究。另外,他通常会研究人类得以产生的目的——即人类有责任要获得的完善——他也会研究与获得完善有关的一切。在此之后,他才有能力转向实践的部分,才有可能开始实践他所应该付诸实践的一切。

另一种方式是,由启示给予某人实践的部分,这一启示指引着他对自己应该选择或是避免的一切事情做出决定。由上述两种方法获得理论的人都被称为知者,因为"知识"这一名词对他们两个来说,是一个发音和词形都相同但词义有差异的用词,就如同对于自然科学的实践者与预言什么有可能到来的占卜者,都可以用这个词来形容,但各自表达的含义有所差别。也就是说,神托没有知晓所有个体的可能之事的能力,这是因为这些事情是无穷尽的;认为知识能包含这些无穷尽的事情,这种看法无疑是可笑的。然而,他是有能力为某些可能之事制定出知识的,可能之事是他自己突然想到的,或是向他询问此事的某个人碰巧想到的。因为,可能之事的知识是与可能之事的性质相反对的知识,占卜者并不拥有关于可能之事的性质的知识。相反,关于可能之事的性质的知识属于自然科学的实践者。

因此,这两类知识不是来自同一个实体,恰恰相反,它们互相对立。与此情形相似,某个人已经在理论科学方面变得完善,而某个人在对属于理论科学的事物没有认知的情况下,自己就已经获得如何决定多个城邦或一个城邦的居民的行为的启示。在一个已经得到启示并在理论知识中得以完善的人与一个已经取得启示,但并没有在理论知识中变得完善的人之间,既没有联系,也没有真正的协和。相反,协和仅仅是名义上的。

箴言95　计算德性能够让一个人对高尚目标有用的东西有出色的了解。当一个可分享的目标出现时(当一件可分享的事情发生时),这一高尚目标被众多民族、一个民族或是某个城邦分享。计算德性的一部分对短期变化进行了推理,计算德性被称为能力,此能力是为了统治者对各种偶发事件进行临时地、具体地统治,这些事情逐渐发生于多个民族、一个民族或一个城市。对邪恶目标有用的东西进行探讨的计算能力并不是计算德性。

箴言96　就我们的身体而言,我们不可能获得所有的健康种类,健康与以下几个方面有关,即身体的脾气,或者身体的构成元素、身体习惯、适合身体的居所类型、谋生所凭借的技艺,或者与此相似的东西。① 这就是大多数身体的状况。在某些地方,居民只能得到少量的健康。[我们的]灵魂也是这样的,因为,它们不可能得到种种德性,或不可能得到其中的大多数,或仅仅只能获得其中的少许。

在其灵魂的本质与实体根本就不可能接受此德性的某人之中建立此德性,是高尚的领袖与最高统治者所不能胜任的。对于与此相像的灵魂,为了灵魂以及灵魂的存在而获得尽可能多的德性,灵魂的存在与对城邦居民有用的东西一致,这是他所胜任的。与此相似,对于处于已所描述过的状况中的身体,获得最完美水平的健康与获得最高程度的健康都不是一个高尚的医生所胜任的。为了身体的本质与实体而获得尽可能多的健康,身体的本质与实体同灵魂的行为一致,这是他所胜任的。因此,肉体是为了灵魂,而灵魂是为了最终的完善,即幸福。而且就德性而言,灵魂是为了智慧与德性。

九　可疑之箴言②

箴言97　在 al‑Khaṭṭābī③ 手稿背面的增补中发现,由阿尔法拉比所著。

他写道:不可能找到这样一个人,从一开始他就达到这样完美的状态,竟至于在他之中根本就没有矛盾,他的行为、生活方式、道德习惯都与正义和公平相称,而且没有任何极端的或是僭

---

① 依据 Chester Beatty 的抄本读作 bi‑amzijatihā,而不是依据纳贾尔与其他人的抄本读作 wa amzijatihā(与它的脾气)。

② 箴言97‑100,只出现在 Chester Beatty 抄本中,看上去像是某人增补上去的;参见邓乐普抄本的页95。

③ 此人的身份不明。然而(页95),邓乐普表明,他是阿尔法拉比"一个年轻的同时代人"。

政的倾向。这就是因为天生的脾性是由彼此的对立面构成的,相互对立面凑成了一体;如果不管此脾性的种种自然特性而使它们平等的话,那么这些自然特性根本就不会由于它们之间的巨大差异性和它们之中所包含的不相干的变异而产生合成。不管它们的结合多么强有力,都无法保证没有或小或大的不和谐,这些不和谐导致了在自然结构中均衡的中断。每一天生的脾性在其元素中出现的不和谐越少,那么它也就越接近中道。并且在任何时候,只要不和谐扩大,它就会远离中道。这样一来,自然的结构就与不和谐的程度以及均衡有关联,而不和谐与均衡是与脾性本质的不和谐与均衡一致的。

箴言98 选自阿尔法拉比的论文,愿他见喜于神。

假设有两种人,其中之一已经了解亚里士多德所有关于物理学、逻辑学、形而上学①、政治学和数学的著作,而且他的所有或大部分行为②也与所有人未经检验的意见所一致认为的高贵东西相冲突。另一个人的所有行为都与高尚的东西协调一致,哪怕后者并不具备前者所具备的科学知识。如今,后者比前者更可能成为哲学家,前者所有的行为都与由公众未经检验的意见所认可的高尚的东西相冲突。后者在掌握前者已经了解的东西的能力方面要优越于前者掌握后者已经知道的东西的能力。

根据未经检验的意见,哲学③实际上就是为了让一个人获得理论科学,而且为了使他的所有行为与高贵的东西一致,此高贵

---

① 或者,可以用"神圣的事物"(al-ilāhiyya)来替换。

② 依据 Chester Beatty 的版本读作 af'āluh,而不是 af'āluhā("他们的行为")。

③ 依据纳贾尔版本读作 fi bādī' al-ra'yfial-ḥaqīqa,而不是邓乐普的 fi bādī' al-ra'ywafial-ḥaqīqa("按照未经检查的意见的与真实的")。[译按]似乎邓乐普的这个译文与下文更一致。

的东西符合被大家未经检查的意见而且是真实的。一个在理论科学上有局限的人,并不是所有的行为都与公众未经检验的意见认可的高尚不协调的人,他自己已经建立起来的习惯会阻碍他去做公众未经检验的意见所认可的高尚行为。因此,这就更像是他的习惯将会妨碍他去做与真正高尚行为一致的行为。一个人的习惯性行为①与公众未经检验的意见所认可的高尚行为协调一致的话,他的习惯就不会阻碍他去学习理论科学,也不会妨碍他的行为与真正高尚的行为协调一致。因为,未经检验的意见会迫使他更多地去做那些真正必须去做②的事情,而不是去做未经检验的意见认为不成熟意见的那些事情。真正的意见是指已经思考过的意见,是在经过思考后得到纠正的意见。未经检验的意见使得一个深思熟虑的意见成为必须,它比未经检验的意见更可信。

箴言99 同样选自阿尔法拉比的论文——愿他见喜于神。

为了德性而结合,根本不会受到变异与敌意的困扰,因为涉及德性的目标只有一个,即,善,它是为了自身而不是为了别的任何东西而被意愿的。由于那两个③所渴望的或关注的正是以善自身为目标,他们获得这一目标的方法是同一的,他们对这一事物自身的爱也是同一的。只要它们的目标是同一的,那么在这二者之间就没有敌对。

---

① 字面意思是"他已经渐渐习惯的行为"。

② 依据纳贾尔以及 Beatty 的抄本读作 yaf'al mā huwa fī al-ḥaqīqa wājib fi'luh 才通顺,而不是 yaf'al fī al-ḥaqīqa mā huwa wājib fi̱luh("确实做义不容辞的事情");或者依据邓乐普版本的 ya̱fal mā huwa fī al-ḥaqīqa jamīl wa wā jib fi'luh("做真正高尚的且义不容辞的事")。

③ 此处没有先行词表明"那两个"可能指的是什么。但在结尾处,清楚地表明,处于争议中是每一类型的政制中的两个个体,当他们以美德为目标而不结合时,他们的行为就会产生变异与敌对。

敌对的出现,只是由于欲求的不同以及目的的差异。进而产生的行为是不允许结合的。因为,每一个行为的目的各不相同,实现目的而采取的方法也各有差异。另外,尽管这些行为有相似性,但它们是堕落的、邪恶的,而不像第一目的与第一结合那样是善的,第一目的与第一结合是以追求真理、为了获得幸福、为了热爱知识以及热爱高尚事物为目的的。

第二类结合是指,为了利益以及相互支持的结合,它们都与商业交易和贸易有关。因为,商人与合伙人中每一个都想不把同伴的一份分给同伴,从而得到更多。他的同伴也想要他的那一份,而且相信此结合,于是便出现了变异。

前两种(两者)结合,是不会因为外在事物而彼此结合的,也不会因为彼此需要而结合;同样,也不会与别的事物相联系。这样一来,在它们之间根本就不会出现变化,只要它们的目的是同一的,就如同,只要它们的目的不同,在另外的两个之间根本就不会现出结合。

而且,专注于一切事物的意图即是真理,同样也是善及德性。因此,真理的两个追求者已经由于他们的追求而达成一致;他们清楚这一点,而且在这一点上不会有意见分歧。不同于真理与德性的东西是一条不可通行的门径。当一个人遵行这条路子,他就会犯错误而且变得困惑不解。而[另外的]两个没有把握他们的目的而且意见各异,这是由于目的上的分歧与由于他们所走的是一条与导向他们的追求的门径不同的门径,尽管他们不知道此门径。因为,真理之追求,天然地存在于灵魂中,即使灵魂缺乏这种追求。难道你没有看到,如果你打算把真理与知识的德性给予他们中的每一个,那么他就会肯定它而且了解它,即使他由于他的缺点与关联于他的意外事件而未利用它。

箴言 100　粗心的人与假装粗心的人所获得的东西相同。因为粗心导致粗心者堕落,假装粗心导致假装粗心之人堕落。因此,就所获结果而言,这二者是一致的,即堕落。当他并没有将与此有关的必须之事付诸实践时,假装粗心者不会因为对他假装不在意的东西有认识而受益。粗心之人也不会因心不在焉而蒙受[更大的]损害,并且他也不会做必须之事。因为,二者就所附加的东西可以达成一致,而关于知识与无知,他们却彼此有分歧。

附 录

中古伊斯兰的政治哲学*

罗森塔尔

就像他们的先师柏拉图和亚里士多德一样,伊斯兰哲人的政治哲学就是自己一般哲学的一部分。正是他们对柏拉图式政治哲学(Platonic political philosophy)的研究,才赋予了自己哲学的特质及其形式:也就是对柏拉图政治文章的评注。在其他方面,他们自己的哲学又是以亚里士多德思想为视角,有时又在一定程度上以亚里士多德的评注者的视角为基础,对柏拉图的思想进行修改或改编。① 亚历山大里亚的学者对柏拉图《王制》和《法义》的概要很可能形成了阿尔法拉比和伊本·鲁世德([译按]即"阿威罗伊")著作的基础,但这些概要已不再是纯粹的"柏拉图"了。普罗提诺(其《九章集》在伊斯兰哲人那里叫作《亚里士多德的神学》)、波菲利和普洛克罗斯在很大程度上共同塑造了伊斯兰哲学,尤其是形而上学。但不管新柏拉图主义的修订,还是企图调和柏拉图与亚里士多德观点的倾向,都大可以说柏拉图

---

* 译自 Erwin I. J. Rosenthal,《中世纪伊斯兰政治思想论纲》(*Political Thought in Medieval Islam: An Introductory Outline*, Cambridge: Cambridge University Press, 1958)。

① 关于伊斯兰世界的柏拉图主义,参 S. Pines,《伊斯兰哲学中的几个问题》(Some Problems of Islamic Philosophy),刊于《伊斯兰文化》(*Islamic Culture*),1937 年,卷 11;另参 Franz Rosenthal,《论伊斯兰世界对柏拉图哲学的了解》(On the Knowledge of Plato's Philosophy in the Islamic World),同上,1941 年,卷 15。

在政治哲学方面起着主导性的影响,尽管亚里士多德的《尼各马可伦理学》也为阿尔法拉比、伊本·鲁世德和伊本·巴贾(Ibn Bājja)所评注和采纳,后者可以被视为前两人在重要细节上的联络点。

我们在把话题限制到哲人(falāsifa)的政治哲学上时,必须记住,那只是他们整个哲学的一部分,不能从形而上学、伦理学和心理学中孤立出来理解。正是在后面这些哲学分支中,亚里士多德比柏拉图发挥了更大的影响,从伊本·鲁世德对《王制》的评注就可见一斑。

这里不是对伊斯兰哲学之整体哪怕作简短描述的地方。① 但很显然,形而上学对穆斯林的哲学提出了难以对付的挑战,尤其在这样一些至关重要的问题上,如从"无"中的创世、质料的永恒性以及灵魂的不朽。甚至"神明"这个概念本身也受到了影响。因为新柏拉图主义神学中的"一"、亚里士多德的"最高的神明"或"第一因",正是通过亚里士多德的"神学"以及通过普洛克罗斯对《神学诸要素》的概要而为伊斯兰神学家和哲学家所知。普洛克罗斯的"概要"被冠以《原因论》(Liber de Causis)之名而被错误地归在亚里士多德名下。② 诸如此类的著作,再加上亚里士多德的《论灵魂》(De Anima)、《物理学》以及尤其是《形而上学》,包

---

① 参 R. Walzer,《伊斯兰哲学》(Islamic Philosophy),见《东西方哲学史》(The History of Philosophy, Eastern and Western, London, 1953),页 127-48,以及《阿拉伯把希腊思想传入中世纪欧洲》(Arabic Transmission of Greek Thought to Mediaeval Europe),收录于《莱兰兹图书馆公报》(Bulletin of the John Rylands Library),1945 年,卷 29。

② 另参 M. Steinschneider,《阿拉伯对希腊文献的翻译》(Die arabischen Uebersetzungen aus dem Griechischen),见《图书馆学专刊》(Centralblatt fuer Bibliothekswesen, Leipzig, 1893),页 75 以下。人们相信阿尔肯迪(Al-Kindī)

含了上帝、人和宇宙的理性观念,这与《古兰经》对大神本质和属性的粗略描述不相符合。在伊斯兰的宗教思想家中,穆尔太齐赖学派(Mu'tazilite)率先对启示与理性的冲突进行了思考。他们抛弃了人神同形论,并且把启示中纯化了的上帝概念同亚里士多德思想中与质料永恒性相连的神明对立起来,以此寻求对启示的辩护。他们构想出了对《古兰经》的形象阐释,以此证明《古兰经》与理性并不矛盾。《古兰经》的这种内在的含义只能为理性所确证;在字面的意思之外,还有外在的含义。源自穆尔太齐赖学派的阿尔阿沙里(Al-Ash'ari),对穆尔太齐赖学派反戈一击,也得

在波菲利对《神学》校订的基础上又做了修订,该书有纳伊玛('Abd al-Masih b. Na'ima)译成阿拉伯文。Baumstark 指出,之所以把那样一本著作归在亚里士多德名下,可上溯到叙利亚人那里,而不是阿尔肯迪。参 P. Kraus,《阿拉伯人眼中的普罗提诺》(Plotin chez les Arabes),收录于《埃及学研究所学报》(*Bulletin de l'Institut de l'Egypte*),1941 年,卷 23,页 267。G. Graf,《阿拉伯世界的基督教文学史》(*Geschichte der Christlichen Arabischen Literatur*, vol. ii, *Studi E Testi*, 133, Vatican City, 1947),页 228 以下,仍然坚持认为阿尔肯迪不单单要为修订了一个叙利亚基督徒的阿拉伯译文作了修订而负责,还要为影响深远的变更以及把著作权归到亚里士多德名下而负责。P. Kraus 在上引著作中对普罗提洛的《九章集》四至六卷在变身为阿拉伯语和拉丁语的《亚里士多德的神学》提出了最好也最可信的阐释,并强调了该书对伊斯兰哲学的影响。他严重地怀疑阿尔法拉比会把那种著作权的归属视为是真的,并且认为那篇著作对阿尔法拉比的思想来说几乎没有什么影响(页 270)。尽管伊本·西拿(按即阿维森纳)曾说亚里士多德不可能是那部书的作者,但还是为《亚里士多德的神学》的一些段落写出了大量的评注(页 272 以下)。另参 G. Vajda,《阿维森纳对亚里士多德神学的评注》(Les Notes d'Avicenne sur la Theologie d'Aristote),刊于《托马斯主义杂志》(*Revue Thomiste*, 1951, no. 2)。该文是对巴达维(A. Badawi)编校的阿拉伯文本的翻译。该文的前面部分就是《亚里士多德的神学》的相关段落,还有一些重要的注释。关于《原因论》(*Liber de Causis*),参 O. Bardenhewer,《托名亚里士多德论纯善,以〈原因书〉之名而众所周知》(*Die pseudoaristotelische Schrift ueber das reine Gute, bekannt unter dem Namen "Liber de Causis"*, Freiburg, 1882)。

承认理性是宗教知识的源泉。凯拉姆(Kalam),或辩证神学,就是其结果,而且这是伊斯兰官方对希腊和希腊化哲学(Greek – Hellenistic philosophy)挑战的回答。

哲人们变成那种哲学的接受者和传递者,同时仍保持着穆斯林的身份,穆斯林相信启示的绝对真理。他们把启示与理性的问题视为神启的律法与人世法律的比较,神启律法由先知传来,而人世法律则由理性创立。① 此处我只需补充说,他们调和启示与哲学的关系,但仍然坚持,既然真理只有一个,而且不可见,那么,启示和哲学的意图就必定完全相同。② 他们接受了关于《古兰经》具有双重含义的说法后,就教导说,宗教以比喻和寓言向大众布道,因为大众只能理解比喻和寓言的表面含义。内在的和隐含的意义只有哲人才能接触到,并且靠的是论证推理。这样获得的真理,就与哲学宣讲的真理相同了。除伊本·鲁世德而外,所有哲人都同意这一点,哲人无疑在伊本·鲁世德反对的那位阿尔安萨里(Al – Ghazali)的影响下,坚持认为人类的理性不足以掌握启示的全部真理,这种真理对安萨里来说,就体现在先知的启示律法里。结果,这种律法包含了关于大神的说法,也包含某种向信众宣布的戒律,而人的理性没有能力通过论证的方法来理解这种律法。③ 必须在字面意思上接受戒律。但理性能够理解的另外那

---

① 参拙著《中世纪伊斯兰的政治思想》(Erwin I. J. Rosenthal, *Political Thought in Medieval Islam: An Introductory outline*, Cambridge: Cambridge University Press, 1958),第一章,页 15 以下。

② "双重真理论"被错误地归到伊本·鲁世德名下,因为他的哲学必须清晰地与持"双重真理论"的阿威罗伊主义者区别开来。不幸的是,中世纪哲学史家原则上都不作这种必要的区分。

③ 比如就有迈蒙尼德(Maimonides)所说的"仪礼性"的律法(Ceremonial laws)。

些概念,必须让哲人这样的解释,哲人的任务就是为容易犯错的理性而存在,找到尽可能完善的关于上帝的知识。对于先知的启示律法高于人世法律,本人在其他地方有所强调,可以借由迈蒙尼德的话予以详细阐释,而迈蒙尼德的话又与伊本·鲁世德的话相当。①

颇为重要的是要认识到,无论如何对伊本·鲁世德来说,启示与理性的明显冲突通过他把启示定义为先知的启示律法得以解决。阿尔法拉比不那么明晰,但能够像伊本·西拿一样,与这种理论有联系,只是不认可预言的心理学理论。这尤其适用于那些与人类普遍法律相同的特征上,人类普遍法律建立在理性之上。因此,这种主张可以被说成:在政治哲学的领域内,建立起了启示与哲学的和谐。正如我多次说过的那样,这是由于希腊人的政治哲学与伊斯兰哲人,尤其是伊本·鲁世德的政治哲学有着共同的基础。② 这种共同基础由法律所提供,而法律在柏拉图和亚里士多德的政治思想中,以及在阿尔法拉比、伊本·西拿和伊本·鲁世德的政治思想中,占据着核心地位。这就意味着,研读《王制》《法义》和《尼各马可伦理学》会让穆斯林哲学家更充分地领

---

① 本文会对伊本·鲁世德的政治哲学进行详细讨论。
② E. I. J. Rosentahl,《迈蒙尼德的国家观和社会观》(Maimonides' Conception of State and Society),见 I. Epstein 编,《迈蒙尼德》(*Moses Maimonides*, London,1935),页 192 及下页;《伊斯兰政治哲学的某些方面》(Some Aspects of Islamic Political Philosophy),见《伊斯兰文化》(*Islamic Culture*),1948 年,卷 22,页 9 以下;《阿维森纳对犹太神学的影响》(Avicenna's Influence on Jewish Thought),见 G. M. Wickens,《阿维森纳:科学家与哲学家》(*Avicenna: Scientist & Philosopher*, London,1952),页 67 以下,页 77 以下;《政治学在阿威罗伊哲学中的位置》(The Place of Politics in the Philosophy of Ibn Rushd),见《东方与非洲研究学院学报》(*Bulletin, School of Oriental and African Studies*),伦敦,1953 年,卷 15,页 259 以下,369 以下,页 273 以下。

会伊斯兰的沙里亚(Shari'a,[译按]即"律法")中所暗含的政治特质(就像在犹太教中的《托拉》[Torah]一样)。因此,对他们来说,启示不仅仅是神人之间的直接沟通,不仅仅是正信和定信的传递,不仅仅是充满爱的、正义和仁慈的位格神与他按自己的形象创造的凡人之间的对话,它也是并首先是凡人有效的和强制性的法典,凡人必须生活在社会中,并且在一个民族里根据政治原则组织起来,以便实现自己的命运。简言之,它就是理想民族的法律。这样的话,它就包含了敬拜和洁净的规定,就好像希腊人的律法管理的是神庙中的祭祀。它为凡人提供了此世的福祉,还为人准备好了此后的福祉,只有它才由此而保证了人作为一种宗教性存在的完满与幸福。它在这样做的时候,就超越了 nomos[法律],也就是希腊哲学的人造法律,这种哲学根本就不知道双重的幸福,尽管它同样也旨在让人能够达到自己的目标:理智上的完满。

肤浅地说,Shari'a 与 nomos 之间似乎就建立起了完全相同的目的。因为后者也旨在教人"服从神明",法律最终正是从神明那里而来。但我们必须记住,"神"在柏拉图那里,完全不同于它在穆斯林哲学家那里的含义。很清楚,尽管法律在两种思想中都占据着核心地位,但穆斯林充分意识到了大神向先知所启示的法律与柏拉图笔下的法律之间的根本区别,神启法律旨在作为整体的人类(包括受到拣选的知识人以及普通大众)的幸福,而柏拉图的法律虽然是为整个民族设立,却仅仅旨在让哲学家达到最高的完满。即便柏拉图的《法义》有着极为崇高的神明观念,并且柏拉图像伊本·鲁世德一样,认为只有正信和定信才会提升正义与幸福——民族正是为了正义和幸福才存在,但这两种观念之间仍然存在差别。这是由于这两人所属的两种文明的不同特质:其中一人以启示为基础、以大神为核心,而另一个人则以神话为基础、以理性的人为核心。很自然,这种比较以伊本·鲁世德著作的字面阐释为基础,无法排除这样的可能,即比喻性的阐释也许会导致在宗教观念上的某种接近。但仍需清醒地意识到,在穆斯林的思想中,Shari'a因"认识并热爱大神、愿意遵守他的诫命",故而其范围比那种以"认识你自己"为核心的nomos更宽。但希腊人和穆斯林哲人都同意,没有法律,就不可能有民族,而且不法的行为会毁灭民族。任何偏离法律的做法,都必定对公共安全以及对民心和正信与定信产生严重的后果。在Shari'a治下的民族里,这样的偏离会造成错误、异端和分裂,结果证明会毁灭民族。在柏拉图nomos治下的理想民族里,那会导致最优秀者或完美的制度,转变为一种坏的或不完美的制度,而且对他们各自的公民来说,也是如此。

如果这样看待法律,民族的制度形式就是第二位的,因为它直接依赖于法治。伊斯兰在理想状态下就是神权政治(theocracy),哈里发制度就是它在地上的政治形式。Shari'a至高无上地统治着。一旦Shari'a的权威遭到损害,就会产生mulk或强权国家(power-state)。在这种国家中,世俗的法律就会与Shari'a相竞争,并常常湮没Shari'a的统治。在柏拉图的《王制》中,哲人王以nomos为手段进行统治,nomos是人的理性能够构想出的最好的法律。如果这种nomos的权威受到轻视,那么统治权就会落到其他人的手里,民族也会具有柏拉图笔下这种或那种不完美制度的形式。

由此可以很清楚,就民族内的生活而言,伊斯兰哲人在柏拉图的《王制》《法义》和亚里士多德的《尼各马可伦理学》中,发现了一种相似的法治观念,可以作为人类福祉的保证。他们看到这一点后,就把希腊政治哲学用在自己的文明上。但他们认识到各自法律及其相似后,却发现先知所揭示的人世法律与哲学所揭示的人世法律有着根本的区别。Shari'a对他们来说,就是伊斯兰的理想民族,正如对柏拉图来说,《王制》就是哲人的理想民族。同时,至少对于伊本·西拿和伊本·鲁世德来说,先知高于哲人。

为了理解到伊斯兰哲人的政治思想其实混合了伊斯兰对柏拉图式的政治观念的看法——柏拉图政治观念为亚里士多德和新柏拉图主义者所更改,我们必须从伊斯兰政治哲学的主要问题,即先知揭示的法律与人法相对,转向政治学的目标和范围的定义。

我们想起了亚里士多德把政治学定义为"最权威的科学",这种科学决定着什么才是作为人类"最高的善"的"幸福",还教授获得那种幸福的手段。这不过是详述了柏拉图《政治家》(*Politikos*)中的说法:"他们所有人都有一种科学:而且这种科学可以叫作君王的、政治的或经济的科学。"① 政治学与伦理学和经济学一样,是一种实践的科学。伊本·西拿和安萨里在这一点上都追随亚里士多德,而阿尔法拉比和伊本·巴贾(即阿维帕斯[Avempace])却赞同柏拉图,把家庭仅仅视为民族的一部分。② 然而,伦理学与政治学的分界线并不严格,因为它们都相互支持才成为实践的理论。它们源自人的选择,而选择则以人关于善恶的知识为

---

① 参《政治家》259b。另参 E. Barker,《希腊政治理论》(*Greek Political Theory*, London, 1947),页 273。

② 阿尔法拉比在其《政治制度》(*K. al-siyāsa al-madanīya*,页 39)中把家庭(这个最小的团队单位)视为街道的一部分。与此相似,伊本·巴贾在《经济学》(*K. tadbīr al-mutawaḥḥid*, 6.2 以下)一书中也像在经济学中一样,把家庭视某种为了民族而存在的东西,不足以构成独立的科学。经济学是人的自我管理的一部分或政治学的一部分(同上,页 7)。另参拙文《政治学在伊本·巴贾哲学中的位置》(The Place of Politics in the Philosophy of Ibn Bajja),收于 *Islamic Culture*, XXV, i, 1951, 页 13, 参注 44-48。伊本·西拿和安萨里依附于亚里士多德对实践科学的三分法,即政治学、经济学和伦理学(安萨里),分别是:伦理学——亚里士多德《尼各马可伦理学》中的教导,经济学——《布吕松》(*Bryson*, [译按]本指人名,传说中为新毕达哥拉斯主义者,经济学家,不详)中的教导,政治学——柏拉图《王制》和亚里士多德《政治学》中关于君王术(kingship)的教导,以及在先知启示律法的范围内,由柏拉图的《法义》所教导。

条件，而不管那种知识是好是坏，是高尚还是邪恶。在伊本·鲁世德看来，政治学就像医学一样，有两部分，第一部分是理论性的，包含在亚里士多德的《尼各马可伦理学》中，第二部分是实践性的，包括在亚里士多德的《政治学》和柏拉图的《王制》中。"该科学的第一和第二部分的相互关系，完全等于医学中《健康与疾病》同《保留健康并去除疾病》这两本书的关系。"① 这不过是阿尔法拉比在其《各科举要》（Ihsa al-'ulum）中的定义的回响。对该书的概述，表明伊本·鲁世德受惠于前人良多，尤其重要的是受惠于阿尔法拉比把柏拉图的观点引入穆斯林思想中，尽管那些观点已具有希腊和希腊化的含义。阿尔法拉比接受并改造柏拉图的遗产，为伊斯兰政治哲学奠定了基础。柏拉图的第一位继承者和创造性的传灯人曾是亚里士多德。

阿尔法拉比在《各科举要》第五章"论政治学、法学和神学"中写道：

> 政治学研究的是（各种各样的）行为，以及有意识和意志的生活方式（siyar），还研究习惯、风俗（mores）和产生这些行为和生活方式的自然习性……。②

---

① 另参阿威罗伊对柏拉图《王制》的评注，第 7 和 8 节，英译本页 112（[译按]中译本见《阿威罗伊论〈王制〉》，刘舒译，北京：华夏出版社，2008，页 22）。

② 阿威罗伊说："正是出于同样的理由，这门学问（政治学）分成两部分。第一部分笼统地研究习惯和意志行为，说明了它们之间的相互关系以及这些习惯之间的因果关系。第二部分说明了这些习惯如何在灵魂里建立起来，它们如何排序以便从特定习惯引出的行动能够尽可能完美。总体说来，这个部分提供普遍能够实现的东西"（英译本页 112，中译本页 22，刘舒译文）。阿威罗伊仅仅跟随着阿尔法拉比的阐释。另参 A. Gonzalez Palencia, *Al-Farabi Catalogo de las Ciencias* (Madrid, 1953)，页 91。[译按]罗森塔尔此处对阿尔法拉比著作的翻译与本书有细微的差别。

但政治学还远不止于此,它对人的有意志行为的研究,旨在引导人通过正确的行动走向真正的幸福(sa'āda)。至关重要的是,穆斯林阿尔法拉比对此作了限定,认为真正的幸福只有在来世才能获得。此外,真正的幸福应该同假定的幸福区别开来,①后者由财富、荣誉或快乐构成。德性和善行提升着城邦和民族的真正幸福,因为它在权威的控制之下提升着公民之间有序的合作。②权威由"君王的职位与尊严"(mahna malakīya wa‑l‑mulk)所代表,而政府(siyāsa)履行着这种职位。阿尔法拉比区分了两种权威:优秀的(理想的)权威——这种幸福由之而得,以及无知的权威③——假定的幸福由之而得。优秀的(理想的)城邦和民族尊奉第一章权威,而后者则因目标杂多而分成了很多种。如果目标是财富,其统治就是可鄙的,如果目标是荣誉,就会是荣誉政治。④显然,阿尔法拉比这里是在追随柏拉图的《王制》,但颇为重要的是,希腊"城邦"后面补上了"民族"一词。这大约是因为阿尔法拉比所用的希腊化时期的概要(很可能出自伽伦[Galen]之手),

---

① 迈蒙尼德在其《迷途指津》(Munk 编,vol. II, ch. 40, p. 86b)对神法和人法作了相同的区分,也用了同一个词 maznuna(假定的,所谓的)。

② 或者"统治、管辖",参 Palencia,前揭,页 92。

③ 参 Palencia,前揭,页 93。阿拉伯语是 riyasa fadila,与柏拉图笔下的"共和国"(*Republic*)或理想国相一致,而 riyasa jahiliya 则与柏拉图笔下那些不完美的民族相一致。

④ 参 Palencia,前揭,页 94。Khissa 也可以译作"贪婪"(avaricious),并且指财权政治(plutocracy)。关于这种民族以及 karama[荣誉政治],详见下文对阿尔法拉比和伊本·鲁世德的讨论。亦参拙文《政治学在伊本·巴贾哲学中的位置》,前揭,页 15 注释 51;《政治学在阿尔法拉比哲学中的位置》(The Place of Politics in the Philosophy of Alfarabi),见《伊斯兰文化》(*Islamic Culture*),1955 年,卷 29,第 3 期,页 168 及相关注释;另参拙著《阿威罗伊对柏拉图〈王制〉的评注》(*Averroes' Commentary on Plato's "Republic"*, Cambridge University Press, 1956),页 207 以下,283 以下。

在某种程度上也可能是因为他当时的伊斯兰帝国使然。

阿尔法拉比在概要性地阐释柏拉图的哲学时,①也用相似的术语把政治学定义为"君王的、政治的技艺",并赋予它引导人们走向幸福的任务,其方法就是让哲人王统治。②

两种实践必须联合起来让政府"高贵和优秀(理想)":遵守一般法则,用实践智慧和经验来统治——就像在医学中的情形一样——好让政治(或公民)法案在公民中间滋生德性和善行。③政治技艺的从业者在研究政治哲学中获得了一般的法则。④ 这门科学有两部分:一部分延伸至幸福的知识,也延伸至真正幸福和假定幸福之间的区分,并形成一般法则。伊本·鲁世德把这种理论性的部分叫做政治学。另一个部分关注的是优秀城邦和不优秀城邦中的公民的行动和道德,并引导他们获得各自无论真实的还是可疑的幸福。"这可以在 *Bulitiqi* 义疏,也就是在柏拉图的著作《王制》(*Siyasa*)中找到,也可以在亚里士多德的《政治学》(*Siyasa*)以及柏拉图和其他人的其他著作中找到"。⑤ 阿尔法拉比追

---

① Falsafat Aflāṭūn(《柏拉图的哲学》[译按]中译本见程志敏译,上海:华东师范大学出版社,2006),Fr. Rosenthal 和 R. Walzer 在编本中叫 *Alfarabius De Platonis Philosophia*(*Plato Arabus*, vol. ii, London, 1943)。该编本的前言充分讨论了这篇文章及其可能的希腊来源。

② 《柏拉图的哲学》,页 13(阿拉伯文本)或页 9 以下(拉丁译文)。

③ "实践智慧"用于翻译 hunka,即"审慎"(prudence)。另参伊本·鲁世德,前揭,页 118 以下。

④ Falsafa madanīya《政治制度》,前揭,页 95。阿尔法拉比在这里和在《获得幸福》里通常使用 'ilm 一词,间或在《柏拉图的哲学》中使用 ṣinā'a 一词。

⑤ 同上,页 97。另参伊本·鲁世德,前揭,页 118。目前为止还没有证据表明有哪个伊斯兰哲学家实际上用到过亚里士多德的《政治学》。Siyāsa 既指"政治学",也指"政治制度"(politeia[译按]即《王制》)。关于柏拉图的其他政治学著作,另参《柏拉图的哲学》,第 18,23-25,27 节。

随着柏拉图的《王制》,进一步把政治学的实践部分说成是要探讨优秀(理想)民族如何转变成无知的民族。① 在"优秀(理想)的君王职位(mahna)"上,必须研究理论科学和实践科学,因为国王在这里必定就是哲人。② 每一个城邦和民族的行动和生活方式都不一样。但理想城邦(madina fadila,也就是柏拉图《王制》在穆斯林那里的对应物)要乐见自己的延续,唯有历代国王萧规曹随从不间断,并且遵循好政府的同样条件。哲学的培养,不管是理论性的还是实践的,都保证了这些条件的存在,理想民族通过这些条件得以维系。缺少哲学,就等于物质;因此我们就会有无知的或不完美的民族。这样的民族靠经验及其统治者天生的能力来达到自己的目标。③

我们已经知道,政治学的理论部分旨在研究最高的善,研究那种引导我们在实践中获得最高善的行动和意志相关。因此,这种对伊斯兰政治哲学——被视为柏拉图政治哲学的遗产——所作的简短而一般的介绍,可以在关于"追求幸福"的寥寥数语中得以圆满结束,这种幸福也是阿尔法拉比在其《获得幸福》④所理解的那样,并且为他后来的所有伊斯兰哲学家所

---

① Riyāsāt fāḍila and siyar, malakat jāhilīya。Riyāsa,"权威,统治"在这里也可解作"政治制度"(constitution)。

② 《政治制度》,页98。另参《柏拉图的哲学》,第18节。

③ 《政治制度》,页99。这里用的阿拉伯术语是 quwwa tajarrubīya,"试验的能力","通过经验来获得知识的那种经验主义",以及 quwwa qarīha jaballīya,"自然天赋"。我在这里采用了开罗抄本,没有采用 quwwa qarīhīya ḥissīya 这样的说法。

④ 《获得幸福》是阿尔法拉比最成熟的政治学著作([译按]见《柏拉图的哲学》中译本),它代表着阿尔法拉比催政治学的第一个部分也就是理论部分最重大的贡献。

接受。

　　阿尔法拉比在《获得幸福》中认为，人天生就努力追求完满（kamāl）。人们在不断学习物理学（'ilm ṭabī'ī）、形而上学和政治学时，①就会在竭力追求时受到指导和帮助。物理科学赋予人理性的原则。② 没有很多人的帮助，就不可能获得最高的完满；因此，还需要另外一门科学来检验这些理性原则，其根据就是人类必然需要相互联系，即"属人的或政治的科学"。人有能力满足自己作为一个 ḥayawān insī 或 madanī，即亚里士多德所谓 zoon politikon（政治的动物）的生理需要时，就会转向形而上学的思辨。也就是说，人就开始在自然事物（ba'da-l-ṭabī'īyāt）之外，思辨那些"存在着的事物"（即现实，mawjudat）。这种思辨让人感觉到第一原则（mabda' awwal），即，大神。然后，人就钻进属人的科学（政治学），并追问人类存在的目的：亦即，人必须达到的完满。人研究一切，以帮助自己达到这种完满，诸如德性和善行，并且把它们与那些诸如邪恶和恶行之类的障碍区别开来。人搜集这些东西的本质的知识，搜集它们的样式和相互之间的关系，直到对自己的工作获得理性的理解为止。这就是政治学。它是关于那种事物的科学：每一个公民通过政治联合获得幸福，而这种幸福又是自己的天然习性所规定的。③ 就好比

---

　　① "物理科学"包括亚里士多德的《论灵魂》（De Anima）以及一般而言的心理学。另参拙著《阿威罗伊对柏拉图〈王制〉的评注》（Averroes' Commentary on Plato's "Republic"，Cambridge University Press，1956），页 255，我在那里也提到过 Iḥṣā："就我们所知，阿尔法拉比是第一位把《灵魂论》算作是亚里士多德所谓'物理科学'八篇著作之一的穆斯林思想家，这与《工具论》（Organon）的八个部分相类似。"

　　② 另参《获得幸福》，页 13（按指阿拉伯文本页码）。

　　③ 《获得幸福》，页 14 以下。

有不同程度的幸福,故而也有不同程度的完满。最高的完满就是思辨的完满,人只有在政治联合中,不管是城邦还是民族,才能达到。那就是最终的幸福。①

---

① 另参《获得幸福》页 14 对最高完满(kamāl aqṣā)以及第 16 页对最终和最高幸福(saʻāda quṣwā)的讨论。因为阿尔法拉比在《获得幸福》一开头就说到"尘世的幸福在第一次生命中,而最终的幸福在来生里"(页 2),这个问题就可以合情合理地表达为:阿尔法拉比说"来生"的意思究竟是指穆斯林将来的生活,还是指理想民族思辨和沉思的生活。

《宗教书》概览

布什米勒(Paul M. Bushmiller)

为撰写此文,我重温了哲学家阿尔法拉比(864—933D CE)的四本著作,即《各科举要》《宗教书》《箴言选》以及《获得幸福》。其中,前三本著作由巴特沃斯(Ch. E. Butterworth)重译,《获得幸福》则是选自莱纳(Ralph Lerner)与马迪(Muhsin Mahdi)编辑的《中世纪政治哲学文选》,由马迪翻译。我撰写本文的目的就是为了分析上述著作。

十二年之后,在没有讲稿可用的情况下(我现在才意识到),重温上述材料难免时常遭遇困难。我发现自己面对最初雄心勃勃的大纲时,不断地打退堂鼓。最初拟定的大纲本打算对种种争议的大致结构作一番深入的探究,同时对富有争议的各种文本之间看似的相同之处以及文本内部的重复之处进行考察。其实在某种程度上说,这些工作是我不能驾驭的。尽管如此,我还是决定以《宗教书》为目标,做力所能及的事情。

上述四本著作一定意义上很清晰地呈现为一个整体。从构思上看,《宗教书》以一个争论为核心,其目的是要回答《各科举要》第五章中悬而未决的诸问题。阅读《箴言选》后,我认为它除了提供了一个对应的自我支持的部分之外,还有可能是一个支持性证据与详情的术语表,而这些证据与详情涵盖了《各科举要》,尤其是《宗教书》的各种阐述。

在本文中,我乐意尝试的首要任务是考察阿尔法拉比为《宗教书》所设的种种目标。我认为,这里存在着三个陈述,两个直接的,而另一个则是隐匿不现的。

第一节一开始就对宗教作了定义;宗教是如何存在于一个共同体①之中的,是谁创立了这一共同体以及共同体怎样被领导;其目的又是什么。该节的最后一段(也包括倒数第二段)讨论的是共同体之秩序与和谐,这一秩序与和谐源于共同宗教与共同目的。而那一共同宗教与共同目的是神授予某个人的。前者逐步且自然而然地开始对政治哲学与政治学的讨论。后者则是对政治哲学与政治学讨论的结束。隐而未现的争论就位于这样一种结构之中。此处,何为事实,这是一个政治学的定义,它在一个神之真实本性以及人类之目的已经,至少部分地,呈现给共同体的信徒的世界中被追问;而这必定会从根本上改变政治学。因此,政治学能够处理某个积极的、与人密切相关的、为道德所需的神之概念,而且是与卢克莱修《物性论》(*de Natura Rerum*)一书中出现的概念大相径庭:一个与他人不相干之神,居住在行星②之中的某个冷清的角落。在此,我们意识到共同体是由宗教建立起来的,并且在宗教自身的构架内给出了政治学的任务与起点。基于此,(包含政治学在内的)哲学是理性与逻辑之领域,它以自己的方式塑造了一个概念上的、但可以理解的神,并且审定了宗教主张。

我们一开始就看到了如下陈述:

---

① 本文从头到尾我将在同一意义上使用术语 nation,state,city,society,和 community。一般来说,除了当讨论涉及成文法或范围时,我宁愿使用 community 一词。

② 在某些方面,它是一种新柏拉图的简洁陈述,阿尔法拉比不会完全不予以讨论,除求助于卢克莱修式的神(Lucretious God)外,(这么说)是开启人与世界,因伊斯兰教之神是与人打交道的。

宗教是种种意见与行为……由第一统治者为了共同体所制定。如果第一统治者是高尚之士……他只寻求获得终极幸福。如果其统治是无知的，那么，他只是为了自己……用某个无知之善……去取得那样的善……并把那些皆置于其统治工具之下（§1）。

某些无知之善皆是一些必要之善，比方说健康与安宁，也包括财富、快乐、尊敬、荣誉以及征服。无知的统治者可能也会为了民众去追求必要之善，甚至会无私地去追求。当终极幸福成为假定的而非现实的目标时，误入歧途的统治就出现了。与此形成对照，高尚的最高统治者的技艺是王道，它与神的启示紧密相连，该情形以两种方式出现：即是说，要么直接阐明具体的行为与意见，要么获得启示之后才作决定。争论的所有要素或多或少地触及上述要点。神是政治共同体的缔造者，具体的建造者则是某个由神①选定之人或政治领导群。神一开始就委派给建造者一个任务，即，一整套共同体得以建成的具体的意见与行为；此外，建造者还被赋予一种才能——一种特殊的智慧——通过时间与状况使他对共同体的领导得以继续。《宗教书》对这一才能作了极为详细的描述，它认为该才能是一种介于艺术与科学之间的技艺（如果我有一本希腊语字典的话，在此处，我愿意查询 techne 这一单词），言外之意是指该才能部分地可以通过学习获得。除王道之外，上述技艺只能由被赋予②了最高领导者的种种品质的人获得。但是，这样的技艺仍然是启示的一种形式。

我们注意到，宗教被定义为种种行为与意见，而不是真理；我

---

① 该选择将会是智慧与德行上最完美的一个。
② 这大概可归结为柏拉图的特色，他在《王制》为其君主而详尽阐述的。

们也看到,启示只有当它被某个忠于理性最高秩序的人所掌握时才富有意义,才是有目的的。我们知道,人们生活的目的是用已确立的宗教词汇来描述的。迄今为止,幸福更多的是以它不是什么,而非它是什么来定义。本身属于幸福论者的术语"终极的(或真正的)幸福",它将引领我们相信,幸福是自我沿着由理性与和谐确定的道德路向而不断践履的信条。

沿着这一思路,基于写作线索,阿尔法拉比做了一份详细纲要,该纲要与其提出的两个社会范式中的术语与部分类似。在第四节中,阿尔法拉比声称,宗教与信条几乎就是同义词,就如同法律与传统一样。明确的宗教法令就像法律,因此法律、宗教与信条是同义的、是详细说明之意见,是决定之行为;然而此处并未明确地断定,作为政治体制管理宗教共同体的宗教统治着城邦。恰恰相反,直接提及宗教与真理的情况只有一次。

如此一来,在高尚宗教之中,被决定的意见皆为真理,或与真理相似。通常,真理是某个人由他自身通过常识而探知到的,或者是由实证而得的(第四节)。在此,阿尔法拉比已经为理性存在提出了对真理的根本判断的主张,(而且!)为宗教存在提出了对真理的有效的、象征性的陈述。因此,在第五节中,阿尔法拉比重申高尚宗教与哲学相似。事实上,当哲学提供说明性的证据(理论的),以及为行为(实践的)提供原因时,高尚宗教是附属于哲学的。进而,辩证法产生假设、说明性证据产生确定性是一个有重大问题的断言。因此,现在我清楚地注意到,阿尔法拉比那样断言。在《政治家的箴言》中,他明确地否定如下说法的真正一致性,即那些[已经]接受启示的人在理论知识[1]层面并非完美无缺

---

[1] 也就是说,你无法真正知道你不理解的(参见第4节的结尾)。这可能是对简单的神性主义以及直接启示信条的一个反驳。

(箴言94的最后一段)的情况下的知识主张。不管怎样,辩证法与修辞术均是一种对人们(他们皆是未受教育的普通大众)产生说服力的设计。

接下来的几节延伸至作为公民事业的法律与法学的讨论,但很明显,这种讨论是从宗教统治地位的构架中推衍出来的,到第11节结束。现在,我们将讨论政治学以及由它研究与提出的有关社会、领导者的角色与责任等问题。我们被明确地告知,政治学的首要目的是研究幸福。除对幸福的描述与前面相同之外,我们还得知,幸福今生无法获得,唯有来世方可得到。这里所有的内容都与前面差不多,但在某种意义上,它们几乎是世俗的。这一讨论在第14节中达到高潮,在这一节中,阿尔法拉比以医生治疗疾病的过程类推出普遍由具体构成(维持一个高尚社会的技艺)的才能。该讨论非常清晰地表明,引导行为的正是知识;已经获得的经验肯定地被视为审慎。正如它有时候被谈及的那样,这种才能对行动者来说似乎是经验能力的完善。审慎之人将按事件本身那样去体验它们。而一个不审慎(缺乏审慎,或鲁莽)的人可能会以截然不同的方式去体验相同的事情,但从经验中获得的教训将会不同,对经验的运用也将是错误的(错误的行为、治疗、原因、法律)。

在第15节,思路再次发生变化,我们看到:

> 作为哲学的一部分,政治学……仅限于一般的抽象概念,以及给出它们的范式。同时,政治学也探究了决定详细情况的范式……政治学无法在现状中决定它们,这是因为在现状中作决定属于一种能力,而非哲学……(§15)。

在此,我们注意到,就高尚的第一统治者无法以直接启示来决定全部偶然现象这一点而言,它与该种技艺的特性还残存着某些相似之处。

迄今为止,该思路已经规定了先知、国王的领域以及角色,同时将其等而视之。现在,在基本原理之后,就所讨论的政治学的普遍性而言,这一思路已逐渐变为某个对世界以及世界存在的描述,即是对神是如何治理世界,统治者是如何治理城邦所作的描述。启示可信赖的精神在形式上等同于神意的传达,且可等同于对理性完善的期待。在我看来,焦点似乎陡然发生了改变,即从对统治者、对某个独立的、现实的共同体的说明,转为对另一东西的解释,这一转变的过程揭示出共同体与每一部分、每一部分之间的和谐、种种关联、相互支持,并揭示出作为个体之间关系的组织系统。正是在此,个体开始成为一个需加分析的因素。城邦及其统治权能存在于和谐的共同体之中,是由于启示所确立的某个共同宗教的美德,这一美德是以追求终极之幸福为目标的,而这一终极幸福是个体灵魂的一种善。

通过一种简明的形式,阿尔法拉比提供了组织与秩序的两个层级范式。一个主要是形而上学的,少有世俗的因素;另一个则无形而上学的因素,它主要是为生活所做的思考。关键之处不是"哲人王"与先知是多么相似,而是上述两种范式都以善为目标。如果某人过着安定的、高尚的生活,那他就可获得彻底的幸福。启示把高尚生活的结果、真正有生命力以及值得信赖的意见与行为皆视作与神相连的灵魂,阿尔法拉比(当它是真实的时候)称此为终极幸福,并且声称它本身就是目的,同时也是其他事物的目标。进而他以该目标为标准来反对种种大众意见(从第 11 节开始的意译),因此一个清晰的宗教目的在政治学的核心之处出现了。什么东西可以说成是灵魂的缄默的经验,这本身就很成问题。确实不存在这样的事情:它只有为了其自身才能得到尊重,它不会因为与自己有关之事的美德,也不会因为它所说、所做或所致的任何事情而受到尊重。在《箴言选》中,阿尔法拉比反对将幸福理解为酬谢的等价物;相反,他认为幸福应该像知识一样,随学习时的劳累与学习之余的回味而至,但不能将幸福视为享乐目的而去学习的一种快乐①(箴言 76 的意译)。

在本文简短中部的一开始,我想描述并且评论阿尔法拉比明确表明他正致力于的事情;随后,我将探究他设置那样一个目标的原因所在。从每一个继任者那里,阿尔法拉比看到伊斯兰教共同体正深刻而又急速地走向一个法律的时代;注意到第一统治者将不可能管理城邦中可能发生的一切。要不然继任者成为法学家,要不然拥有因启示而得的传统的法学家,这都暗示着对传统的主要部分必须加以整理,使其得以维持,并让其合理化。文本的讨论正是基于这一点,转而论及政治学的阐述。阿尔法拉比表明,伊斯兰教共同体正逐渐成为是经过描述性和禁止性的政治学的力量充分检验过的东西。但他同时承认,不管是否作了象征性地表达,宗教共同体对人是什么以及人是为了什么这些问题均作出过回答的。

神学的法学,在阿尔法拉比的时代,是一种强而有力的、社会性的政治力量②。与传统直接相关的、非理性的司法连接被用来与神学主张保持一致,神学主张的策略是要探知事实,探知启示背景的含义与解释。因为阿尔法拉比生活的时代是一个值得注意的理智发展时期,神学的穆尔太齐赖(Mutazilah)运动(唯理论

---

① 我想研究中可能会有一种满足感,这我还从未遇到过,但我曾经听说过。当然,它不是对快乐原则的祈祷。

② 为这一节打下基础的是来自《大英百科全书》有关伊斯兰教的文章和其他的资料来源。对同一时代的神学家 Al‐maturidi 的追随是由于行为道德自由的第一种描述。我认为,比起对同时代哲学和观点可能的支持来说,这样更适合《宗教书》。

者)与翻译时代(将古希腊文本或是古希腊著作译成叙利亚文)并非毫不相关,所以翻译工作贯穿了阿尔法拉比职业生涯的始终。由于穆尔太齐赖运动(唯理论者)的追随者们已经遭遇到阻力(他们显然是少了些幽默感),因此神学家与哲学家均在各自的传统中忙于对理性与启示进行概念的综合,其成果是自由意志,善恶的认知,人(理性与灵魂)与万能之神之间的关系。

神之本性尤其重要,由于穆尔太齐赖运动(唯理论者),它被视为纯粹统一的本质,没有世俗的成分,是永恒的本质。地球人、现世的头脑与言语无法与神的思想相互沟通。这一点在阿尔法拉比那里依稀可见。与神的沟通,不是说他能直接预见到意外之事,而是阶段性的延伸,甚至似乎是因某一超验的人性而扩展。从箴言86来看,阿尔法拉比认为知晓现世之事的神拥有一个可变的本质,这一本质可在某个臆想的瞬间(我正在考虑,这项权利是否确能允许神与人相互影响),成为这一或那一事物。

自由意志也是需要某些思考与准确表达的。基于此观点,行为的两个领域在宇宙中是存在的。自然领域之神类似于道德行为领域的有理解力之人。人类所有的行为既是由神所造,也是属于神的。但是,如果可以对当下行为负责任的话,人是拥有为具体环境而行动的潜能的。然而,自由意志被创造①,阿尔法拉比的这一观点(箴言74)是相当清楚的。善恶皆可因自主的行为而被追求;更进者,恶可由幸福之对立面的不幸,以及那些导致恶的行为而被认知。这种认知是属于一种详尽论述邪恶的范畴。在箴言87的后半部分,阿尔法拉比用两组完全不同的论据来反对全

---

① 与它相关的是自然德性,该德性能够让(拥有审慎德性的人)去追求善,这是我对《获得幸福》第35节的理解。这一点我将重申为:理性(只有)能够认识善,正义让人渴求善,这二者促使人为善付诸行动。

能的统治:人世间已经安排好的等级使人成为统治万物的神之代言人;同时,由于确定无疑应该受谴责的(和武断的)行为的存在,神几乎不像是合作者(同时参见《宗教书》第3节)。

为把论述凝结为一个整体,阿尔法拉比必须利用丰富的唯理论原理,起码要在神学方面做出回应。与此种回应相关的种种活动如今仍方兴未艾。为了此文而阅读的四本著作是阿尔法拉比一生等身著作的冰山一角,但它们却都表现出一种激情与先见之明。它们大多数都径直指向一种初生的、推进变革的力量。阿尔法拉比在此致力的工作以如下观点为基础,即曾经建立的高尚共同体在其本质中是永恒的。阿尔法拉比描述的共同体首先意味着可实现、和谐、有理性基础,也意味着可共同分享的意见、正义与自我稳定。我想说,阿尔法拉比的希望是人类历史有多长,这一共同体就持续多久。根据帕累托之最优原则(Pareto Optimality),它还是一个高尚的共同体(因高尚的德行:幸福在今世的生活中,参《宗教书》第27节)。

但是阿尔法拉比的特殊意图在本质上是神秘的。该共同体的目标存在于神意准确无误的传播之中。可这样认为的另一途径,是对获取终极幸福的共同体的设计,是对善以及共同体之普遍性的主动服从。

虽然,城邦在意见与行为上皆是高度集权的。我们依然会对它是否是美德的必要部分而感到好奇。我们知道,阿尔法拉比相信,城邦是追寻美德的稳定组织。

除非他利用大量的自然物,否则他无法向这种完满努力的……因为,一个孤立的人,如果没有其他许多人援手,自己不可能获得所有这些完满(《获得幸福》第18节)。

而且,"一旦用来表现理论科学中被证明的理论事物的那些意象在大众的灵魂中产生了,且大众也被弄得认同了理论事物的意象,而且一旦实践的事物占据了他们的灵魂,并支配着他们,结果他们无能于决意做其他任何事情"(《获得幸福》第 59 节。这并不是一个开放的社会。按一般标准来看,无懈可击的宗教意见与可涵盖一切的答案越多,这个社会就越独裁。承接上面,更进一步:

他是那种发明意象和论证的人,却不以把它们当做宗教而建立在自己的灵魂中为目的。意象和说服论证在他所关注的范围内,都是确认无疑的。他们对其他人来说是宗教,而在他自己所关注的范围内,它们是哲学(《获得幸福》第 59 节)。

但是并不需要以如此方式来运转,因为教条主义或许也会同样有效。

让我们快速浏览一下阿尔法拉比很少提及的其他事情:

[正义之战]是为了惩治不愿意为奴隶、为苦役的人,可是他们并不知道作为奴隶与苦役对自己来说是最好的、最佳的状态……[不义之战]一个统治者反对一个民族而发动战争,目的仅仅是为了侮辱他们,使他们顺从,以及让他们尊敬他,……仅仅是为了让他们尊敬他,而发动的战争(箴言67,局部[的][d]战争与[一个][a]不义之战)。

如果某人过奴隶般、苦役般的生活而没有蒙羞感的话,那么就可将其视为不同于强制的、反抗征服的战争(和平法令:不伤害卑贱者,打击妄自尊大者①)。再看一下在《各科举要》第 5 章出现的某个(我用它来表示另一心理上的)更一般性主张,当阿尔法拉比在详细考察口头争论的方式(我相信,对于此,他的论述似乎不够令人信服)时,我们会看到如下主张:

这种人要么是敌人,那就可以考虑使用谎言和诡辩来挡住并

---

① 维吉尔(Virgil),《埃涅阿斯纪》(*Aeneid*),6.1136。

打败他,就像在战争(*jihād*)和斗争中一样。要么这种人虽不是敌人,但却是那种由于理智贫弱和判断力低下而不了解这种宗教所带来的好处的人。

第二个声明值得注意,因为它显示的一个开始,我觉得是一种无法避免的分裂过程(政治的、社会的、同时也是宗教的),是那些反对精英的人,甚至是那些拥护如下声明的人们的分裂过程:除了真主阿拉外,没有别的神,穆罕默德是真主的先知。亦请注意,阿尔法拉比有时在描述宗教时也使用通用术语。

现在,再次考察《箴言选》:拥有此才能的高尚者用它……来行善,而那些狡猾的人却用它……来作恶(箴言 54)。审慎、欺诈、诡计、欺骗关注的是可准确推断出……什么更有助于实现某些卑劣的行动(箴言 39)。狡猾与具有欺骗性的人们是邪恶的,他们是有缺陷的(箴言 41)。虽然,我可能对他辩论的一般进路有误会之处,对于我来说,当统治需要强制或是需要采取强制的策略时,阿尔法拉比没有考虑到他的高尚之城。

虽然,所有的社会都会遭遇阶段性的显著变化,这一变化出现在中央权威的巩固与侵蚀之间。中央越是集权,敏感的事件就会越多。当堕落的统治者屈服于反抗运动时,政治体制就会发生改变,反抗运动的领导者是那些没有体验过奢侈,以及在明目张胆使用武力方面更为精明的人(鲍威尔斯,127)。

这是阿尔法拉比写作的原因,如果不是处于一个针锋相对的角度的话(该角度将会解释所有的一切,即在各个区域谈到的和谐,与从自然界的秩序中获得的教训),他提出这样一个非动态的社会模式一定会让人觉得奇怪。鲍威尔斯仍把帕累托视作为了理解某个结构性分析,而使组织变化的观察与人事变动特别的观察相互对立之人。而这类概念似乎是阿尔法拉比非常缺乏的。

似乎对于我来说,启示阶段一定总是孕育在过去。简单地说,是因为不管奇特的或是神秘的宗教体验的任何主张,而接受启示则遵循的是对同一法律的传播、感知以及一致的增效作用,就如同其他的人类现象一样。到那时,一个如此和谐一致的存在会像启示那样产生广泛的社会影响,即使影响有限,因为对随后的一代人有着广泛的社会影响,到那时,人们对启示会有相当一致的认同。先知是确实存在的,即使在现在(我将假定为彻底的错误)仅仅只是为了倾听某人而等待。虽说阿尔法拉比十分在意第一统治者的性格与品质,而关键点则是那些传统君主,是他们所受的教育,他们处理事件的能力,他们真正面临并且担当的职责与责任。

我曾经对阿尔法拉比描述或暗示的统治者的形象有多少种而感到好奇,而且他恰当地考虑到了在他们之中出现的平庸领导者的张力变化。我试图从《宗教书》所使用过的描述语词中建立一种分类,但我不认为那些短语在他的脑海中是有意图地被使用的。我们得到的语词如下:首先,高尚的,统治者,君主(或君主的),技艺,法学家,传统,先知以及伊玛目。很清楚的是,以上所列举的任何一个词都不是真正意义上的同义词,虽然事实上在实践中(甚至如阿尔法拉比那样使用这些词)这些词中的大部分都是同义的。大体上,阿尔法拉比认为,最初政制担当了君主技艺的第一高尚统治者的角色,即在第1节中描述的那样;对于他是否坚定地排除了其他组合的可能性,我不是很有把握。想想甘迪之后的尼赫鲁:君主技艺的第五任高尚统治者是第一高尚统治者的继任者。在第7节中,阿尔法拉比特别声明,对于完整地构建人类的生活来说,一个人由范例可以管理与证明的东西,在其一生中,绝非足够的(我想可能会有其他的人反对这一点)。可值得注意的是在早期,阿尔法拉比认为正是这样的统治者设定了最好的基本原则,打下了坚实的基础。接下来,在第8节,他将这一统治者的继承者描述得如第一统治者一般,明确地赋予了继承者们制定法律的所有能力。只有在第9节,阿尔法拉比才主张统治者就其能力而言,实际上是有局限的。

统治者与统治者并非在所有方面都相似……后继者必须追随前任的脚步……后继者不应该做任何完全不同的事情,也不应该做任何改变(第9节)。

一个悬而未决的问题是,应由谁来决定这种必要性。而且更进一步说,如果有不止一个前任的话,那么应该把他效仿的榜样只限定为他的直接前任,还是将所有前任都视为榜样?对这一问题的部分答案,阿尔法拉比将其视为法学;那么,这一具体类型的领导就更像是一位法学家。

行为的自由意志与潜能允许其他人超越第一高尚的统治者。如果,导向传统君主的移动是自然而然发生的,而不是系统的话,那么有可能将这些统治者视为无浪时领头船的波峰,而把传统的法学家式的统治者视为波谷(最好的模式);就如同把某种已经消逝的文化迹象,或可能正在变迁中的迹象,归因于毫无希望的模式中的不高尚统治。甚至,还有人也许会问,是否某种意义上高尚的统治者必须是名副其实的政治领袖,且在这一共同体中不存在其他的统治意见;同时还存在着一种制度观念,例如诺斯(Douglas North),他通常把政治身份视为社会中最短暂的一个因素,而把社会视为自我本质的不断进化。处于持续变迁中的特殊的、非正式的体系,实际上才是要解决的根本问题。正式的体系更契合于阿尔法拉比式的设计模式。缓慢的改变逐渐渗入法律或教义中去,并且通常会由某一非个人的权威(例如—宪法,先知,或是救世主)予以强化。我将后面两者归类为非个人的,其原因我在这一部分一开始的讨论中就已经做了说明,这一讨论涉及对城邦而言,能够发挥作用的启示的存在点。他们存在于大家都承认的过去,其含义超越他们之为男人(或在那个问题上的女人)。

基于此,对未被预示的王权做一个长而充满热情的说明就顺理成章了:即,权力分权说、宪法、《联邦党人文集》(Federalist papers)以及美国式的民主犹如璀璨的灯光,照亮了世界上每个黑暗的角落。

阿尔法拉比高尚之城很少依赖于严格程序的建立,它必须是公开颁布的,其运转可预见也可理解,以及由政制予以保证的行为将某一个体的行为置于与法律相适应的状态。①

与此同时,《宗教书》中涉及政治学的相应部分并没有直接回归对法律的讨论,它似乎有意引出一个神的统治与法学之间相似的进程,在此,后者对于前者而言是一个新的空间,是按科学的方法论述与组织的法律传统,是由第一统治限制与延伸的,是作为让政治足迹从第一统治者良好路径出发的设计。

在第 27 节中,他阿尔法拉比写道,与城邦治理方式不同的世界统治,是自然的领域——是神定的自然秩序的领域。正如他在接下来的段落中清晰地阐述的那样,城邦的治理是对有意为之的政治举动的复杂而又稳定的设置。其中,必须规定与禁止众多事情,这样做将会带给共同体的众多部分行之有效的和谐。

我将乐意提及的最后一点,是箴言 96 被简单论及的观点。我们迄今所了解的一切将导向德行,它对城邦完善、团结与和谐发挥作用,而这正是领导者的责任,因而领导者的意志与才能将被除魅(exorcise)。因此,阿尔法拉比再次作了类比:健康之于身体犹如美德之于灵魂。医生并不能确保所有人的健康,也不能确

---

① 这是意译,直接来自《大英百科全书》有关法学的文章——标有五个必要条件的部分隐含在法律的概念之中(1972 年版)。

保各式各样的健康。

[我们的]灵魂也是这样的,因为,它们不可能得到种种德性,或不可能得到其中的大多数,或仅仅只能获得其中的少许……在其灵魂的本质与实体根本就不可能接受此德性的某人之中建立此德性是高尚的领袖与最高统治者所不胜任的。对于与此相像的灵魂,为了灵魂以及灵魂的存在而获得尽可能多的德性……[同时]对城邦居民有用的东西(箴言96)。

现在看来,道德选择与灵魂最终关注的是个体。就城邦以及对城邦其他居民的其他责任(义务)而言,居民的幸福依赖于整个城邦的和谐运转。我们所知晓的真正幸福,它自己就是目的本身,而对所有其他事物的追求是获得幸福的手段(《宗教书》第11节);作为一个目标,它一定程度上是模糊不清的,其功能更像是一个绝对命令(Categorical imperative)①,它无法因被设想出的任何具体之事而为人所了解;其界限被确定为是要成为普遍的,以及可被普遍期待的。真正幸福对个别行为者的利益没有任何的损害……义务命令不会因看到它的好处与短处而出现……对[它]的提及就其本身而言并非必要,但为了那些天性脆弱的人们能体验到而充当中介(康德《道德问答断简》)。在此,大体的含义是所有人拥有自由意志,并发挥自由意志。善是因规则约束的义务责任而获得的。

---

① 我对绝对命令的大多数翻译均来自《大英百科全书》有关康德的文章,也来自我通过对所谓《道德形而上学原理》的阅读,然而更多则来自《道德问答断简》(选自《道德形而上学原理》)。

阿尔法拉比论缔造者的审慎*

科尔莫(Christopher Colmo)

阿尔法拉比《宗教书》的两个显著特征使我们想起马基雅维利的《君主论》。阿尔法拉比极力关注的是政治秩序的缔造者,或许马基雅维利更愿称之为"新君主"。与马基雅维利一样,阿尔法拉比强调缔造者所需审慎的范围,审慎被理解为政治家在具体境况下做出明智决定的某种才能。正如阿尔法拉比所理解的那样,审慎的地位随时间不断地流逝而日益增强。普遍存在着的变化必将使所有的政治缔造活动处于审慎的、不断重复、不断更新的状态。对阿尔法拉比来说,也正如对马基雅维利而言,为了应对具体政治形势而不断改变对审慎的界定,从而对宗教领域内建立起来的普遍规则或律法提出了挑战。阿尔法拉比不同于马基雅维利之处,在于他非常谨慎地区分了审慎与单纯的狡猾或机智之间的差异,即取决于是否以道德上的善作为终极追求。

引 言

宗教团体的缔造者用宗教凝聚这一团体,这一团体因共同目标而结为一体。② 为阐明这一事实而对宗教普遍性主张作审慎

---

* 译自《政治学评论》(*The Reviews of Politics*),1998 年,秋季号,页 719 – 741。
② 我要感谢国家人文基金会(the National Endowment for the Humanities)于 1997 年提供的夏季奖学金对本文初稿的形成所提供的支持。

的限定,是阿尔法拉比在《宗教书》中所表露出的意图。① 马基雅维利关于审慎与政治缔造者的学说,而非对宗教团体创立的极大关注,才是阿尔法拉比所设想的重要途径。因此,很容易将马基雅维利视为有益的桥梁,用以沟通《宗教书》未涉及的领域。

《君主论》的读者将会意识到,马基雅维利认为基督教极力主张的对美德始终如一的践行会在某些情况下导致践行者的毁灭。马基雅维利虽不主张对我们的毁灭和我们在现世的毁灭之间进行区分;但他确也认为,对基督教美德的普遍适用性持保留态度是必要的,这些美德假定了行动基本原则的普遍性。在《君主论》的最后,当马基雅维利与读者分享"一个永远不会失效的一般规则"的同时,同一句话却又指出此规则的一个例外。② 马基雅维利不但肯定政治家"所有的政治皆为本土政治"的名言,并作了补充,即政治也是现世的。为了避免行善所带来的毁灭,宗教的普世性(the universals of religion)必须服从于某个对时间与地点的具体性有深刻洞察的人。审慎是一种不仅能预测不断变化的情势的能力,而且是一种能对此作出恰当的判断,并制定出相应政策

---

① 所有引文的阿拉伯文本的页码均是出自 Muhsin Mahdi 主编的《宗教书与相关文本》(Kitab al - Millah wa Nusus Ukhra, Beirut: DAR Al - Machreq,1968 年)。贯穿本文的《宗教书》(Kitab al - Millah)的翻译是由美国马里兰大学 Park 学院的巴特沃斯(Butterworth)先生慷慨提供。所有引文均出自巴特沃斯的版本。伯曼(Lawrence Berman)翻译的《宗教书》,位于宗教、法学与政治学的标题之下,可通过美国俄克拉荷马州立大学的翻译信息交流中心查到(Oklahoma State University Stillwater, Oklahoma 74078 - 0220)。目录查阅号:A - 30 - 55b。

② "因为它是一个从未失效的一般规则:一个本身并不明智的君主不能得到好的劝谏,除非确实由于偶然的因素,他可能会只屈从于某人来管理他的方方面面,他是一个非常审慎的人。"(马基雅维利,《君主论》,Harvey C. Mansfield, Jr. 译, Chicago: University of Chicago Press,1985,页 95)

的能力。无论是普遍的规则,还是对伟大行为的效仿都无法克服事情的非稳定状态,因为对某个伟绩效仿的人必须清楚在什么情势下仿效什么。因此,审慎仅仅对具有"三种理智"之一的人,即对能自我认识的人才有可能。① 能自我认识的人同时也是某些新事物的缔造者,或是可与其媲美之人。就事物的本质而言,宗教的普世性必须隶属于缔造者们的审慎。

在《宗教书》接下来的阐述中,我们将继续讨论如下的观点,即,有关审慎与缔造者的学说,被基督教世界所了解,这主要归功于马基雅维利,而这一学说在伊斯兰文化中为人所熟知则是由于阿尔法拉比。就算这一观点正确,那它也只是部分真理。要想弄清楚阿尔法拉比与马基雅维利之间的差异,最容易或最简单的方法就是得从以下的地方入手,即从阿尔法拉比对柏拉图与亚里士多德就审慎之人与机智或是狡猾之人的辨别的保留入手。② 当他洞察到一种与审慎极为相似的才能有可能被用于低劣或邪恶的目的时,阿尔法拉比以目的上的差异作标准将此才能与审慎区分开来。马基雅维利却并未做出这一关键性的区分。

在阐释审慎与狡猾之差异时,阿尔法拉比有一个令人困惑的表述,即一个狡猾的统治者在他所追求目标的实现过程中,不需要哲学。这一表述之所以让人疑惑,是由于它似乎拒绝了苏格拉底式的智慧,即所有人均渴望善,而基于此,这个狡猾的人有可能并不比其他人更需要哲学。马基雅维利关于审慎与缔造者的讨论未提到哲学;马基雅维利式的审慎之人似乎与阿尔法

---

① 马基雅维利,《君主论》,页92。
② 亚里士多德在《尼各马可伦理学》(1144a24 – 1144b1)中对审慎与机智之间进行了区分。该问题在柏拉图的《王制》中更为复杂,因为苏格拉底将审慎视为一种既可被导向善也可被导向恶的力量(《王制》518e – 519a)。

拉比式的狡猾之人一样都不需要哲学。阿尔法拉比已经洞察到马基雅维利式君主的可能性，即这一君主的德行没有哲学也是自足的；然而阿尔法拉比却将缔造者或最高统治者等同于一个既有理论知识也拥有审慎的人。阿尔法拉比并不像马基雅维利那样把哲学排除在政治和宗教的讨论之外。需要对上述显而易见的事实作进一步说明。为何阿尔法拉比要从马基雅维利最终的结论——政治学是自足的，它不需要哲学——中回撤呢？

对于上述问题的一个可能的回答是，对于从经验中获得知识来说，狡猾是有局限的。另一方面，审慎至少可以与某种普遍的洞察力一致，这种洞察力只有通过理论哲学才能获得。为了有权使用哲学的普遍性，政治学就必定要向哲学开放。哲学上已经使用的普遍性的存在与特征一定居于阿尔法拉比某个解释的核心之处。正如我所理解的那样，对阿尔法拉比有深入研究的高尔斯顿，也将阿尔法拉比的假设视为一个前提，即那些普遍性由哲学才可知。① 在高尔斯顿坚持上述立场的同时，她还按照阿尔法拉比的观点详尽地证明某类非哲学式的政治家或统治者（除狡猾的统治者外）的可能性。由于本文的中心意图是通过辩论而支持如下的态度，即对阿尔法拉比关于普遍性的信念的高度怀疑，因而我们对高尔斯顿的相反观点作了详尽地回应（特别是在下文第五部分）。

阿尔法拉比对普遍性的质疑不可避免地让自己处于和伊斯兰教普遍信条的冲突之中。《宗教书》的中心意图是要以一种得体但有效的方式表明这种分歧。当阿尔法拉比的意图与伊斯兰

---

① 高尔斯顿，《政治学与卓越：阿尔法拉比的政治哲学》，前揭，页98-99。

教的信条处于紧张之中时,他肯定会让这一意图扎根在他所知晓的古代希腊的传统之中。柏拉图《政治家》中有一关键论证(292a—302b)将普遍性规则贬为是次于哲人当下的判断,因为只有后者能够考虑到各种境况。柏拉图笔下埃利亚异方人对普遍性类别一系列细分的展示支持了他自己的观点,而这最终看上去就如同它们不一致一样的武断。《宗教书》以相同的方法得出同样的结论(下文第五部分)。

正如阿尔法拉比在《宗教书》中所揭示的那样,他在人类规则与神圣的宇宙规则之间类比的同时,并未将人类事务与一个王国之内的领域等而视之。如果说由于人类各种境况的变化而使审慎成为必要的话,那么阿尔法拉比将十分乐意承认在所有的事物中存在着一种相似变动的可能性。就算一个审慎之人需要哲学来达成其政治目的,哲学家需要研究与理解审慎来把握事物的本质(下文第八部分)。

世袭君王,传统君王,以及时代

阿尔法拉比《宗教书》考察的是某个宗教的创立者,或宗教团体的缔造者所要面临的种种问题。这些问题与马基雅维利称之为某个新公国的新君主所要面临的问题相似。预先考虑到马基雅维利在新君主与世袭的君主之间的区分是必不可少的,阿尔法拉比对缔造者与传统的统治者或国王之间作了辨析(页56)。需要追随缔造者脚步的传统君主,不应该尝试去改变任何事情,或是不应该"自己"决定行动或意见(页50)。阿尔法拉比表明,传统君主被迫要依赖于由缔造者所建立起来的种种方式,这是由于前者缺乏可允许他依照自己的意愿来行动的审慎之故。而在马基雅维利看来,是由于缺少自己的军队与美德,传统君王才被迫依赖于他人的军队与美德。可见,毫无疑问阿尔法拉比并未以马基雅维利的方式使用"美德"一词。①

当某位统治者缺乏缔造者那样必需的能力时,阿尔法拉比建议他应追随缔造者,阿尔法拉比很清楚地知道此方案并非完美。因为缔造者不能充分决定所有的事情,或许他只能决定那些最根本的东西,或是最有用的事情(页49)。然后,其继任者将需要确定他遗漏了什么。但这并非全部。继任者甚至可能要改变缔造者的许多建树,因为缔造者的建树只对某一特定时代来说是最好的。根据不同的时代来确定不同的意见与行动颇为必要。阿尔法拉比并未排除继任者将会改变基本面的可能性。与阿奎那(Thomas Aquinas)不同,阿尔法拉比表明了如下的可能性:继任者将不仅仅对规定了基本面的第一任统治者忽视了的东西立法,而且他也可能会改变基本面的某些方面。② 这样做并非因为第一任统治者是错误的,而是由于第一任统治者与其继任者将根据他们

---

① 然而,阿尔法拉比确实将美德视为获取更高之物,即终极幸福的手段(页54)。参见高尔斯顿的《政治学与卓越》页94、172。同时与亚里士多德《尼各马可伦理学》(1120a25)对照。

② 乌玛尔(Yusuf K. Umar)在《施特劳斯与法拉比:迫害、隐微与政治哲学》(*Strauss and Farabi: Persecution, Esotericism, and Political Philosophy*, Ph. D. diss., University of Calgary, 1987, 页301 注释21)中讨论了这一问题,并坚决认为"[阿尔法拉比的]《al - Madinah al - Fadilah》中的信仰原则公开地修正了传统伊斯兰神的概念,但这些原则是不容易改变的"。参见乌玛尔,页293 - 294。能了解这篇见解深刻且十分重要的论文,我要感谢 the University of Saskatchewan 的 Jene M. Porter 教授之《论托马斯》,参见 Ross A. Armstrong,《托马斯主义自然法学说的第一和第二条戒令》(*Primary and Secondary Precepts in the Thomistic Natural Law Teaching*, Hague: Nijhoff, 1966)。

自己的时代来决定什么是最好的。①

如果,继任者缺乏缔造者那样的能力,那么他应该遵循缔造者的脚步而不要试图去改变什么。这种遵循缔造者范例的技术,阿尔法拉比称之为法学(jurisprudence,页50)。从缔造者所建立的东西开始,法学家必能在以对缔造者在其所处时代所做的一切的最小偏离的情形下,找出或推断出与新情形一致的某种方式。②显然,这样的解决之道会导致对某种渴望的延缓,因为法学家并非生活在缔造者的年代。他追随缔造者的尝试难免会不得其时。越是靠近缔造者,法学家或是传统君王就越是与当代所需不一致。这无疑存在某个会将高尚政体变为不高尚政体的继任者,而他正是阿尔法拉比所言的莫名危机之一(页59-60)。

个体利益与共同利益

危机是可以避免的,仅当继任者有能力在他自己的统治中,自

---

① 高尔斯顿,《政治学与卓越》,页78、96-97、107。乌玛尔指出,在阿尔法拉比认为对于第一统治者来说是必要的谨慎,与适合什叶派穆斯林的伊玛目的谨慎之间存在相似性。"什叶派神学与政治理论允许伊玛目废除他认为与当代不一致的东西。法拉比提到的男性 al-Sunnah(传统君王)是对逊尼派政治理论的间接批判,这一理论将过去奉若传统,将其视之为不可侵犯和永恒的。"乌玛尔,《施特劳斯和阿尔法拉比》,页163,注释5;援引阿尔法拉比,《政治制度》(*Al-Siyāsāh al-Madanīyyah*),E. M. Najjar 编(Beirut:Catholic Press,1964),页81页。但对传统君王的限定依然存在,犹如《宗教书》所做的一样。参见乌玛尔,页173、269、300-301、307、344,以及页345注释115、页385、页394注释68,他对阿尔法拉比与什叶派的关系进行了考察。同样参见 Fauzi M. Najjar,《阿尔法拉比政治哲学与什叶派》,刊于 *Studia Islamica*,24(1961):57-72。

② 阿尔法拉比从未对传统君主与法学家之间的关系作清晰的阐述。

己决定对于时间与地点来说,什么是正确的。阿尔法拉比将这一问题与医生的情形作了类比,医生从医书中获得了其技术所需的普遍或一般的知识。医学书籍告诉医生,对立双方一定是互相斗争的,即是说发烧与发冷相互斗争;他们甚至将黄疸理解为与大麦汤或者与罗望子水互相斗争。然而,这种普遍规则并不能确定对于一个具体的发烧者——如 Zad 来说什么是最好的。① 对 Zad 用何种药,用多少,什么时候用,必须通过对病人直接的观察才能做出,而这需要医生在医疗技术的长期实践中去获得。"第一君王术就是与此类似的东西"(页 57 – 58)。第一君王术与医术相似并非在于它们都与身体打交道,而是由于它们处理的都是具体事情。

   因此,君王技艺的行为只关注那些具体的城邦:我的意思是,此城与彼城,此国与彼国,此人与彼人(页 58)。

只有"长期的经验和观察"能使医生或者君主去确定与"用量、质量以及时机"(页 57 - 58)有关的行动。正是具体事物的此时性需要君主从长期的观察与经验中去学习他的技能。在某个城邦,某个民族,某个人,用来"推断出与去做某个由观察而得的行动的相关情形"的才能,古人称之为审慎(页 58 – 59)。阿尔法拉比视之为"由约束(限制)契约确定的普遍性"(页 47)。例如,"军队"是一个绝对的全称,但缔造者必须清楚需要"小而快的军队"还是"大而慢的军队"②的具体情形。确定这些具体情形的才

---

  ① Zad 是否看过黄疸或发烧,或是两者都有,从阿尔法拉比的文本看,这并不是十分清楚。
  ② 这是我举的一个例子,而不是阿尔法拉比的。"从事写作的那个人"更为具体是他自己的例子,即是比"那个人"更多地受到情形的限制而作决定(页 47)。一定会对阿尔法拉比用这一奇怪例子的意图感到好奇。从事

能正是古人所谓的审慎。

此种才能——阿尔法拉比在大多数情况下也称作审慎——的定义值得全文引用。

> 审慎是一种通过经验而获得的能力，这种经验是在长期的、与单个城邦和民族以及与每一个共同体有关的技艺行为中逐渐积累而成的：审慎是一种能力，能够极为出色地推导出规约，这些规约决定了与每一社区、每一城邦、每一民族有关的行为与生活方式、倾向。这些行为与生活方式、倾向或者是短期的，或者是长期但有限的，如果可能的话，也或者是某些特定时期的（aw bi‑hasab al‑zaman in amkan）。②

同时审慎也是一种确定与每一种可能出现的状况、与可能发生在某一城邦、某一民族、某一社区中的每一事件有关的行为与生活方式、倾向的能力（页60）。这一定义与阿尔法拉比归之为古人的定义有许多共同性。按上述两种定义，审慎是一种"推断作出行动所依赖的情形"的能力。这种推断力是从"长期经验与观察"或是从"对此种技术行动的长期从事"中形成的。当然，没有某种可以得出正确推断的天赋（power），一个人是无法从他的经验中获益的。审慎被视为某种可以正确推断的天赋能力，在一

写作的这个人是立法者吗？或者读者会有意地回想起阿尔法拉比自己的写作技巧吗？关于例子，参见高尔斯顿《政治学与卓越》，页115–116。关于写作技巧参见高尔斯顿，页166、168。关于阿尔法拉比使用"决定"（determined, muqaddar）一词，参见高尔斯顿，页110。

② 巴特沃斯暗示这一短语是令人困惑的。另外，他认为"或与所有时代有关的——如果可能性的话"。我认为，这一短语意味着，如果可能，审慎的统治者决定与时代一致的情况，即是具体的场合。

定程度上它必须是一种自然才能,可通过"长期从事"而不断完善。法学家也具有去"推导"(页50)的天赋,但他推断的起点并非源于自己的经验,而是由他所追随的缔造者立法所确立的模式。①

但令人惊奇的是,虽然他明确地指出单个个体是古人式审慎的对象,但"依他自己的观点",可以这么说,阿尔法拉比并未提及作为审慎的某个关注点的单个个体。② 阿尔法拉比的定义将审慎表述为除"认识到这一技艺的共性"(页60)之外的、隶属于第一君王术的东西。或许正是"这种技艺的共性"使得处理单个个体成为可能。在此情形下,缔造者与医生之间的类比就会遭到破坏,因为一位好医生不会将某个病人的健康置于其技艺的一般规则之下,就如阿尔法拉比对 Zad 的治疗以令人诧异的详细说明所揭示的那样。然而,缔造者首先必须是一位立法者,而且法律首先必须是普遍性规则。法律具有所有普遍性规则的缺陷:它们无法考虑到个别情形。更确切地说,法律可以考虑到单个的城邦和单个的民族,但却不能顾及单个的人。③ 由阿尔法拉比按照自己的理解给出的定义中,审慎的范围要比阿尔法拉比的古人式审慎的范围略窄:只有后者既包含单个的人,也包含了群体的人。把这两种说明视为两种不同的审慎观是完全有可能的。然而,至少对读者而言,"古人"看上去更像

---

① 伊斯兰法学中,法律的四根之一是通过类比或类比推导的推理过程。

② 在《政治学与卓越》页125,根据第一条解释中对道德德行的"含蓄的"说明,高尔斯顿注意到了两个审慎解释之间的差异。在我看来,如果道德德行在此完全是含蓄的话,它将与第二条解释更为合适,在此的重点是城邦与民族的利益,因此,它是与守法协调一致的某种东西。

③ 对帕伦斯(Joshua Parens)提出的论点来说,这正是关键所在。帕伦斯,《作为修辞学的形而上学》(*Metaphysics as Rhetoric:Alfarabi's Summary of Plato's Laws*,Albany,NY:State University of New York Press,1995),页 xxxvi,7,39,89 和 98。

是阿尔法拉比自己想说的众多声音之一。阿尔法拉比自己的观点既包括他归之为古代无名氏的观点,也包含了他以自己之名陈述的观点。综合起来,审慎的两个不同定义清晰地表达了对共同体审慎的尊重与对个体利益审慎的关注这二者协调一致的意愿。

政治学与哲学

　　三位近期对《宗教书》作评论的研究者——巴特沃斯,高尔斯顿和马迪——认为阿尔法拉比对政治学给出了两个解释,就如他在《各科举要》第五章两个对应部分所做的那样。同时,他们也一致认为,阿尔法拉比并未清晰地意识到两个不同解释的出现,或者未对之所以重复或是重新开始的目的进行明确的说明。然而对第二个解释究竟从何处开始,这些研究者还存在着分歧。阿尔法拉比以简单或无条件地谈论政治学的方式介绍了第一个解释(页52)。根据这一声明,关于政治学的第一个解释包括在关于医术的讨论,以及医生超越他从医书中获取普遍性知识的必要性之中。在高尔斯顿看来,第二个政治学的解释在对古人的审慎观做了描述之后就立即展开了。如果某人在两个解释之间以如此方式进行分割的话,那么阿尔法拉比就通过引入"政治学是哲学的一部分"①的方式开始第二

---

① 高尔斯顿,《政治学与卓越》,页 103,引用 Millah 59:3。马迪以"此学科由两个部分组成"开始他对政治学的第二条解释。参马迪,《阿尔法拉比〈各科举要〉中的科学、哲学与宗教》(Science, Philosophy, and Religion in Alfarabi's *Enumeration of the Sciences*),见 J. E. Murdoch 和 E. D. Sylla 编,《中世纪学问的文化背景》(*The Cultural Context of Medieval Learning*, Dordrecht: D. Reidel, 1975),页 132-136。显然,高尔斯顿介绍第二种政治学的段落,被马迪用来作为第一种政治学的结论性陈述。高尔斯顿没有讨论这一问题,但对文本的划分与高尔斯顿一致的巴特沃斯,表达了与马迪不一样的观点。

个政治学的解释。因此,高尔斯顿对政治学与作为哲学一部分的政治学进行了区分。阿尔法拉比将政治学视为缔造者的必备知识,而高尔斯顿则将其理解为最高统治者的必备知识,②如此一来,她就能通过对两类最高统治者所作的区分来区别两类政治学:"似乎在第一个[《各科举要》与《宗教书》中对政治学]所做的解释中就描绘了最高统治者是非哲学式的政治家,这种非哲学式的政治家在《箴言选》一开头的箴言中就已经讨论过的,同时在抄本中所描绘的最高统治者是一个以哲学与实践智慧——柏拉图式的哲人王——共同武装起来的君王,这样的君王主导着阿尔法拉比所有的政治著作。" ③

《宗教书》中间部分(页 52 - 58)所描述的政治学第一形式的部分并未提及哲学。这极有力地支持了高尔斯顿的观点,即对这种政治学知识有限的统治者是非哲学式的政治家。另一方面,在《宗教书》中,相同的章节只包含两条古人的引文。此外,在中间部分描述的那种审慎同时延伸到了个体、城邦与民族。当她说:"在最初的陈述中描述的最高统治者必须了解'所有'与创立或维持城邦或民族所需属性有关(《宗教书》53:1 - 2,56:14 - 16)的行动"时,④高尔斯顿在一定程度上指出了相同的事实。在第一个政治学的解释中描述过的审慎更为广泛:它需要考虑最高统治者

参见Charles Butterworth,《阿尔法拉比的治国术:战争与井然有序的政制》(Al - Farabi's Statecraft:War and the Well - Ordered Regime),见James Turner Johnson 和 John Kelsay 编,《十字架、星月图与剑:西方和伊斯兰传统中关于战争的正当性和局限性》(Cross, Crescent, and Sword:The Justification and Limitation of War in Western and Islamic Tradition, New York:Greenwood Press,1990),页 94 - 95 注释4。

② 高尔斯顿,《政治学与卓越》,页 96。
③ 高尔斯顿,《政治学与卓越》,页 103。
④ 高尔斯顿,《政治学与卓越》,页 104。

"所有的"的行动,包括那些与个体利益有关的行动。① 显然,将这一中间部分所述的更为广泛的审慎与非哲学式政治家联系起来是自相矛盾的。相反,涵盖了城邦、民族但对个体利益却无涉的第二种政治学,与法律的缺陷倒是一致的,但正是基于此,它不能等同于柏拉图哲学王的审慎。由此看来,阿尔法拉比在《宗教书》的中间章节对哲学保持沉默加剧了如下问题,即延伸到个体利益的审慎是否无法消除在那一章节中提及哲学的必要性,或在那一章节中涵盖最广的审慎是否无法充当完全的、充足的哲学的代名词。

高尔斯顿使用短语"实践智慧"来翻译我们一直称作为审慎的东西。她将审慎从实践哲学中离析开来,她认为它与政治哲学相同,或是与成为哲学一部分的政治学相同。实践哲学不同于理论哲学,不仅仅是主旨上,而且还在于,只有实践哲学对人类幸福和苦难关注的眺望作了根本的探询②。实践哲学与理论哲学的相似之处在于其一般性或普遍性的程度:"实践科学带有理论的特性,探寻非人类的事物,只要它们普遍性程度保持一致(参见《宗教书》47.2)"。③ 审慎,视作为迈向一个好的目的的深思熟虑,它以某种方式处理具体的事物,而这是实践哲学做不到的。高尔斯顿从阿尔法拉比在《获得幸福》对深思熟虑的讨论中得出的结论与她,对《宗教书》中哲学与审慎的看法一致:

由那些段落所引发的情形是这样的:即由某个人,他对某些可生产、可做或者其他想要的东西的本质有一个理论上的理

---

① 当然,当阿尔法拉比论及关涉最高统治者全部行为的政治学时,他注意到如下事实,即需要考虑的行为从数量上讲是无穷尽的,要将其统统涵盖的政治学是不现实的。
② 高尔斯顿,《政治学与卓越》,页 55、69–70、77、99 注释 9。
③ 高尔斯顿,《政治学与卓越》,页 69。

解,然后把更多的信息加在其非本质的特征上,从而对事物作更清晰的说明。这是因为通过为实践理性加入特定的观察,加入特定的洞察力给理论理性的方式,实践理性就获得了对对象的理解,因此行为需要哲学来确保它的正确性。①

依《宗教书》的表达,第一统治者的治术需要理论哲学的普遍性,这是由于存在一些东西,这些对建立或治理某一具体城邦或民族来说是特别具有普遍性的,他需要将它们加诸在由审慎提供的具体事物之上。正如我将在下一节中揭示的那样,审慎提供的不仅仅是加入了对普遍规则的理论认识,相反,它深刻地改变了那一认识。

普遍与具体

高尔斯顿断言:"阿尔法拉比对普遍规则的源头语焉不详。"② 她对此困惑不解,并试图解释并非哲学组成部分的政治学的原则与普遍性的存在。但她却理所当然地认为,哲学能够通达可理解物,这在某种程度上与柏拉图的理念有些相似,的确,哲学是被限定为那些本质的、可理解的特征。她有时把非哲学的政治学中普遍性的存在解释为某种从哲学中借用的东西。③ 在没有将政治学降至法学的标准,或是降至与传统君主政体同样水平的情况下,就这种借用如何可能这一关键问题避而不谈,高尔斯顿从未追问"理论理性之具体洞察力"的源头④,或从未追问把这些洞察力视

---

① 高尔斯顿,《政治学与卓越》,页 98;同时参见页 111 – 112。
② 高尔斯顿,《政治学与卓越》,页 123。
③ 高尔斯顿,《政治学与卓越》,页 105,页 126。
④ 高尔斯顿,《政治学与卓越》,页 98。

为普遍性,并对此作出一致解释的可能性是否存在。然而,她的确将哲学的普遍性与由实际观察与归纳而得的原则作了比较。"只要是由观察与经验而得的原则",她写道,"卷入其中的过程的实证性似乎排除了哲学的主导作用……一个人不能从哲学洞察力中简单地推断出可变的、实践的原则,因为实践原则从哲学视野之外(outside the purview of philosophy)描绘了存在的各个层次。"①

我们对审慎的理解将从对普遍性作更深入的思考中获益良多。《宗教书》一开始就告诉我们,高尚的第一统治者"在高尚宗教中决定种种行动与意见依靠的是启示"(页44)。读者必然要追问,启示是否不能消除哲学普遍性来源之谜。但阿尔法拉比接着说,启示既可能会直接决定具体的行动;也可能会提供一种"才能",依此才能来决定具体的行动。所有这些是如何发生的"已经在理论科学之中得以说明"。阿尔法拉比对具体而非普遍性所作的追溯退回到了启示;事实上,高尚宗教的普遍性确有一个完全不同的源头。

阿尔法拉比对宗教与哲学之间关系所作的说明,可用来解释《宗教书》中普遍性种类的令人疑惑的使用。就阿尔法拉比对普遍性的使用所做的观察,为关于它们的理论提供了一条线索。宗教,我们得知,是由两个部分构成的,意见与行动。"在高尚宗教中,那些被决定的意见既是真理,又是与真理相似的东西"(页46)。宗教的两个部分与哲学的两个部分类似,即是理论的与实践的。在我们尚未对理论之事与关于那些事情的意见进行区分:高尚宗教中,理论的意见关注的是理论之事——的情况下,这有可能使读者认为,理论的部分是意见,而实践的部分是行动。显

---

① 高尔斯顿,《政治学与卓越》,页115–116,原稿中没有斜体字;同时参见页78–79。

然,就处理理论的事情而言,并非所有意见皆是理论的。然后,宗教处理意见的部分是怎样与哲学的理论部分类似的呢?意见可以分为理论的和自主的,但理论的事情是怎样紧随其后而被以相同的方式进行区分的呢?意见与行动差异的说明本身并不是没有难度,大部分意见"描述"理论的或自主的事情,而大部分行动则"赞扬与指责"。那么,是不是理论哲学描述,而实践哲学则作出赞扬与批评呢?在高尚宗教的意见中描述的事情的清单本身包含有赞扬与批评,如果没有赞扬与批评,那些事情(例如,"赞主崇高"不可能被描述;同时赞扬与批评的行动清单把"言说"视为行动的一种,以及以很容易被视为某种意见,或以对"让何为正义成为常识"的描述而结束。《宗教书》中对普遍性的明确讨论以一系列的划分为开头,这些划分想来未能妥善地考虑到处在普遍性之下的特殊性。①

在宗教与哲学相似性的基础上,阿尔法拉比依然将意见与行动作为宗教的两个部分,并将理论之事与实践之事作为宗教的两个部分。他早期对意见所做的理论的与自主的区分使我们好奇,

---

① 阿尔法拉比显然注意到了《宗教书》的这一特点,在一个简短的段落中,"宗教"与"信条""几乎是同义的",正如"法律"与"传统"同义一般(页46)。阿尔法拉比沿袭了这一分类,通过认为"法律"与"传统"意味着"最大多数情况下"宗教两部分之一,即行动。同义词,"法律"与"传统",好像描述了宗教两部分之一,即行动。宗教的另一部分是"信条"吗?如果阿尔法拉比想要暗示"法律"与"信条"是宗教两个组成部分的话,为何他一开始就说"信条"与"宗教"(几乎)是同义词呢?把"信条"视为"宗教"的一个部分,正如人们所预料的那样,阿尔法拉比为宗教的该部分添上法律,因此"法律,宗教"与"信条"是同义词。自相矛盾的是,组成的每一部分都以某种方式包含整体。那么,阿尔法拉比为何对如下说法还存有疑虑:即认为,对"信条"和"宗教"来说,"传统"确是一个同义词。沿着他的论断,似乎可以得出这样的结论,即"法律"(=信条=宗教)与"传统"同义?这会让读者认为宗教不需要成为传统——它应该是缔造者的一项新工作——这将会让读者

是否自主的意见已经被排除在各类意见之外,并被视为行动的种类,即赞扬与批评,由此,自主的意见与行动同归于实践。不过可能是他揭示的"宗教的实践之事,就是实践哲学中的普遍性"(页47)。宗教的理论之事的证明将出现在理论哲学中。"因此,宗教的两个部分是隶属于哲学的。"①由于启示并非普遍性之源,而事实上,宗教的普遍性是源自于哲学的。② 当高尚统治者获得理论哲学时,便暗示着宗教不仅隶属于哲学,而且也隶属于政治统治。

排除了启示作为哲学普遍性之源的可能性,仅仅是朝向目标的恰当开始,即究竟是什么决定了实践哲学普遍性之源。或许应该改变我们通过追问普遍性之源来了解其特征的这一工作重点。阿尔法拉比在《宗教书》一开始一系列的界定与再界定,乍看上去似乎是有序而又系统的,实则充满了歧义与混乱,正如上所述。问题是出在阿尔法拉比缺乏技巧呢,还是出在事物特征之本身?界定之方法是柏拉图在《智者与政治家》中介绍过的。柏拉图笔下爱利亚异方人似乎也和阿尔法拉比一样,难以找到奏效的方法,去产生他想要的结果。当亚里士多德对此方法进行评论时,他指出此种方法一定会失败,因为事物之"本质是无序的";同时,他问:"我们怎样确认一个元素在后,而另一个则在前呢?"(《形

产生不必要的困惑;而阿尔法拉比就是这样认为的,并不需要读者去作任何推断。在此,其方法是关注可能性,我们对用清晰的、准确的概念去识别与区分所做的尝试是不会完全成功的:"几乎同义的"那些术语,事实上是模糊不清的。宗教是法律,是传统,是信条,但移掉某个部分,例如,传统,并不意味着剩下的就不再是宗教了。在自觉地意识到所有语言的歧义性的同时,要表达自己的思想对阿尔法拉比的写作技巧来说是一个挑战。

① 参见高尔斯顿,《政治学与卓越》,页99 对这一观点有讨论。

② 阿尔法拉比并没阻止自己得出一个清晰的结论,即高尚宗教是不需要哲学家的(页47)。《宗教书》有时作为高尚宗教而被提及,引人注目是,最后一次清晰地谈及高尚宗教的段落,出现在该书的三分之一处。

而上学》1038a33－34)例如,如果我们在对不同的言说进行分类之前,对言说与行动进行界定,那么,我们将无法认为言说本身就是一个行动。阿尔法拉比在一组有序集合与子集中揭示出的对人类事务的努力,会因对言说与行动的界定,而成为导致困难的众多事情之一。本文几乎无法解决这一问题,但这个与普遍性有关的问题将有助于理解《宗教书》令人费解的开头。

让人对普遍性的可知性产生疑惑的更简单的方法,可能是对所介绍的问题所进行的思考。在《宗教书》的中间部分,阿尔法拉比这样论述政治学:

> 政治学研究的是自主行动,生活方式,道德习俗,品质的状态以及积极的天性,直到它对上述全部进行详尽的说明,并将它们悉数包含在内为止。(页54)

在《宗教书》后三分之一部分,即巴特沃斯和高尔斯顿视为第二个政治学解释的开始之处,阿尔法拉比阐述了政治学,就它对自主行动等的研究而言,已经将自己限定在了"普遍性以及给出其范式"层面(页59)。对第一条陈述的"详尽说明"用第二条陈述的"普遍性"来代替。阿尔法拉比希望在我们看来更严格意义上的普遍性被理解的可能性,仅仅是通过对所有的个别作一详尽的说明而得知吗?如果我们确实对此心存疑问,那么阿尔法拉比则迅速地作出了回应,他坚持说具体之事的"状态与偶然性"是"无穷无尽的"(页59)。对无限之个别进行详尽说明当然是不可能的。① 这必然使人怀疑阿尔法拉比关于哲学普遍性之源的问

---

① 参见高尔斯顿对一个颇为有益的讨论所作的介绍,《政治学与卓越》,页80、90、104、117。

题是否值得一探究竟。如果不能以某种方式囊括对特例所作考察的所有答案，那么这似乎就意味着一种直接的洞察，而这种洞察很难与启示区分开来。对启示的求助将会导致循环论证，因为我们已经看到阿尔法拉比让宗教的普遍性依赖于哲学的普遍性。

在对 Zad 发烧的治疗所进行的描述中，阿尔法拉比指出，通过寒冷治愈发烧是"一种更一般与更个别之间的中道"，即，概念越一般，对立面应该与其对立面斗争；概念越具体，黄疸就应当与大麦汤斗争（页57）。在评论这段话时，高尔斯顿认为，阿尔法拉比"阐明其意图，是通过提供一个例子———一位医生，他治疗具体的病人时，应该拥有的一般知识类型的例子，用来说明普遍知识（universal knowledge）的必要性。"① 她毫不迟疑地将常识与普遍性知识等同起来。接着关于 Zad 的最后一个论述，就在同一页，阿尔法拉比自己也使用了"普遍的与一般的事情"（页57）。如果跟随高尔斯顿用一般代替普遍性的话，我们将得到一个陌生的概念，即某一普遍性可成为其他两个普遍性的中道，这就暗示着它们之中的每一个仅仅只是与将近具体有关的将近普遍性。但这意味着对于医生来说，"要想知晓绝对的、构成了其技术的普遍性"是不可能的，正如他竭力想了解它们，"以确保万无一失"是不可能的一样，即便这正是阿尔法拉比对医术已经很"完善"的"完美医生"的要求（页58）。② 我们可总结到——如果像阿尔法拉比那样的思想者都如此徒劳，可能允许我们得出一些结论的话——普遍性与一般不是一回事，而且正是基于此，对于人类来说，一般

---

① 高尔斯顿，《政治学与卓越》，页103。
② 与完美君王的完美技艺相比较（页60）。

是可以获得的知识,而普遍性则不是。①

普世宗教与自然法

对普遍性的审定有助于解释,为什么在如此重要的段落中,阿尔法拉比没有将对普遍性的理解、对一般范式的理解归因于哲学。阿尔法拉比认为,哲学没有决定具体情形的企图(页46,59)。对阿尔法拉比来说,既不存在某个先验的方法去了解一个普遍规律,也不存在着从行动的某个具体判断或某个具体的处方中推导出这样的普遍规律来。确实,阿尔法拉比用大量的篇幅去纠正宗教的错误,即它试图通过对某人的某个启示去确定所有时代的具体正义。哲学已经认识到普遍性的局限。

帕伦斯(Joshua Parens)对阿尔法拉比学说与自然法教义之间的关系作了充分的论述。② 他指出,正如我们所做的一样,不能把阿尔法拉比视为一位自然法理论家:阿尔法拉比认为,对于行动来说,并不存在普遍有效的规则。帕伦斯将阿尔法拉比的这个阐述加诸不存在行动的普遍规则这一理论之上。事实上,阿尔法拉比确实承认并主张一个"诸目的永恒的等级制(permanent hierar-

---

① 迈蒙尼德(Maimonides)坚持认为普遍性的可知性,且认为它们是作为外在于精神的东西而存在的:"每一精神之外的存在是单独之个体或是一组个体。"见《迷途指津》(*Guide of the Perplexed*, trans. Shlomo Pines, Chicago: University of Chicago Press, 1963, III 18, 页 474 和 476;另参页 151, 页 114)。由于犹太教将自己视为一个特殊的共同体,迈蒙尼德,在此意义上,也只能是对此共同体而言,他不需要去设置对普遍性的挑战,而这正是阿尔法拉比的所为。

② 帕伦斯,《修为修辞学的形而上学》,前揭,页 29 – 36。

chy of ends)"，或者换句话说，一个生活方式的等级制。① 诸目的是永恒的，即使是导致那些目的的行动规则不能被固定，因为行动规则必须随着情形的诸种状况进行调整。

帕伦斯提供的理论本身似乎是合理的，但我却无法在阿尔法拉比那里找到它。不过，一个等价理论是由施特劳斯(Leo Strauss)在《自然权利与历史》中所揭示的。"存在着一种普遍有效的诸目的的等级制，但是却不存在普遍有效的行动规则……唯一普遍有效的标准是目的的等级制。"②帕伦斯的诸目的的永久等级制是施特劳斯"普遍有效的诸目的的等级制"的一个变异。在我看来，阿尔法拉比对普遍性的论述是相当一般性的。按照阿尔法拉比的观点，一个普遍有效的诸目的的等级制经过批判性的审视后还依然存在，就几乎等同于行动的普遍规则。或许这就是帕伦斯为何改变施特劳斯提法的原因所在。这一变化隐藏着一个没有解决的困难。施特劳斯并没有将"一个普遍的诸目的的等级制"与"普遍有效的行为规则"二者之间的区别归因于阿尔法拉比。相反，他提出区别只是为了回答这样的问题："那么，在这两个强劲对手阿威罗伊(Averroes)与托马斯(Thomas)之间，我们怎样才能寻找到一条稳妥的中间道路？"③施特劳斯的理论不仅仅意味着是替代托马斯，而且是替代阿威罗伊，施特劳斯认为后者是阿尔法拉比的学生。施特劳斯提出的"一个诸目的的普遍等级制"则有意要对从阿尔法拉比那里产生的传统提供一种替代物。帕伦斯没有对这些困难作出任何评论，也未引用与他自己观点相

---

① 帕伦斯，《修为修辞学的形而上学》，前揭，页78、84。
② 施特劳斯，《自然权利与历史》(*Natural Right and History*，Chicago：University of Chicago Press，1953)，页162–63。[译按]此处译文来自彭刚译《自然权利与历史》，北京：三联书店，2003，稍有改动。
③ 施特劳斯，《自然权利与历史》，页159。

似的施特劳斯那段文字。①

审慎与狡猾

我们需要对《宗教书》中所列举的统治者的种类作一研究,以便更好地理解普遍性,审慎,以及指导统治者的哲学知识之间的关系。阿尔法拉比在书的开篇,列出了四种可以成为第一统治者的统治者类型:高尚的统治者,无知的统治者,误入歧途的统治者,骗人的统治者。正如阿尔法拉比最终所明确的那样,每一个审慎的统治者是缔造者,无论他是否是第一时间建立起一个新的共同体的意义上的缔造者。因为时代在变,每一审慎的统治者必须以缔造者所具有的相同的自由决定的权力来行动。② 误入歧途的统治者被定义为自以为拥有美德与智慧的人。误入歧途的统治者缺乏自知之明。审慎没有自知之明可能吗?如果这个问题的答案是否定的话,那么,误入歧途的统治者事实上是无法成为第一统治者的,当然也无法成为高尚的缔造者,这似乎是显而易见的。在书的中间部分,阿尔法拉比对两类高尚统治者进行了区分:即缔造者与传统君主。为了作出如此的分类,阿尔法拉比在两种不同意义上使用"高尚的"一词,只有一种是包含有审慎之意的。

阿尔法拉比勾勒出两种不需要哲学的君主或统治者,一是传统君主;另一种是无知城邦的君主(页60-61)。依赖传统的君主

---

① 帕伦斯,《修为修辞学的形而上学》,前揭,页161注释5,从《自然权利与历史》中引用了同一章之中的一段文字相对应。

② 这并不意味着,每一审慎之人已拥有与缔造者同等的行为。所需准确知晓的种种情形之一是他可能缺少某个机会,而该使缔造者行动得以可能的正是该机会。审慎之人可能需要在一个更为严格的范围内行动。

"天生就不需要哲学"。他不需要哲学是因为,由于他的本性,哲学对他来说是没有用处的。按照马基雅维利的观点,他缺乏"能思考的大脑"。哲学最终并不依赖于传统的权威,而且它对一个天性需要依赖传统的人是没用的。另一种也不需要哲学的统治者,无知之城的君主,被认为是不需要除哲学之外的另一种东西,即此种技术的普遍性。阿尔法拉比是否暗示了传统君主不需要普遍性?如果传统君主是追随第一统治者的话,那么他运用第一统治者所立的法规,作为他推断自己行动的普遍性将是必要的。不需要普遍性的无知统治者是第一统治者或缔造者吗?我们想起《宗教书》一开始就列举的第一统治者的四种类型之一,就是无知之城的无知君主。阿尔法拉比并未表明这种统治者天生就缺乏哲学的能力,而只是他不需要哲学。这样的君主通过"经验上的才能"就能够实现他关于这个城邦的目标。阿尔法拉比并未将这种经验上的才能称作为审慎;相反,他将它称作"狡猾"或"一种十分邪恶的天赋"(巴特沃斯的翻译)。然而,它似乎与审慎相似,因为它能从经验的或是从对他人经验的密切观察中推断出它需要的准则来。审慎也是一种经验的才能。阿尔法拉比暗示了审慎也像狡猾被规定的那样是自足的吗?这里,审慎是被提升到了自主原则的高度吗?或者,表明它是某种与低级目的相互协调的东西吗?①

无知之城的狡猾的统治者为何不需要哲学呢?我们还记得,无知之城是以财富,如财产、快乐与荣誉为目的的。这些目的设立了一个封闭的范围,在其中,经验的才能是自主和独立的吗?如果狡猾在政治领域内是自主的,那么第一高尚的王道与高尚之城的第一统治者被明确地视为应该需要理论哲学就相当

---

① 马迪,《〈各科举要〉中的科学、哲学与宗教》,前揭,页135。

令人惊讶了(页60、66)。原因何在？我们还记得,无知之城没有践履一种虚假宗教。"误入歧途的宗教",正如阿尔法拉比对它的称呼,是属于一座误入歧途的城邦,而非无知之城(页46)。阿尔法拉比并未说误入歧途之城的统治者不需要哲学。高尚之君与误入歧途的统治者都需要用依赖哲学的方式处理宗教事务吗？马基雅维利对此的回答是明确的,"不"。在他少有涉及哲学的论著之一的《论李维》(Discourses, I 56)中,哲学家不是被视为缺乏超验的知识,就是被看作拥有幼稚的迷信。相比之下,阿尔法拉比坚定地认为,一个高尚宗教共同体的统治者需要理论哲学。

高尚之城的第一统治者需要效仿神对世界的管理。正是这个原因,他需要理论哲学,因为"除了从那一源头外,他不能对与神(赞主崇高)统治世界有关的任何事情有所了解,更不可能因而去遵循那些事情"(页66)。即使无知君主中最高尚的——阿尔法拉比明确地这样谈到(页43)——也不需要哲学,只要他们的城邦没有或不需要宗教。政治领域内经验才能统治的至高无上性被严格地作了限定。至少就无知之城统治者中"最高尚者"而言,没有理由认为只有这种经验才能称作审慎。除了审慎之外,高尚宗教共同体的统治者还需要理论哲学。

宗教与哲学

所有城邦与民族都需要宗教吗？在阿尔法拉比看来,政治学认为人类不是自足的。我们每个人都有众多需求。例如,农夫需要木匠、铁匠以及牧牛者,他们提供的东西对于农业实践来说是十分必要的(页53)。劳动的分工,需要的相互支持以及自身利益将政治团体联结起来。① 阿尔法拉比把这一论证的方向延伸到整个世界。

> 世界之统治者将自然特性安放于世界的每一部分中。借助自然特性，它们变得和谐、有组织、有联系，并且是相互支持的，以至于不管它们的多样性及其行为的多样性，它们变得像一个事物，为了一个目标而去完成一个行为。（页65）

这是一个高尚之城的缔造者应该效仿的范式。除了这个相互支持的范式之外，世界的统治者还提供"别的东西"，以便"在一个相当长的时间内"维护他所提供的法律。阿尔法拉比并未表明此范式中的世界与人类是永恒的。毕竟，人类只是世界的一部分而已，同时阿尔法拉比对审慎彻底的思考已经使他质疑这样的人类的存在了。这是一个理论性的教训，由对复杂多变的人类事物的审慎运用而得知的，在此是因阿尔法拉比对整个世界的认识中而得知。

基于当前的目的（即审查城邦对宗教的需求），探询这一"别的东西"将会更加恰当。通过这一东西，只要神愿意，神就可能将世界联为一体。我们承认，除了世界各个角落的"自然法则与天性"外，我们对神忙于这一目的的意义茫然不知；但这些正是阿尔

---

① 涂尔干（Durkheim）将此称作"有机的团结"（organic solidarity）。当阿尔法拉比开始谈论使社会凝聚为一体的另一方法时，暗含了涂尔干可能会称之为"有机的团结"的东西。见氏著，《社会分工论》（*The Division of Labor in Society*, New York: Free Press, 1964;［译按］有中译本），页70 - 132。阿尔法拉比所理解的两种社会契约，涂尔干将其描述成相互的补充，而不是相互的替代。

法拉比归之为"别的东西"的事情（页65）。有时会注意到，并不存在"共同目标"，也不存在将城邦的各个部分联结在一起的共同利益，马基雅维利就转而求助于武力与欺骗所产生的合力。阿尔法拉比心中则另有一个答案，这是他在该书最后一句话中明确地表达的。

> 另外，显而易见地是，除非在多个城邦中有一种共同的宗教，这种共同的宗教将他们的意见、信仰与行为联结在一起；使他们的每个部分和谐、相互连接与井然有序；并在这个意义上，他们将在彼此的行为上互相支持，互相帮助，以期达到所追求的那一目标，即终极的幸福。否则上述的一切都是不可能的。

为了获得分工的好处而相互合作，这对于政治团体的联结来说是远远不够的。共同宗教的体制中有可共享的观点，对于城邦的统一来说十分必要。缔造者需要理论哲学，是因为作为高尚宗教不拥护哲学家（页47）。没有理论哲学，想成为缔造者的人就无法将自己从信仰下解放出来，从而体会到宗教的政治效用，因为理论哲学能从对经验审慎地观察中获益。可能在某些情况下，缔造者的审慎可能要求以宗教的政治效用把共同体凝为一体。当对宗教的普遍主张作审慎的限定时，为了证实这一原理，才是阿尔法拉比令人好奇的书名《宗教书》的真正意图所在。

结　论

对于"所有政治皆为地方政治"这种行政长官式的智慧，阿尔法拉比与马基雅维利皆有可能补充到:所有政治也都是现世政治。阿尔法拉比与马基雅维利都希望寻求一种对审慎的支撑,以及一种对情形的审慎关注,以此来反对一种普世宗教的主张。在这一尝试中,阿尔法拉比让哲学成为政治的盟友。① 而马基雅维利却并未这样做。也许在马基雅维利看来,托马斯·阿奎那在使哲学成为神学之婢女方面已经太成功了,以至于对他自己来说,已经无法将其改造成政治与审慎的盟友。在阿尔法拉比的构想中,神学是哲学的婢女,宗教从属于政治学与哲学的联盟。

---

① 阿尔法拉比"用政治代替宗教"。如此一来,会认为正是阿尔法拉比让哲学家与君主之间的现世联盟,从而打下了对哲学友善的基础;会认为正是他开创一个传统,而这传统在西方最著名的代表是马西利乌斯的帕多瓦和马基雅维利。参施特劳斯,《迫害与写作技艺》(*Persecution and the Art of Writing*, Glencoe, IL: The Free Press, 1952),页 15[译按](中文本见刘锋译,北京:华夏出版社,2012)。由于马基雅维利几乎未提及哲学,施特劳斯所描述的"现世的联盟",事实上是阿尔法拉比的而非马基雅维利的特征。

图书在版编目（CIP）数据

政治制度与政治箴言 / 阿尔法拉比著；程志敏，周玲，郑兴凤译. --北京：华夏出版社，2019.1
（西方传统：经典与解释）
ISBN 978-7-5080-9573-8

Ⅰ.①政… Ⅱ.①阿…②程… ③周… ④郑… Ⅲ.①政治制度-研究 Ⅳ.①D033

中国版本图书馆 CIP 数据核字（2018）第 195153 号

政治制度与政治箴言

作　　者	阿尔法拉比
译　　者	程志敏　周　玲　郑兴凤
责任编辑	马涛红
责任印制	刘　洋
出版发行	华夏出版社
经　　销	新华书店
印　　装	三河市少明印务有限公司
版　　次	2019 年 1 月北京第 1 版 2019 年 1 月北京第 1 次印刷
开　　本	880×1230　1/32
印　　张	9.5
字　　数	200 千字
定　　价	68.00 元

华夏出版社　地址：北京市东直门外香河园北里 4 号　邮编：100028
网址：http://www.hxph.com.cn　电话：(010)64663331(转)

若发现本版图书有印装质量问题，请与我社营销中心联系调换。

西方传统：经典与解释
Classici et Commentarii
HERMES
刘小枫◎主编

古今丛编

货币哲学　[德]西美尔 著
孟德斯鸠的自由主义哲学
——《论法的精神》疏证　[美]潘戈 著
莫尔及其乌托邦　[德]考茨基 著
试论古今革命　[法]夏多布里昂 著
但丁：皈依的诗学　[美]弗里切罗 著
在西方的目光下　[英]康拉德 著
大学与博雅教育　董成龙 编
探究哲学与信仰
——基尔克果与苏格拉底　[美]郝岚 著
民主的本性
——托克维尔的政治哲学　[法]马南 著
梅尔维尔的政治哲学
——《切雷诺》及其解读　李小均 编/译
席勒美学的哲学背景　[美]维塞尔 著
果戈里与鬼　[俄]梅列日科夫斯基 著
自传性反思　[美]沃格林 著
黑格尔与普世秩序　[美]希克斯 等著
新的方式与制度
——马基雅维利的《论李维》研究
[美]曼斯菲尔德 著
科耶夫的新拉丁帝国　[法]科耶夫 等著
《利维坦》附录　[英]霍布斯 著
或此或彼（上、下）　[丹麦]基尔克果 著
海德格尔式的现代神学　刘小枫 选编
双重束缚　[法]基拉尔 著
古今之争中的核心问题
——施米特的学说与施特劳斯的论题　[德]迈尔 著
论永恒的智慧　[德]苏索 著
宗教经验种种　[美]詹姆斯 著
尼采反卢梭　[美]凯斯·安塞尔-皮尔逊 著
舍勒思想评述　[美]弗林斯 著
诗与哲学之争　[美]罗森 著

神圣与世俗　[罗]伊利亚德 著
但丁的圣约书　[美]霍金斯 著

古典学丛编

探究希腊人的灵魂　[美]戴维斯 著
尤利安文选　马勇 编/译
论月面　[古罗马]普鲁塔克 著
雅典谐剧与逻各斯
——《云》中的修辞、谐剧性及语言暴力
[美]奥里根 著
莱园哲人伊壁鸠鲁　罗晓颖 选编
《劳作与时日》笺释　吴雅凌 撰
希腊古风时期的真理大师　[法]德蒂安 著
古罗马的教育　[英]葛怀恩 著
古典学与现代性　刘小枫 编
表演文化与雅典民主政制
[英]戈尔德希尔、奥斯本 编
西方古典文献学发凡　刘小枫 编
古典语文学常谈　[德]克拉夫特 著
古希腊文学常谈　[英]多佛 等著
撒路斯特与政治史学　刘小枫 编
希罗多德的王霸之辨　吴小锋 编/译
第二代智术师
——罗马帝国早期的文化现象　[英]安德森 著
英雄诗系笺释　[古希腊]荷马 著
统治的热望
——修昔底德笔下的阿尔喀比亚德和帝国政治
[美]福特 著
论埃及神学与哲学
——伊希斯与俄赛里斯　[古希腊]普鲁塔克 著
凯撒的剑与笔　李世祥 编/译
伊壁鸠鲁主义的政治哲学
[意]詹姆斯·尼古拉斯 著
修昔底德笔下的人性　[美]欧文 著
修昔底德笔下的演说　[美]斯塔特 著
古希腊政治理论　[美]格雷纳 著
神谱笺释　吴雅凌 撰
赫西俄德：神话之艺
[法]居代·德·拉孔波 等著

赫拉克勒斯之盾笺释　罗逍然 译笺
《埃涅阿斯纪》章义　王承教 选编
维吉尔的帝国　[美]阿德勒 著
塔西佗的政治史学　曾维术 编

古希腊诗歌丛编
古希腊早期诉歌诗人　[英]鲍勒 著
诗歌与城邦　[美]费拉格、纳吉 主编
阿尔戈英雄纪（上、下）
[古希腊]阿波罗尼俄斯 著
俄耳甫斯教祷歌　吴雅凌 编译
俄耳甫斯教辑语　吴雅凌 编译

古希腊肃剧注疏集
希腊肃剧与政治哲学　[美]阿伦斯多夫 著

古希腊礼法
希腊人的正义观　[英]哈夫洛克 著

廊下派集
廊下派的神和宇宙　[墨]里卡多·萨勒斯 编
廊下派的城邦观　[英]斯科菲尔德 著

希伯莱圣经历代注疏
希腊化世界中的犹太人　[英]威廉逊 著
第一亚当和第二亚当　[德]朋霍费尔 著

新约历代经解
属灵的寓意　[古罗马]俄里根 著

基督教与古典传统
保罗与马克安
　　——一种思想史考察　[德]文森 著
加尔文与现代政治的基础　[美]汉考克 著
无执之道
　　——埃克哈特神学思想研究　[德]文森 著
恐惧与战栗　[丹麦]基尔克果 著
托尔斯泰与陀思妥耶夫斯基
[俄]梅列日科夫斯基 著
论宗教大法官的传说　[俄]罗赞诺夫 著
海德格尔与有限性思想（重订版）
刘小枫 选编
上帝国的信息　[德]拉加茨 著
基督教理论与现代　[德]特洛尔奇 著

亚历山大的克雷芒　[意]塞尔瓦托·利拉 著
中世纪的心灵之旅
　　——波纳文图拉神学著作选　[意]圣·波纳文图拉 著

德意志古典传统丛编
彭忒西勒亚　[德]克莱斯特 著
穆佐书简　[奥]里尔克 著
纪念苏格拉底——哈曼文选　刘新利 选编
夜颂中的革命和宗教
　　——诺瓦利斯选集卷一　[德]诺瓦利斯 著
大革命与诗话小说
　　——诺瓦利斯选集卷二　[德]诺瓦利斯 著
黑格尔的观念论　[美]皮平 著
浪漫派风格——施勒格尔批评文集　[德]施勒格尔 著

美国宪政与古典传统
美国1787年宪法讲疏　[美]阿纳斯塔普罗 著

世界史与古典传统
西方古代的天下观　刘小枫 编
从普遍历史到历史主义　刘小枫 编

启蒙研究丛编
浪漫的律令
　　——早期德国浪漫主义概念　[美]拜泽尔 著
现实与理性　[法]科ette纲 著
论古人的智慧　[英]培根 著
托兰德与激进启蒙　刘小枫 编
图书馆里的古今之战　[英]斯威夫特 著

荷马注疏集
不为人知的奥德修斯　[美]诺特维克 著

品达注疏集
幽暗的诱惑
　　——品达、晦涩与古典传统　[美]汉密尔顿 著

欧里庇得斯集
自由与僭越
　　——欧里庇得斯《酒神的伴侣》绎读　罗峰 编译

阿里斯托芬集
《阿卡奈人》笺释　[古希腊]阿里斯托芬 著

色诺芬注疏集
居鲁士的教育　[古希腊]色诺芬 著
色诺芬的《会饮》　[古希腊]色诺芬 著

柏拉图注疏集

柏拉图书简　彭磊 译著
克力同章句　程志敏 郑兴凤 撰
哲学的奥德赛——《王制》引论　[美]郝兰 著
爱欲与启蒙的迷醉
　　——论柏拉图的《会饮》　[美]贝尔格 著
为哲学的写作技艺一辩
　　——《斐德若》疏证　[美]伯格 著
柏拉图式的迷宫——《斐多》义疏　[美]伯格 著
哲学如何成为苏格拉底式的　[美]朗佩特 著
苏格拉底与希琵阿斯　王江涛 编译
理想国　[古希腊]柏拉图 著
谁来教育老师——《普罗塔戈拉》发微　刘小枫 编
立法者的神学
　　——柏拉图《法义》卷十绎读　林志猛 编
柏拉图对话中的神　[法]薇依 著
厄庇诺米斯　[古希腊]柏拉图 著
智慧与幸福
　　——柏拉图的《厄庇诺米斯》　程志敏 选编
论柏拉图对话　[德]施莱尔马赫 著
柏拉图《美诺》疏证　[美]克莱因 著
政治哲学的悖论
　　——苏格拉底的哲学审判　[美]郝岚 著
神话诗人柏拉图　张文涛 选编
阿尔喀比亚德　[古希腊]柏拉图 著
叙拉古的雅典异乡人
　　——柏拉图《书简七》探幽　彭磊 选编
阿威罗伊论《王制》　[阿拉伯]阿威罗伊 著
《王制》要义　刘小枫 选编
柏拉图的《会饮》　[古希腊]柏拉图 等著
苏格拉底的申辩（修订版）　[古希腊]柏拉图 著
苏格拉底与政治共同体　[美]尼柯尔斯 著
政制与美德——柏拉图《法义》疏解　[美]潘戈 著
《法义》导读　[法]卡斯代尔·布舒奇 著
论真理的本质　[德]海德格尔 著
哲人的无知　[德]费勃 著
米诺斯　[古希腊]柏拉图 著

亚里士多德注疏集

亚里士多德《政治学》中的教诲　[美]潘戈 著
品格的技艺　[美]加佛 著
亚里士多德哲学的基本概念　[德]海德格尔 著
《政治学》疏证　[意]托马斯·阿奎那 著
尼各马可伦理学义疏
　　——亚里士多德与苏格拉底的对话　[美]伯格 著
哲学之诗
　　——亚里士多德《诗学》解诂　[美]戴维斯 著
对亚里士多德的现象学解释　[德]海德格尔 著
城邦与自然——亚里士多德与现代性　刘小枫 编
论诗术中篇义疏　[阿拉伯]阿威罗伊 著
哲学的政治
　　——亚里士多德《政治学》疏证　[美]戴维斯 著

普鲁塔克集

普鲁塔克的《对比列传》　[英]达夫 著
普鲁塔克的实践伦理学　[比利时]胡芙 著

阿尔法拉比集

政治制度与政治箴言　阿尔法拉比 著

莎士比亚绎读

莎士比亚的历史剧　[英]蒂利亚德 著
莎士比亚戏剧与政治哲学　彭磊 选编
莎士比亚的政治盛典　[美]阿鲁里斯/苏利文 编
丹麦王子与马基雅维利　罗峰 选编

洛克集

上帝、洛克与平等　[美]沃尔德伦 著

卢梭集

论哲学生活的幸福　[德]迈尔 著
致博蒙书　[法]卢梭 著
政治制度论　[法]卢梭 著
哲学的自传
　　——卢梭的《孤独漫步者的退思》　[美]戴维斯 著
文学与道德杂篇　[法]卢梭 著
设计论证
　　——卢梭的《社会契约论》　[美]吉尔丁 著
卢梭的自然状态　[美]普拉特纳 等著
卢梭的榜样人生
　　——作为政治哲学的《忏悔录》　[美]凯利 著

莱辛注疏集
- 汉堡剧评 [德]莱辛 著
- 关于悲剧的通信 [德]莱辛 著
- 《智者纳坦》研究版 [德]莱辛 等著
- 启蒙运动的内在问题
  ——莱辛思想再释 [美]维塞尔 著
- 莱辛剧作七种 [德]莱辛 著
- 历史与启示——莱辛神学文选 [德]莱辛 著
- 论人类的教育
  ——莱辛政治哲学文选 [德]莱辛 著

尼采注疏集
- 尼采引论 [德]施特格迈尔 著
- 尼采与基督教
  ——尼采的《敌基督》论集 刘小枫 编
- 尼采眼中的苏格拉底 [美]丹豪瑟 著
- 尼采的使命
  ——《善恶的彼岸》绎读 [美]朗佩特 著
- 尼采与现时代
  ——解读培根、笛卡尔与尼采 [美]朗佩特 著
- 动物与超人之间的绳索 [德]A.彼珀 著

施特劳斯集
原著
- 论僭政(重订本)——色诺芬《希耶罗》义疏 [美]施特劳斯 [法]科耶夫 著
- 苏格拉底问题与现代性(增订本)
  ——施特劳斯讲演与论文集:卷二
- 犹太哲人与启蒙(增订本)
  ——施特劳斯演讲与论文集:卷一
- 霍布斯的宗教批判
- 斯宾诺莎的宗教批判
- 门德尔松与莱辛
- 哲学与律法——论迈蒙尼德及其先驱
- 迫害与写作艺术
- 柏拉图式政治哲学研究
- 论柏拉图的《会饮》
- 柏拉图《法义》的论辩与情节
- 什么是政治哲学
- 古典政治理性主义的重生(重订本)
- 回归古典政治哲学——施特劳斯通信集
- 苏格拉底与阿里斯托芬

研究作品
- 论源初遗忘
  ——海德格尔、施特劳斯与哲学的前提 [美]维克利 著
- 政治哲学与启示宗教的挑战 [德]迈尔 著
- 阅读施特劳斯 [美]斯密什 著
- 施特劳斯与流亡政治学 [美]谢帕德 著
- 隐匿的对话
  ——施米特与施特劳斯 [德]迈尔 著
- 驯服欲望
  ——施特劳斯笔下的色诺芬撰述 [法]科耶夫 等著

施米特集
- 宪法专政
  ——现代民主国家中的危机政府 [美]罗斯托 著
- 施米特对自由主义的批判 [美]约翰·麦考米克 著

伯纳德特集
- 古典诗学之路(第二版)
  ——相遇与反思:与伯纳德特聚谈 [美]伯格 编
- 弓与琴(重订本)
  ——从柏拉图解读《奥德赛》 [美]伯纳德特 著
- 神圣的罪业 [美]伯纳德特 著

布鲁姆集
- 巨人与侏儒(1960-1990)
- 人应该如何生活——柏拉图《王制》释义
- 爱的设计——卢梭与浪漫派
- 爱的戏剧——莎士比亚与自然
- 爱的阶梯——柏拉图的《会饮》
- 伊索克拉底的政治哲学

沃格林集
- 自传体反思录 [美]沃格林 著

大学素质教育读本
- 古典诗文绎读 西学卷·古代编(上、下)
- 古典诗文绎读 西学卷·现代编(上、下)

中国传统：经典与解释
Classici et Commentarii
刘小枫　陈少明 ◎ 主编

《孔丛子》训读及研究 / 雷欣翰 撰
论语说义 / [清] 宋翔凤 撰
周易古经注解考辨 / 李炳海 著
浮山文集 / [明] 方以智 著
药地炮庄 / [明] 方以智 著
药地炮庄笺释・总论篇 / [明] 方以智 著
青原志略 / [明] 方以智 编
冬灰录 / [明] 方以智 著
冬炼三时传旧火 / 邢益海 编
《毛诗》郑王比义发微 / 史应勇 著
宋人经筵诗讲义四种 / [宋] 张纲 等撰
道德真经藏室纂微篇 / [宋] 陈景元 撰
道德真经四子古道集解 / [金] 寇才质 撰
皇清经解提要 / [清] 沈豫 撰
经学通论 / [清] 皮锡瑞 著
松阳讲义 / [清] 陆陇其 著
起凤书院答问 / [清] 姚永朴 撰
周礼疑义辨证 / 陈衍 撰
《铎书》校注 / 孙尚扬 肖清和 等校注
韩愈志 / 钱基博 著
论语辑释 / 陈大齐 著
《庄子・天下篇》注疏四种 / 张丰乾 编
荀子的辩说 / 陈文洁 著
古学经子 / 王锦民 著
经学以自治 / 刘少虎 著
从公羊学论《春秋》的性质 / 阮芝生 撰

刘小枫集

以美为鉴：注意美国立国原则的是非未定之争
古典学与古今之争 [增订本]
这一代人的怕和爱 [第三版]
沉重的肉身 [珍藏版]
圣灵降临的叙事 [增订本]
罪与欠
儒教与民族国家
拣尽寒枝
施特劳斯的路标
重启古典诗学
设计共和
现代人及其敌人
海德格尔与中国
共和与经纬
现代性与现代中国
现代性社会理论绪论
诗化哲学 [重订本]
拯救与逍遥 [修订本]
走向十字架上的真
西学断章

编修 [博雅读本]
凯若斯：古希腊语文读本 [全二册]

译著
普罗塔戈拉（详注本）
柏拉图四书

经典与解释辑刊

1 柏拉图的哲学戏剧
2 经典与解释的张力
3 康德与启蒙
4 荷尔德林的新神话
5 古典传统与自由教育
6 卢梭的苏格拉底主义
7 赫尔墨斯的计谋
8 苏格拉底问题
9 美德可教吗
10 马基雅维利的喜剧
11 回想托克维尔
12 阅读的德性
13 色诺芬的品味
14 政治哲学中的摩西
15 诗学解诂
16 柏拉图的真伪
17 修昔底德的春秋笔法
18 血气与政治
19 索福克勒斯与雅典启蒙
20 犹太教中的柏拉图门徒
21 莎士比亚笔下的王者
22 政治哲学中的莎士比亚
23 政治生活的限度与满足
24 雅典民主的谐剧
25 维柯与古今之争
26 霍布斯的修辞
27 埃斯库罗斯的神义论
28 施莱尔马赫的柏拉图
29 奥林匹亚的荣耀
30 笛卡尔的精灵
31 柏拉图与天人政治
32 海德格尔的政治时刻
33 荷马笔下的伦理
34 格劳秀斯与国际正义
35 西塞罗的苏格拉底
36 基尔克果的苏格拉底
37 《理想国》的内与外
38 诗艺与政治
39 律法与政治哲学
40 古今之间的但丁
41 拉伯雷与赫尔墨斯秘学
42 柏拉图与古典乐教
43 孟德斯鸠论政制衰败
44 博丹论主权
45 道伯与比较古典学
46 伊索寓言中的伦理
47 斯威夫特与启蒙
48 赫西俄德的世界
49 洛克的自然法辩难
50 斯宾格勒与西方的没落
51 地缘政治学的历史片段